신 다르크의 해외대첩

국제사회운동가
신숙희 (Sook Hee Lee)

서문

　호주로 유학 간 남편을 따라 세 아이와 함께 시드니에 도착하여 살게 된 지 벌써 32년째이다.
　이 책은 2016년 발표된 나의 자전적 수필집 '오지에 핀 들꽃이 되어' 그리고 2019년 발표된 '자유와 개성이 넘치는 호주에서 선진문화 한국을 꿈꾸며'라는 두 책의 후속편이라 할 수 있다. 1991년 울릉공에 도착하여 2000년 시드니로 올라온 후 시드니 소재 한글 신문사 탑지에 거의 8년간 2주에 한 편씩 칼럼을 썼다. 두 권의 책들은 이 칼럼들이 주가 되었다.

　그러나 이번 책은 지난 2017년 초 대한민국 탄핵정국이 시작되면서부터 시드니 소재 대학에서 강의하던 내가 우연히 정치에 관여하며 사회운동가로 활동해온 지난 6년 동안의 정치 칼럼을 주로 담았다. 탄핵 이후 호주에서 '재호나라 사랑회'라는 애국단체를 이끌게 되고 그 뒤 '국제자유주권총연대'라는 여러 해외동포 단체를 선도하는 위치에 서면서 나는 일상생활의 소소한 일들을 쓰는 글들이 사소하게 느껴져 신문사 고정칼럼을 그만두었다. 그 대신 한국의 여러 신문사에 글을 기고하는 등 전 정부 하에 발표되지 못한 정치 칼럼을 쓰게 되었다.

　제1편의 책은 사십 세라는 늦은 나이에 영어를 배워 영작을 가르치는 직업을 가지면서 가끔 쓴 정치 칼럼들을 주로 모은 것이다. 내 인생의 반을 산 호주에서 이민 초 기억에 남은 호주인들과의 만남, 이민자로 느끼고 배우는 호주시스템, 엄마로서 책임지는 가족으로, 교육자로서 그리고 내 분야 한국 최초 그리고 세계 2인자 영어교육학

자로서 쓴 글들이다. 또한 여성으로 뒤늦게 발견한 나의 사회운동가로 정치에 관련하면서 쓴 여러 단상, 그리고 여러 한국인과 소통하면서 절실히 겪은 상담 정신건강에 관심 있는 글들을 분류한 것이다.

그토록 잠 못 자고 하루에 몇 시간을 글 포함 물심양면 구국활동에 매달린 나의 정치 열정에도 불구하고 부정선거 의혹에 여야 모두 침묵하는 모국의 정치현실을 보며 농부가 헛된 열매를 내치고 허허롭게 먼 들판 길을 떠나는 듯한 느낌이다. 그러나 언제가 나를 비롯 국내 아스팔트와 광장에서 그리고 해외에서 부르짖던 소위 '해외대첩' 1편의 작은 날갯짓이 모국의 자유민주를 회복하는 데 조금이라도 기여가 되기를 바라면서…

바쁜 시간에도 불구하고 출판에 응해주고 꼼꼼히 체크해준 문학바탕 곽혜란 대표님과 출판사를 소개해주고 동생처럼 지지해 준 윤경숙 시인님, 후배 현지혜 작가와 이종옥 대표님 등에게 깊은 감사를 드린다.

2023년 2월, 시드니 벨라 비스타에서
한지 신숙희

감사의 말씀

박근혜 개개인 잘잘못을 떠나 여자 박근혜가 당하는 여성 인권유린이 안타까워 뛰어든 한국 정치의 사회운동가로서의 지난 6년은 그녀의 고통과 힘듦을 충분히 이해하는 시간이었다. 많은 사람을 잃어버렸고 많은 사람과 새로이 조우하게 되었다. 이 글로써 상처 난 모든 이들을 품고 함께 갈 수 있길 바란다.

애초 나는 책을 출간할 의도가 없었다. 그러나 여태껏 써온 수많은 정치 칼럼, 톡방 댓글 그리고 해외동포 대표로서 나의 모국 국민 정치인을 향해 호소하기 위해 쓴 한글·영어 성명서, 호소문, 편지, 기자회견문, 시국성명서 등을 2022년 말에 우연히 정리하면서 정말 내가 봐도 미친 듯이 나의 온 정열과 시간, 금전, 노력을 여기에 쏟아 부은 것을 느끼게 되었다.

거의 300백 페이지가 넘는 해외대첩Ⅱ는 재정상 출간하지 못하고 그냥 바인딩만 하였다. 해외대첩Ⅱ 글들을 보니 격동하는 모국 근대사의 변곡점을 기록한 장대한 역사 기록서다. 또 해외에서 모국의 70년 피 흘려 쌓아온 자유민주를 쓰러뜨리려는 반체제 세력과의 큰 대전을 치른 싸움이라 본다. 이 싸움에서 나는 여성으로 본의 아니게 이 대첩을 이끄는 잔 다르크가 되어 있었다. 물론 잔 다르크의 프랑스를 구한 애국헌신에는 발끝도 따라가지 못한다. 나 대신 국내 포함 다른 모든 해외애국 동포분 들이 각자 나라에서 특히 각 영역에서 잔 다르크로 구국을 위해 엄청난 노력과 헌신을 해왔다고 생각한다. 각 해외동포들이 친정인 내 모국이 자유민주 공화국으로 정상화되기를 바라는 해외동포들을 대신하여 부르짖는 절규요 몸부림이었다.

　이 자리를 빌려 그동안 물심양면 지지해준 조기덕 회장님, 기후 스님 등 원로 호주 재호나라사랑 애국 동포들과 여러 나라 해외 애국 동포들 그리고 나의 애국 활동을 지지해준 모국의 동지님들, 특히 '신숙희 시청자토크룸'(국내자유주권연대)에서 저를 적극 지지해준 분들에게 깊은 감사를 드린다. 15개국 80여개 단체로 성장해온 '국제 자유주권 총연대' 대표님들과 산하 50명의 각 나라 지도자들에게도 감사드린다. 특히 배창준, 김형동, 허상기, 임석현, 유상용 님 등 물심양면 협조해 주신 임원들께 특별히 감사드린다. 특히 배창준 대표님은 가장 재정적, 심적 기여를 늘 앞서 하시고 김형동 님은 오랫동안 재정적 지원과 함께 영어 성명서 등을 함께 검토하고 외신기자와 정치인들에게 홍보하는 데 말없이 헌신을 해오셨다. 나의 책 출판에 선뜻 거금을 기부해 주신 마영애 탈북자 인권 대표님께도 이 자리를 빌려 깊이 감사드린다. 그리고 매번 공식 성명서를 점검해준 박한나, 성동경, 이하 여러분들께도 감사드린다.

　지난 6년간 내가 마음껏 정치활동에 관여할 수 있도록 협조해준 남편 이일규 박사, 그리고 각자 잘 살아주는 내 가족들이 없었다면 이 책 발간은 불가능했을 것이다.

　세계 300국가의 이민자들이 사는 척박한 호주에서 커가는 나의 손주들을 보며 한국 이민자로 당당하게 살 수 있도록 해준 한국 정치지도자들의 헌신과 기여, 특히 이승만, 박정희 두 대통령께 감사드린다.

나의 정치적 포지션에 대하여

내 남편은 전형적 경남 마산 출신의 '보리 문둥이' 사나이이다. 같은 경상도 출신이라도 성격이 많이 달라 함께 가기에 힘든 동반자라는 말이 수시로 내 입에서 나올 정도였다. 내가 호주 와서 영어가 안돼 당한 억울함을 호소하면 '와, 너무 나라에 와서 너무 다리 건지노?'라고 핀잔을 주곤 했다. 다시 태어나면 함께 살 정도는 아니나 그래도 반듯하고 책임감 강하고 참 가정적인 남자이다.

내가 한국 정치에 관여하고부터 '와 너무 나라에 와서 너무 다리 건지노'라는 표현이 참 맞을 수 있다는 생각이 든다. 가끔 국내분들에게 '한국이 싫어 외국 가서는 왜 한국 정치를 간섭하느냐'라는 소리를 가끔 듣는다. 그러나 해외에서도 이렇게 모국에 신경을 써주니 참 고맙고 우리가 더 분발해야 한다고 응원하는 분들이 훨씬 많다. 나의 피가 신숭겸과 신사임당 후손이어서인지 불의와 부정을 보면 참지 못하는 성정이 있음을 뒤늦게 깨닫기 시작했다. 즉 세 자녀의 엄마로 가정에 충실함이 나의 제일 첫 임무이고 그래서 사회생활도 뒤늦게 한 온순하고 평범한 여인이 의로운 분노를 느끼고 행동하는 사회운동가로의 기질을 나이 60이 다되어 깨닫게 된 것이다.

지난 5년간 한국 정치는 한 편의 대하드라마 같은 실제 우리의 생활에 영향을 주는 역동의 사건들이 터졌다. 특히 호주라는 비교적 사회정의와 평등을 기초로 자유민주가 건강하게 자리 잡은 사회에서 바라본 모국의 정치는 불법 탄핵을 거치면서 5대 공직선거에서 터진 부정선거 의혹까지, 경제대국에 맞게 발전하기보다 더욱 후퇴

하는 사태들을 보면서 울분과 분노로 가득한 글이 저절로 나왔다. 따라서 이 책의 글들은 어떤 정치적 편향에서라기보다 좌우 떠난 옳고 그른 관점 그리고 법치의 관점에서 하나하나 하늘의 영감을 받아 쓴 것임을 밝혀둔다.

　이 책은 소위 좌파들이 보기엔 불편할 수도 있을 것이다. 왜냐 하면 나의 정치적 포지션이 다분히 우파적 보수적인 색채를 띨 것이기 때문이다. 그러나 실제 나는 좌도 우도 아니고 그렇다고 중도도 아니다. 굳이 말하라면 옳은 대한민국파라 보면 된다. 나는 좌도 우도 민주국가를 위해 'Check and Balance' 양 날개가 필요하다고 생각하는 입장이다. 보수·진보 구분도 실제 불필요하고 정확하지 않다고 본다. 문제를 지적하라면 좌우 다 많다. 굳이 말하자면 미국과 한국 건국 정신을 따른 법치주의, 자유민주 체제, 천부인권의 권리, 개인자유, 책임, 진실, 시장경제 등 보수 가치를 지지한다.

　하필 내가 정치에 관여했을 시기가 모국에서 불법탄핵이 좌쪽에 의해 시작되었고 그 뒤 부정선거를 일으킨 여러 정황들을 보며 나는 모국에 대해 보수를 지지하는 입장이 되었을 뿐이다. 호주에서는 우연이지만 노동당 회원으로 2003년 전에 가입해서 활동하고 있다. 물론 내 선택이 아닌 주위 아는 한 호주인의 호소로 할 수 없이 노동당원이 되어 이름만 올려놓아 처음에는 배우자는 태도였다. 그러다 한국정치에 관여하면서 보수색채인 자유연합당(Coalition Party)으로 바꿀까 고민한 적도 있었다. 그러나 한국 미국 좌파 민주당이 지극히 극좌파세력에 의해 오염되고 타락한 현재의 정치 분위기에서 호주에서는 오히려 건강한 노동당을 만드는 것도 의미가 있을 것 같아 이민자라는 소수민족의 이익을 대변하는 노동당에 그대로 있기로 했다. 호주 노동당원으로 한국에는 보수를 지지하는 입장에 있으니 오해도 받은 적이 있지만 나의 정치적 포지션은 굉장히 유연하고 유동적이다. 좌든 우든 합리적, 상식적 공정한 헌법에 기초한 자유민주 체제가 되길 바란다. 굳이 말하자면 민주보다는 자유가 우선이고 국가보다는 개인이, 민족보다는 국가가 우선되어야 민주, 국가가 상생하기에 이런 순서의 체제를 바라는 소박한 시민임을 천명한다.

목차

- 서문　　2
- 감사의 말씀　　4
- 나의 정치적 포지션에 대하여　　6

- 에브리진에 대한 애정과 존경을 표하며　　16

1장. 호주인에 대한 사랑으로　　21
    1-1　홀로선 미셸　　22
    1-2　베네딕트는 가고　　28
    1-3　외로운 케이트　　35
    1-4　한국입양 K Club 이완 부부　　50

2장. 한국계 이민자로서 모국에 대한 사랑으로　　55
    2-1　호주의 선거시스템을 본받아야　　56
    2-2　호주의 미투운동　　60
    2-3　상이군인을 최고로 숭상하는 호주　　62
    2-4　거짓말을 왜 하나요?　　64
    2-5　한국인 언어폭력 심각하다　　68
    2-6　토론문화와 팀워크의 부재　　71

3장. 세 자녀 엄마로서 가족에 대한 사랑으로   75
    3-1 　딸과 호주사위   76
    3-2 　어느 남자의 환갑잔치   79
    3-3 　네 가지 사랑의 표현   82
    3-4 　청소하는 Dr. Lee   84
    3-5 　얼마나 서운할까   87

4장. 교육학자로서 청년교육에 대한 사랑으로   93
    4-1 　표절과 교육적폐   94
    4-2 　조민의 논문발표 사태에 대해   97
    4-3 　김상곤 교육부장관 자격 있나?   101
    4-4 　한국은 어느 국가를 멘토로 삼을 것인가?   104
    4-5 　집단체조와 집단최면   108
    4-6 　억울합니다   111
    4-7 　헐버트 정신으로 구국할 때다   115

5장. 상담과 심리 전문가로서 소통과 갈등에 대한 관심으로   119
- 5-1 감정적으로 행동하면 하수   120
- 5-2 감정을 어떻게 다스릴까?   123
- 5-3 갈등은 긍정적으로 발전할 기회이다   131
- 5-4 갈등을 어떻게 풀까?   135
- 5-5 화가 나세요?   136
- 5-6 이상(理想)이 이상(異常)하다   146
- 5-7 내 영역 주장이 분열과 갈등의 원인   151
- 5-8 집단갈등은 어떻게 풀까?   154
- 5-9 대통령과 상담문화 정착   156

6장. 여성에 대한 사랑으로   161
- 6-1 눈물의 미학   162
- 6-2 상처 난 여인들   164
- 6-3 수영장의 눈물   168
- 6-4 로빈과 전혜린   178
- 6-5 웃음을 잃어버린 여자   181
- 6-6 인연을 소중히   185

7장. 늦깎이 사회운동가로서 여성인권에 대한 열정과 사랑으로   189
- 7-1 탄핵과 여성비하   191
- 7-2 탄핵과 부활   194
- 7-3 침묵하는 다수가 두렵다   197
- 7-4 왜 다를까? -표창원의 박통 누드전시회   199
- 7-5 워마드, 페르소나 가면을 벗고 당당히 행진하라!   203
- 7-6 마녀사냥, 그 실체는 누구인가   206

8장. 모국의 정치에 대한 열정과 사랑으로   211

    8-1   정치에 초월한 국민   212
    8-2   호랑이 등에 탄 선거   216
    8-3   도덕, 상식과 정의에 기준한 새 정부를 바란다   219
    8-4   해바라기 정치인   221
    8-5   휘파람이 강풍으로   224
    8-6   마스크 침묵문화와 빅텍 캔슬 컬처   227
    8-7   선거부정은 좌우의 문제가 아니다   230

9장. 이민자로서 내 조국에 대한 열정과 사랑으로   233

    9-1   차라리 눈물 흘리기를 선택한다   234
    9-2   가짜뉴스와 악의 평범   236
    9-3   쑥대밭과 폭력문화   239
    9-4   좌우파와 비평의 원칙   243
    9-5   두 바보 정상의 광대놀음   248
    9-6   흔들지도 말고 흔들리지도 말자   251
    9-7   한미 부정선거의 국제정치외교학적 배경과 3.9대선   253
    9-8   부정선거문제 유엔에 제소할 때   260

- 집필 후기   264
- 작가 연보   267

신 다르크의 해외대첩

신숙희 박사

에브리진에 대한 애정과 존경을 표하며

돌아보니 벌써 인생의 거의 반반을 한국과 호주에서 살았다. 나는 호주인으로서 호주는 시댁인 셈이다. 한국인으로서 한국은 친정이다. 1991년도 추운 겨울에 도착하여 처음 먹던 오렌지가 얼마나 맛있었던지 돈 한 푼 없이 오지(Aussie: Australia의 줄임말)에서 시작한 무모한 유학 생활은 앞날이 얼마나 험한 사막과 같은 오지에 선 것인지를 상상할 수 없을 정도였다.

서문과 감사의 말씀에서도 서술했지만 나는 40세에 영어를 배워 45세에 영어교육학 박사학위를 시드니대학에서 장학금을 받으며 시작하여 49세에 학위를 받았다. 그 뒤 50세에 늦게 커리어를 시작한 셈이다. 근 12년 뒤 2020년 코로나가 시작되면서 나는 시드니 소재 대학에서 강의하던 영작과 소통과목을 자의 반 타의 반 그만두게 되었다. 유학생의 감소로 호주대학은 관광 다음으로 교육에 치명타를 받게 되었다. 내 분야의 대학교수들은 아예 학과가 없어졌고 내가 10년 강의하던 대학교도 내가 그만둔 2년 뒤 폐교하였다. 그만큼 코로나 상황은 전 세계 모두에게 경제적으로 심리적으로 힘든 시기였다.

코로나 이후 나는 내가 못한 공부 두 가지를 시드니 소재 TAFE에서 온라인으로 하게 되었다. 하나는 교사훈련 프로그램(Certificate IV in Teaching and Assessment)이었다. 대학교에서 일할 때 교수들에게 새 훈련과정이라며 권장했으나 바빠서 계속 미루기만 하다가 시작했다. 이 강의는 아주 어려운 과목으로 소문나 모두 고개를 흔들었다. 25명 시작했는데 결국 이런저런 이유로 12명이 졸업하게 되었다. 1년 코스를 4개월로 줄여 운영하다 보니 어려운 것도 많고 또 온라인으로 처음 수업 듣는 것이 익숙하지 않은 점도 있었다. 더욱이 교사를 훈련시키는 목적뿐만 아니라 교사를 훈련하는 훈련자격증이기 때문에 더욱 가혹했던 것 같다.

이 과목에서 나는 교사로서 나의 장단점을 확실히 깨닫게 되었다. 호주인에 비해 나의 단점은 내 교재가 학생들 수준이나 배려를 잘 안 해 너무 어렵고 주입식이라는 것이다. 그러니까 다른 한국사람보다 학생들과 잘 소통하고 배려한다고 생각했던 나의 한국교육에서 받은 특성이 그대로 드러난 것이었다. 호주인들은 내가 볼 때 내용은 부실해도 학생 위주의 낮은 수준 그리고 정말 소화를 잘 시키며 차근차근 이론을 가르치며 실제 일일이 적용한 후 점차 수준을 높여 가르친다는 것을 확실히 깨달았다. 그리고 얼마나 커리큘럼을 철저히 가이드라인에 따르고 또 평가를 얼마나 서술된 기준에 따라 철두철미한지에 대해서도 훈련받았다. 그러다 보니 한국 정치권에서 일어나는 여러 정치의 불법, 떳법, 무법, 악법, 부정, 부패에 더욱 엄격한 잣대를 들이대게 되었다.

이 과목 이수 후에 한국에서 석사를 상담으로 전공했기 때문에 늘 하고 싶은 분야였던 상담공부를 하게 되었다. 상담 과목은 먼저 교사훈련 프로그램에 비하면 훨씬 쉬웠다. 일 년을 풀타임으로 삼 일간 하는 온라인 수업이었다. 아주 재미있게 아무 문제 없이 이 과목을 마치게 되었다.

교사훈련과 상담 두 과목을 하면서 나는 호주에서 최근 교육의 강조점을 명백히 알게 되었다. 그것은 무엇보다 호주가 이민사회로 다문화를 권장하고 소수인종이나 소수의 이익을 대변하는 데 국가가 앞서 나간다는 것이었다. 물론 오래전 2006년 박사학위를 시드니대학에서 할 때도 이미 느꼈지만 에브리진에 대한 배려가 여러 측면에서 깊이 깔린 교육을 한다는 것이었다. LGBTQ(lesbian, gay, bisexual, transgender, queer or questioning) 사람들만 아니라 에브리진에 대한 특별한 관심, 그리고 함부로 판단하지 말 것을 배웠다.

마지막 학기에는 에브리진의 역사와 정착 과정에서 일어난 일들을 가르치는 과목을 반드시 이수해야만 졸업할 수 있게 강제적으로 해놓았다. 그리고 그 과목을 가르친 교사는 바로 자신의 엄마, 누나, 가족, 친척들이 바로 백인들에 의해 박해당하고 또 빼앗긴 세대(Stolen generation)로 자녀까지 빼앗긴 생생한 경험을 한 사람이었다. 이 과목을 들으면서 나는 에브리진이 백인들에게 학대받은 것을 어느 정도는 알고 있었지만 영국 초기 정착인들의 에브리진에 대한 잔인한 박해와 살인의 역사를 더욱 실감 나게 배울 수 있었다. 대부분 에브리진에 대해 편견을 가진 호주인들과 이민자들은 이 강의를 통해 어두운 호주 역사를 솔직히 알려주어 대부분 충격을 받았고 많이 배웠다는 반응들이었다.

나의 책 두 권에서 이미 에브리진에 대해 상세히 소개했기 때문에 자세한 것은 생략한다. 2007년 2월 30일 새 노동당 정부가 들어서면서 수상 캐빈 러드가 에브리진의 빼앗긴 세대에 대한 공식 사과를 발표했다. 그 후에 에브리진에 대한 처우개선의 입법화는 가속화되었다. 지금은 호주는 어느 모임에 가든 모임 시작 전에 에브리진 조상에 대한 감사와 존경을 인사하는 것이 공식화되어있다. 그리고 화해의

날을 정해 기념하고 어떤 기관이든 일정 부분 에브리진을 고용하는 것을 법으로 정해 놓고 있다. 호주 인구의 3%밖에 안 되는 에브리진들이 거의 멸종의 위기에 있어 더욱 보호하는 것 같다.

제임스 쿡 선장이 1770년에 호주를 발견한 뒤 시작된, 역사가 짧은 호주가 사실은 세계에서 가장 오래된 대륙이고 거기에 10만 년 전부터 살아온 에브리진 사회는 호주인의 문화에 대한 콤플렉스를 (Cultural Clinge) 오히려 없애줄 훌륭한 문화유산이라 본다. 호주가 다문화를 긍정적으로 채택하고 권장하면서 에브리진에 대한 극진한 대우 등은 One Nation이라는 폴린 핸슨이 이끄는 극우당의 폄훼에도 불구하고 대체로 인종차별정책을 강력히 입법화하여 그래도 정의로운 사회로 발전한다고 생각된다.

우리나라도 다문화 사회로 접어들고 있다. 호주의 여러 다문화 정책을 선별적으로 받아들일 성숙한 사회가 되길 바라며 호주의 전통을 이어받아 나도 에브리진에 간단한 소개로 그들에 대한 깊은 애정과 존경을 표하며 이 책을 시작하고자 한다.

에브리진

1장
호주인에 대한 사랑으로

    이 장은 1991년 호주 이민 초기 울릉공에서 가난한 유학 생활을 할 때 만난 호주인들에 관해 쓴 글을 모아 보았다.
    시드니에서 한 시간 떨어진 울릉공은 내가 생각할 때 세계에서 가장 아름다운 도시로 우리가족은 그곳에서 8년을 살았다. 남편이 울릉공 대학에서 박사학위 할 때가 우리는 가장 가난했다. 통장에 $100도 없던 시절이었다. 그때 내가 만난 호주인들이 아직도 내 뇌리에서 사라지지 않는다. 나는 이들을 통해서 겉으로 행복하게 보이는 호주와 호주인들도 참 불행한 삶을 살고 있다는 것을 느꼈다. 그러면서도 그런 생각조차 하지 않고 나름 열심히 당당히 살아가는 그들에게서 많은 감동을 받았다. 이 장은 내가 최초 유학 시절에 만난 몇 호주인과의 조우를 경험으로 쓴 산문이며 분명 호주에 사는 모든 호주인을 대표하는 것이 절대 아님을 일러둔다.

1-1 홀로선 미쉘

11. 20. 92

오늘이 11월 20일인지도 정확히 모르겠다. 병원에 입원한 지 이틀째이다. 미쉘이 보내 준 이 노트가 얼마나 적절하게 사용되는지 참으로 섬세하고 아름답고 쾌활한 성품의 여자이다. 예쁜 꽃봉투와 편지지 그리고 볼펜 두 자루, 향내 나는 휴지와 향내 나는 꽃자루 주머니…

임파결핵에 걸린 것이다.

몇 달 내내 입안이 헐고 몸이 쇠약해지더니 한 달 전부터는 입맛도 없고 몸살 기운이 있고 피곤해서 한약을 달여먹었는데 기침이 계속 나오더니 어느 날 오른쪽 목에 임파선이 부어 병원에 간 지 한 달이 지난 지금 많은 엑스레이 초음파를 거쳐 결국 임파결핵이라는 진단이 나왔다.

지금 내 목은 8센티 정도의 구멍이 나 있고 우물 같이 움푹 패어있다. 아침에 약을 열한 개를 먹는다. 이 약을 적어도 일 년은 넘게 먹어야 한다니 그래도 종양이 아닌 것만으로도 다행이다. 그동안의 내가 지은 죄를 이 병으로 속죄하고 그동안 서운하고 미워하고 원망했던 모든 사람이나 사건을 용서하고 떠내려 보내려 한다. 남편을 비롯한 누구에게도 비난하거나 원망하지 말자. 즐겁게 쾌활하게 생활하자.

울릉공병원 모든 사람들은 친절하다. 내가 어떻게 그들에게 감사를 표현해야 하나. 미쉘을 만난 지 일 주일도 안 됐지만 우리는 이미 친한 친구가 되었고 데이비드 켈리는 오히려 우리에게 좋은 모범을 보여주는 부부이다. 켈리가 꽃아 놓고 간 아름다운 카네이션에서 향기가 난다. 빨리 회복하리라. 난 건강할 권리가 있다. 내 사랑하는 세 자녀를 위해서라도 난 살아야 하고 다시 건강해져야 한다.

11. 21. 92
잿빛 하늘은 그칠 줄 모른다. 우기인가 계속 비가 오다 말다 한다. 햇빛 보기가 힘들다. 구수한 된장찌개에 깻잎 고추절임 같은 한국 음식이 먹고 싶다. 간밤에 친정엄마가 보였다. 내가 별로 좋아하지 않던 우리 엄마도 결국은 나보다 훌륭하고 힘든 인생을 더 잘살았다. 일곱 명의 자녀에다 바깥일까지 내가 다시 김해로 돌아가는 날 흰 백발의 노인이라도 좋으니 살아서 반겨 주고 날 위해 맛있는 음식이라도 준비해 놓기를 상상해 본다.

내 온몸에 뻗쳐 기세를 부리던 결핵균은 이제 힘을 잃고 있다. 그것도 급속도로… 너무나 편한 생활만을 얼마나 바라 왔던가? 이것을 계기로 내가 더 성숙해지고 더욱 건강에 힘쓰게 되고 더욱 좋은 아내 좋은 엄마가 되고 좋은 하나님의 딸이 되기를 간절히 기도한다. 결국은 모든 것이 잘될 것이다. 에반스 노부부가 푸짐하게 꽃을 꽂아 놓고 갔다. 아름다운 사람들 내가 가진 모든 것에 감사하고 내가 한 모든 경험을 감사한다.

창문을 여니 약간 비릿한 바다 냄새가 난다. 그렇지, 한 마일도 못 가서 광활한 태평양 바다가 한눈에 쳐다보이지. 비는 그쳤고 오랜만에 태양이 눈부시게 빛나고 있다. 케이라 산에 걸쳐 있는 구름이 마치 쫓겨가듯 산 너머로 흩어지고 있다. 울릉공은 아름다운 도시이다. 파란 잔디가 깔려있고 산기슭에 푸른 나무들 속에 간간이 빨간 벽돌 모양의 집들이 각기 다른 모양으로 숨어 있다. 잔뜩 하늘을 날고 있는 것은 비둘기가 아니라 갈매기이다.

이 공기 맑은 곳에서 나는 병을 얻어 입원해 있고 이 병동에 젊은 사람은 나 말고는 아무도 없는 것 같다. 모두 다 노인네들이다. 아직도 난 내 몸속에 지독한 결핵균이 도사리고 있다는 사실을 받아들이지 못하고 있다. 그저 평상시와 똑같은 느낌이다. 다만 목에 약간의 통증을 제외하고는… 저녁을 방금 먹었다. 먹기 위해서 먹는 것이지 맛으로 먹을 순 없다. 음식이라면 우리나라가 최고 아닐까? 남편과 애들이 조금 있으면 올 것이다. 그때를 위해서 누워 조금 휴식하자.

11. 23. 92
또 하루가 시작됐다. 남자 간호원이 선물이라며 약 열한 개를 놓고 간다. 한 시간에 걸쳐 많은 물과 천천히 먹는다. 입안에 혓바늘은 여전히 나고 있지만 곧 나을 것으로 생각된다. 그 대신 목구멍이 좀 아프긴 하다.

어제 낮에 또 미쉘이 찾아와 예쁜 유리컵과 작은 부채를 선물로 주고 갔다. 파란 눈, 날씬한 몸매에 짧은 갈색 머리, 그녀를 볼 때마다 영국의 다이아나 왕비가 생각난다. 그만큼 그녀는 미인이었다. 그녀를 볼 때마다 이렇게 아름다운 그녀 곁에 남자가 없는 것이 늘 이상했다. 쾌활하고 약간은 수다스러울 정도로 붙임성도 있고 하여튼 우린 종교, 나이, 언어를 초월해서 친구가 되었다.

새로운 날이 시작되었다. 하늘엔 다시 구름이 잔뜩 끼어 있었다. 컨디션이 그리 좋은 것은 아니나 특별히 아픈 곳은 없다. 케이 클럽의 다이안과 이완이 방문해서 특별히 꽃나무를 선물했는데 냄새가 솔 나무 같기도 한 게 특이하다.
벌써 일주일째이다. 힘이 없고 자꾸 졸리기만 하다. 호주음식은 먹어도 배부르지 않고 배고프지도 않다. 끼니가 되어도 시장기를 느끼지 못하고 음식을 먹어도 맛이 있는 줄 모른다. 한국 음식이 그립다. 전이며 우엉나물, 고사리나물, 도라지나물, 취나물, 산나물, 톳나물…
한국의 산하가 그립다. 북적대고 시끄러워도 내가 부대끼며 살던 그

곳이 그립다. 돌아가고 싶다. 형제와 친구가 있는 그곳으로 북적대는 재래시장에서 푸짐하게 나물 종류를 사서 따뜻한 밥 한 공기와 구수한 뚝배기 된장찌개와 같이 먹어 봤으면…

    이 일기를 92년에 썼으니 미쉘을 만난 것은 내가 울릉공에 내려가서 아프기 시작할 때 그녀가 우리 집 끝의 플랫에 살기 시작하면서였다. 그녀가 이사오는 날 나는 그때까지도 서툰 영어로 그녀를 반가이 맞이하였고 그 뒤 친한 친구가 되었다.
    그녀는 삼일 꼬박 밤을 새어 우리 두 딸애의 인형을 만들어 주고 크리스마스 때가 오면 가족 하나 하나에게 따로 카트와 선물을 줄 정도로 섬세했다. 바느질 솜씨도 일품이지만 그녀의 독서량은 엄청났고 특히 역사 문화 계통의 많은 책을 읽었다. 더욱이 그녀가 손을 대는 곳마다 황무지가 옥토로 변하는 그런 신기한 손을 갖고 있었다. 우리 플랫의 뒤뜰은 점점 아름다운 꽃들로 차기 시작하였고 미쉘이 오기 전에 살던 여자가 던지고 갔던 초라한 화분들이 다시 주인을 만나듯 피어나기 시작했다. 그녀는 또한 미술에 뛰어난 재주가 있어 자기집 벽 곳곳에 손수 그린 그림을 전시해 놓았다.

    그녀는 클렌시와 바니라는 큰 고양이 두 마리를 자신의 아이들처럼 키우고 있었다. 미쉘이 정부 연금으로 울릉공대학에 다닐 정도로 가난해도 꼭꼭 고양이 밥을 사서 먹였다. 그녀가 고양이를 얼마나 사랑하느냐는 나는 도저히 측량할 수 없었다. 그냥 외로우니 같이 사는 것이라 생각했다. 그러나 나중에 안 사실이지만 그 두 고양이는 그녀 자식과 똑같았다. 그녀는 고양이를 좋아하는 사람을 좋아했고 고양이를 싫어하는 사람은 싫어했다.
    그녀의 가족 이야기를 들으면 호주에 사는 사람은 우리가 볼 때는 행복한 것 같아도 사람 사는 어느 곳이든 어쩌면 우리보다 더 파란만장한 드라마 같은 인생을 산다는 느낌을 받게 된다. 미쉘의 엄마는 열렬한 공산주의자였으며 독일계 피를 타고난 국민학교 교사였던 아주 지적이고 똑똑한 여자였다. 지금도 미쉘은 그녀의 엄마가 보던 책을 많이 간직하고 있다.

  미쉘의 어린 시절은 불행했다. 그림을 좋아하던 아버지와 철저히 반종교적이던 어머니는 늘 함께 어울리지 못했고 이혼하여 아버지는 다른 여자와 살게 되었다. 미쉘의 엄마는 그 뒤 암으로 세상을 떠났고 아버지의 둘째 부인도 암으로 떠난 지 얼마 안 되어 요즈음은 미쉘의 아버지도 암에 걸려 병원 신세를 지내고 있어 미쉘이 한번씩 돌봐 주러 간다.

  얼마 전에 미쉘은 정신 병동을 수시로 드나드는 오빠 말고 아래 남동생이 실종되는 통에 며칠을 걱정하고 있었다. 첫 부인과 이혼하고 재혼하여 아이 없이 사는 동생은 야생동물보호협회라는 지방자치구에 속한 공무원이었는데 어느 날 소리 없이 잠적한 지 한 달이 되었다. 신문에도 난 의문의 실종 사고를 듣고 미쉘은 몇 달을 걱정하고 있었는데 결국은 숲속에서 시체로 발견되었다.

  내가 미쉘을 쭉 지켜보면서 지금도 신기하게 느끼는 것은 어쩌면 파란만장한 그녀의 삶 속에서 그렇게 항상 명랑하게 웃으며 살 수 있는가 하는 점이다. 그녀 또한 첫 남편은 기타만 치는 음악가로 돈 한 푼 벌어 오지 않았다. 그 뒤 사우디의 간호원으로 가 있으면서 만난 남자와는 다시 호주로 오면서 저절로 헤어지게 되었다. 두 번째 결혼한 남자는 의처증 증세가 있고 그녀가 교회 다닌다고 내쫓아서 이혼해 버렸다. 그 뒤 미쉘에게 남자는 별로 중요한 위치를 차지하지 못했다.

  그녀는 혼자 살면서 많은 살림살이를 갖고 있었다. 잔잔한 가구들은 어디서 사 왔는지 많은 돈도 아닌 중고시장 등에서 사 온 일불 이불짜리 조그마한 장식구들이 집안을 가득 메우고 있었다. 그러나 그녀의 뛰어난 예술 감각으로 하나도 촌스러워 보이지 않고 잘도 어울렸다.

그녀는 돈이 항상 없었다. 한 번씩 나에게 많은 돈도 아닌 버스비 2$만 빌려 달라고 하는 걸 보면 빤히 내다보이는 정부 연금은 적자 내지 않으면 딱 맞을 정도였다. 이런 상황에서도 나는 지금까지 단 한 번도 그녀 입에서 신세타령을 들어본 적이 없었다.

그녀와 아직도 친분관계를 유지할 수 있었던 것은 그녀가 그런 상황에서도 항상 여유와 웃음을 잃지 않았기 때문에 나 자신이 매우 마음 편하게 대할 수 있기 때문이었다. 그리고 말이 많은 그녀 앞에서 나는 그저 미소 띠며 듣고만 있어도 되는 편안함 때문이었다. 이런 미쉘을 볼 때마다 나는 미쉘과 같은 처지에 있는 우리나라 오십 대 중반의 여자를 생각하면서 동정 어린 생각이라도 들어 수시로 음식을 해서 나누어주고 보살펴 주려고 하면 두 배 세 배의 보답을 해 버리기 때문에 나중에는 아예 그녀에 대한 동정 의식이 슬그머니 사라져 버렸다.

우리 집에서 이사 나간 뒤에도 한번씩 시내에서 만나게 되면 늘 웃는 즐거운 모습과 쾌활한 표정이다. 올해에는 간호학에서 옮겨 문학과 역사 전공을 마치고 취직자리를 알아볼 거라고 했다. 그녀를 보면서 나는 인간이 어떤 처지에 있든 훌훌 털어 버리고 누구에게든 기대거나 열등의식도 가지지 않고 자신에게 주어진 인생과 당당히 맞서며 홀로 서서 살아가려는 아름다운 삶의 빛깔을 발견하게 되었다.

한국적 사고로 판단할 때 망쳐진 그녀의 인생은 이혼을 두 번이나 했다는 것을 낯선 사람 앞에서 숨김없이 털어낼 정도로 그것이 자신의 죄가 아닌 이상 떳떳하게 판단하고 결정한 모든 인생의 행적들을 거부 없이 받아들이는 당당함을 느끼게 하였다. 시집가서 아이 낳고 잘살았답니다라는 해피엔딩이 아니더라도 미쉘과 같은 구겨진 인생

속에서도 아름답게 스며 있는 삶의 숨결을 느끼게 한다. 내가 힘들었을 때 나보다 더 힘든 인생을 힘들지 않게 사는 비밀을 간직한 미셸은 어려웠던 나의 유학 시절의 큰 위로가 되었음에 결코 그녀를 내 기억에서 밀어내 버릴 수는 없을 것이다.

1-2 베네딕트는 가고

아이들을 서둘러 학교에 보낸 뒤 적막하고 작은 공간에 요란한 사이렌 소리가 헤집고 들어왔다. 그 소리는 점점 우리집 쪽으로 다가왔다. 앰뷸런스에서 내린 의사와 간호원이 황급히 내 플랫을 지나 안쪽 집으로 들어가는 걸 보면서 나는 뭔가 베네딕트에게 심상치 않은 일이 일어나고 있다는 예감이 번개처럼 스쳐갔다. 그때만 해도 나는 베네딕트가 죽는다는 생각은 전혀 하지 않고 있었다. 몇 번의 인공호흡으로 그녀가 다시 살아나 언제 그랬느냐는 듯이 그때의 일을 하나의 작은 에피소드로 이야기할 것 같은 예감이 있었다. 아니 그것은 어제까지만 해도 내가 빨래를 널고 오자 그녀가 나를 불러 들어갔을 때 소파에 앉은 그녀가 처음으로 방문한 자신의 엄마를 나에게 소개해 주었고 우리는 즐겁게 일상 대화를 나누었던 평온하고 건강해 보이는 모습을 생생하게 기억하고 있었기 때문인지도 몰랐다.

내가 해리를 맨 처음 본 것은 작년 크리스마스 전후쯤 우리 집 맨 끝 플랫에 그가 혼자 왔을 때였다. 그 작년 3월 미셸이라는 노처녀가 이사 간 이후 8개월 이상이나 집이 비어 있다가 새로운 사람이 이사 온 것은 나에게는 큰 기대감과 설렘을 주기에 충분한 것이었다. 나는 이사 도구를 거의 챙겨 오지 않은 것처럼 보이는 해리에게 요리를 해다 주며 친절을 베풀었다.

그 뒤 크리스마스가 지나 새 학기가 시작되면서 해리는 베네딕트와 애슐리라는 우리 막내와 같은 또래의 딸아이를 데려오면서 우리 가족과 급속히 가까워졌다. 우리는 해리를 부시맨이라 불렀다. 그 이유는 해리 가족이 부시에서 살다가 온 점 말고도 부스스하게 보이면서 꾸불거리는 머리카락과 입가에 제멋대로 자란 구레나룻, 장대같이 우뚝 솟은 듯한 큰 키 그리고 슬픔에 잠긴 듯한 우수에 젖은 그의 분위기가 특이한 느낌을 주기에 충분했기 때문이었다.

그의 부인 베네딕트는 참으로 침착하고 조용해 보였다. 첫 결혼에서 시어머니의 구박과 응석받이로 자란 외아들 간에 결국 견디다 못해 이혼한 후 많은 명상을 해서인지 또는 에브리진(Aborigine:호주의 원주민)으로서 자연과 어울려 사는 부시생활을 오래 해서인지 그야말로 세속에서 초월한 듯한 조용한 눈매와 낮은 음성은 보는 이를 압도하게 만드는 인품의 소유자였다. 베네딕트의 말에 의하면 고혈압으로 아이를 놓을 수 없다는 의사의 충고에도 우여곡절 끝에 얻은 외동딸 애슐리는 시종 맨발로 뛰어다니며 우리 아이들과 잘 어울리며 소위 그들에겐 도시였던 울릉공 생활에 익숙해 갔다.

올해 중순 겨울방학 때 우리는 그들이 사는 부시로 휴가를 갔다. 남쪽 해안을 따라 베즈만 베이라는 곳을 지나서 차로 여섯 시간을 꼬박 걸려 큰 치즈공장으로 호주에서도 유명한 브달라라는 곳에서 오른쪽으로 돌아서 또 산속으로 한 시간쯤 달린 곳에 이들의 집이 있었다. 100m 떨어진 곳에 집 한 채가 있을 뿐 아무도 살지 않는 산속이었다. 모두 자가발전으로 전기, 수도를 넣었고 전화는 들어와 있었다. 우리가 어릴 때 보던 통시(Dandy) 같은 화장실이 밖에 있는 정도의 간단한 이층집이었다.

아들레이드에 사는 해리의 아버지는 아들레이드대학을 디자인한 유명한 건축가였기 때문에 해리의 아버지가 이 집을 디자인하고 창문을 비롯하여 모든 시설은 중고품으로 사서 지은 그야말로 통나무집이라 생각되는 초라한 집이었다. 밤이 되자 해리는 통나무를 잘라 벽난로에 넣어 집안을 훈훈하게 만들었다. 백 년도 더 되었을 것 같은 이 빠진 피아노에 앉은 해리는 그의 수준급에 달하는 피아노 솜씨로 형편없이 낡아빠진 피아노를 무색하게 하는 연주를 했다. 저녁식사 후 부시댄스의 반주자로 있었던 경력이 있는 해리의 기타 반주로 그들의 가족과 함께 어울려 부시댄스를 추었다. 우리가 하는 어떤 몸동작으로도 해리는 기가 막힌 기타 반주를 맞추어 주었다.

해리는 성격이 곧고 양심적이며 부시맨이라 하기에는 너무나 아는 것이 많은 다재다능한 수완가였다. 도대체 해리는 못 하는 게 없는 훌륭한 남편이었다. 그의 집에 가보면 그가 그린 수채화나 정물화가 그림을 잘 모르는 내 눈에도 수준급이었다. 차 수리, 세탁기, 전기기구 등을 만지는 솜씨도 뛰어나 차 하나를 몽땅 분해해서 다시 조립할 정도의 실력이 있었다.

그에 비해서 베네딕트는 우리가 봐도 아무것도 하는 것이 없어 보였다. 울룽공대학에 간호학을 시작한 그녀는 에브리진으로서 갖지 못했던 학업에 대한 열망과 동기는 매우 컸다. 혼자 글을 깨쳐야 했으며 어부였던 아버지가 정부의 법에 걸려 육년 간 지루한 법정 투쟁을 해야 했던 등등의 에브리진의 박해와 고통 등을 배우면서 백인들에 대한 엄청난 분노와 적개심을 내부에 간직하고 있었다.

그녀가 당뇨병으로 좋지 않은 건강에도 불구하고 대학을 시작했던 근본적 동기도 당당히 에브리진으로서 백인들과 실력을 겨루고 에브리진들의 인권을 위해 일하겠다는 강한 집념이 있었기 때문이었다. 그녀는 자주 주변의 에브리진들이 사십대가 되면 갑자기 죽어버린다며 특히 심장마비로 죽는 것을 많이 보았다고 했다. 그녀의 그런 언급이 바로 그녀 자신의 죽음을 그대로 예언한 것이었다는 것을 그녀는 까마득히 모르고 있었다.

우리가 해리와 베네딕트 가족과 함께 지낸 휴가 시간이 아마 베네딕트의 일생에서 가장 행복했던 순간이 아니었나 생각된다. 그 뒤 베네딕트는 학과 수업을 힘들어하고 있었고 갑자기 시작된 도시 생활에 어리둥절해 하고 있었다. 지난 이 주 전에는 가슴에 통증이 있다며 병원에 가서 소변 검사를 했으나 혈액 중에 콜레스테롤 수치가 높으니 주의해야 한다는 의사의 경고가 있었다고 했다.

베네딕트는 공부에 대한 스트레스 외에도 해리가 여기에 사는 것을 행복해하지 않지만 좋은 남편이기에 참고 있다는 것을 인식하고 있었다. 그래서 넓은 부시를 팔아도 도시의 집값의 반도 안 될 뿐만 아니라 다시는 그런 야생 동·식물이 있는 땅을 소유하지 못할 거라는 두려움에 선뜻 시골 땅을 팔지도 못하고 있었다. 또 이미 도시 생활에 적응한 딸과 자신이 졸업 후 직업을 구할 생각을 하면 그 부시를 소유한다는 것이 무리라는 생각을 하면서도 선뜻 결정을 내리지 못한 채 고민만 하고 있었다.

우리가 볼 때 해리가 가진 부시는 아무짝에도 쓸모없는 땅덩어리로 보였지만 그들은 엄청난 애착을 가지고 있었다. 에브리진 배경을 가진 베네딕트와 에브리진은 아니지만 에브리진을 이해하고 옹호하는 해리의 성향으로 봐서 충분히 이해가 가는 고민이었다. 그것은 우리가 한국에 돌아가야 할지 여기서 살아야 할지 하는 엄청난 고민과 흡사했다. 남들이 볼 때는 행복한 고민이라지만 심각하게 끙끙거리는 모습에 베네딕트와 우리는 동병상련을 느낄 수 있었다.

바닷가에 하루종일 드러누워 부서지는 파도 소리를 들으며 저녁나절 내내 불어오는 미풍을 이마로 느끼며 명상하고 바윗돌 틈을 지나 옆걸음질하며 걷는 앙증스러운 게의 모습에서 자연의 즐거움을 느끼고 철철이 바뀌면서 쿠쿠바로 글라 등의 새들이 언제 날아올지 일일이 기억하는 그녀의 머릿속에서 부시를 빼 버린다는 것은 마치 봄철이 돌아오면 북적거리는 재래시장에 나온 향긋한 쑥을 사다 쑥국을 끓이고 도라지, 고사리, 취나물 등의 산나물로 갖은 입맛을 돋우는 등의 마음의 고향을 빼 버린다는 것과 똑같은 것이라는 것을 나는 알고 이해할 수 있었다. 그러기에 근래에 들어 부쩍 피곤하다는 소리를 자주 하며 공부를 그만둘까 아니면 과목을 줄여야겠다는 그녀의 하소연이 많아졌지만 우리는 이런 여러 가지 복잡한 상황 때문일 것이라 단순히 생각하였다.

팔월 말로 접어들면서 유난히 빨리 시작된 더위는 계속된 가뭄과 함께 사람을 짜증스럽게 만들고 있었다. 새 한주가 시작되는 화요일 아침이었다. 애들이 학교 간 무렵 옆집 학생의 당황한 표정과 함께 베네딕트가 이상하다는 소리를 듣고 황급히 달려갔을 때 이미 그녀는 의식을 완전히 잃고 있었다. 침대에 드러누운 그녀의 눈감은 모습은 죽는 사람치고는 참으로 평화스럽게 보였다. 다만 입가에 약간의 거품을 깨문 채 가느다란 한숨을 한번 쉴까 말까 한 후 그녀의 맥박은 점점 희미해지고 있었다. 창백하면서 파리하게 굳어 가는 그녀의 머리를 그녀의 엄마는 딸의 이름을 부르며 마구 흔들고 있었다.

피부가 백인같이 흰 그녀와 달리 베네딕트의 엄마는 완전한 에브리진의 모습은 아니더라도 피부 색깔은 황갈색이었고 모습은 에브리진의 원주민의 전형적인 모습인 둥그런 코를 갖고 있었다. 마치 외동딸의 죽음을 예감이라도 한 듯 그녀는 계획에도 없이 딸의 집을 방문했고 오랜만에 내려온 엄마를 보는 베네딕트는 한결 행복해 보였다. 그러면서 내일 해리가 시드니에 직장 인터뷰를 간다며 자랑스러워하고 있었다. 우리는 해리같이 박식하고 인품이 좋은 사람이 여기 온 이후로 직장을 못 구하고 있다는 현실을 참으로 안타까워했다. 특히 지난달부터 남편이 시드니에 직장을 구해 다니자 알게 모르게 해리에게 분발의 기회를 주었는지 요 며칠 새 부지런히 인터뷰하러 다녔다.

베네딕트는 자신의 공부를 뒷바라지해주는 해리에게 늘 고마움을 잊지 않았다. 우리가 볼 때는 해리가 베네딕트를 위해 하는 일 즉 빨래, 청소, 애슐리 학교 데려가고 오기, 저녁 식사준비 등 심지어 그녀 숙제까지 해주는 그런 남편을 그녀가 아무리 고맙게 생각해도 지나치지 않다는 생각을 할 정도였다. 해리는 베네딕트를 위해 태어난 사람으로 보일 정도로 완벽한 남편의 역할을 해내고 있었다.

아침에 그녀가 몸이 좋지 않은 것을 안 해리는 장모에게 특별히 눈여겨 그녀를 돌볼 것을 부탁하고 이미 시드니를 떠나고 없었다. 아침에 일어난 베네딕트는 샤워도 하고 아침 산책을 한 뒤 몸이 안 좋다는 소리를 한 뒤 침대에 드러눕자 엄마는 의사를 부를까라고 물었으나 배네딕트가 괜찮을 거라는 대답에 그냥 내버려 두고 있었다. 구토를 하기 시작한 그녀의 거친 숨소리가 나면서 그녀의 엄마가 황급히 방에 들어갔을 때 베네딕트는 이미 혼수상태에 있었다. 나를 찾아 헤매던 그녀의 어머니는 결국 옆집 총각에게 부탁해 응급실로 전화를 한 모양이었다.

나는 초조하게 밖에서 기다리고 있었다. 삼십 분이 지나도 의사는 나올 생각을 하지 않고 또 다른 엠뷸런스가 오면서 나는 그녀가 돌이킬 수 없는 죽음의 골짜기로 갔다는 것을 깨달을 수 있었다. 한참 만에 나온 의사의 모습에서 베네딕트의 구조는 수포로 돌아간 것이 밝혀지고 베네딕트의 입에는 이미 재갈이 물려 있었고 그녀의 손과 발도 붕대로 묶여 있었다.

시드니에 도착하자마자 이상한 느낌이 있었던지 해리는 인터뷰 들어가기 직전 집으로 전화를 했고 그 소식을 듣고 곧바로 택시를 타고 돌아왔다. 해리는 오열을 토하고 있었다. 우리 식 표현으로 지독히도 복이 없는 남자였다. 자신의 말대로 가족 중에서 제일 미운 오리 새끼였고 그러기에 유명한 건축가 집안에서 혼자 외톨이로 떠돌다 베네딕트를 만나 그녀의 부추김과 격려로 지난 십년 간 행복한 생활을 했다며 소리 죽여 흐느꼈다.

나는 죽은 베네딕트보다 해리와 딸 애슐리의 앞날이 걱정되었고 해리같이 좋은 남자가 당하는 시련을 참으로 나 자신조차 받아들이기 힘들어하고 있었다. 며느리의 죽음 소식을 듣고 이틀에 걸쳐 아들레이드에서 온 해리의 부모님은 저번에 보는 그대로 점잖으면서 고매한 위엄의 모습을 간직하고 있었다. 선생이었던 해리의 엄마와 건축가인 해리의 아버지는 해리보다 훨씬 훌륭한 외모의 소유자였고 누가 봐도 전통적인 호주인의 점잖은 부부였다. 진짜 백년을 같이하는 모범적인 호주인 부부의 상을 그들은 그대로 간직하고 있었고 그의 부모들을 보면서 해리는 정말 좋은 집안에서 태어났으며 해리가 베네딕트에게 보인 사랑과 정성이 우연한 것이 아님을 깨달을 수 있었다.

두 달 이상이나 계속되었던 가뭄 끝에 오랜만에 폭포같이 내리는 빗속으로 건너온 그들의 손을 잡으며 나는 우리 부모를 만난 것인양 그동안 참았던 슬픔을 한꺼번에 쏟아 내고 있었다. 그러면서 그때서야 베네딕트가 내 곁을 떠나 영원히 돌아오지 않는다는 사실을 받아들이기 시작했다. 내 인생에서 처음으로 어제까지 멀쩡했던 사람이 죽어가는 모습을 지켜본 경험은 여러 날이 지나도록 기억에서 지워지지 않고 있었다. 그것은 내 인생의 진로와 철학을 바꿀 만큼 엄청난 충격을 가져다주었다. 또 한편 죽음과 맞서는 용기를 가져다주었다. 죽는 것은 아무것도 아니었다. 죽는다는 것이 그렇게 두려운 것은 아니라는 것을 똑똑히 인식할 수 있었다.

그녀는 가고 없다. 그러나 그녀가 가졌던 인생의 관조와 이상과 꿈, 용기 그리고 절망과 좌절은 그대로 나에게 농축되어 꽃샘바람이 부는 한해 이맘때가 오면 살을 에는 듯한 얼얼한 고통으로 당분간 다가올 것이다.

1-3 외로운 케이트

아이들을 학교에서 데리고 집에 오자마자 전화벨 소리가 울렸다. 다름 아닌 힘없는 목소리의 케이트였다. 자신의 집에 들르든지 아니면 우리 집에 방문해도 되겠느냐는 그녀의 질문에 식사 후 내가 가겠다고 했다. 뭔가 평소와는 다른 느낌에 식사를 마치자마자 그녀의 집으로 달려갔다. 그녀의 집은 우리 집 바로 다음 골목에서 왼쪽으로 꺾어 케이라 산쪽으로 조금만 가면 되는 아주 가까운 거리에 있는 허름한 플랫이다.

내가 그녀를 알게 된 것은 우리가 지금 살고 있는 플랫에 살던 아프리카 나이지리아에서 온 수잔이라는 부인과 울릉공대학 석사과정에 다녔던 남편과 아들 하나를 둔 가족이 그녀가 살고 있던 옆 플랫으로 이사 가서 수잔이 우릴 그녀의 아들생일 파티에 초대해서 갔을 때 그녀도 같이 초대되어 알게 되었다. 그 당시 그녀는 우리에게 자신이 지은 시를 보여주었고 조금 우울한 듯 별로 남과 어울리기를 좋아하지 않는 타입의 그냥 혼자 사는 여자 정도로만 생각되었다. 스코틀랜드 특유의 영어 발음에 무슨 말인지 그 당시 짧은 영어 실력으로 그녀의 말을 알아듣기가 무척 힘들었다. 그 뒤 자주 우리 집 앞을 고개를 푹 숙인 채 뚜벅뚜벅 걸어가는 그녀를 몇 번 마주쳤고 우리 집에 들르겠느냐는 나의 제안을 받아들여 우연히 차를 함께 마셨고 우리는 서로를 점점 알게 되었다.

그러다 일주일 전 아이들 방학 때 그녀의 아이들이 시드니에서 왔을 때 내가 식사를 초대해서 김밥을 만들어 같이 식사를 했는데 국민학교 육학년인 큰딸 테스와 작은딸 에마만 왔고 엥기스라는 아들은 친구네 집에 놀러 가버려 오지를 않았었다. 다음 날 우리 아이들도 그녀의 집에 초대되어 같이 식사를 하며 즐기고 오후엔 바로 옆 공원에 가서 함께 놀며 오랜만에 맘껏 웃는 그녀의 상기되있던 모습을 기억하고 있다. 테스는 자기의 제일 친한 친구가 한국에서 온 학생이라 인사하는 정도의 한국말도 할 수 있고 김밥도 좋아하며 한국인 친구가 선물로 준 필통, 연필, 일기장 등을 나한테 자랑하던 터라 다음에 여기올 때 꼭 우리 집에서 김밥을 만들어 먹자고 약속했기 때문이었다.

불과 몇 달 전 아이들의 양육권 문제로 법정에 오락가락하며 시드니를 들락거리며 몹시 의기소침해 있던 그녀가 아이들이 자신을 방문해도 좋다는 법원 판결이 났을 때 그것은 그녀가 다른 부인과 사는 전남편으로부터 아이들을 다시 데려오지는 못했어도 그런 허락만이라도 받았다는 사실에 옛날보다 훨씬 기분이 좋아 보였고 애들이 다녀가고 난 뒤 한 일주일 간은 항상 얼굴이 밝아 보였다. 왜냐하면 좀처럼 그녀의 기쁜 얼굴표정을 보기 힘든 나로서는 그녀가 기쁜 것만으로도 나 자신이 절로 기분이 좋아졌다. 내가 더 기분이 날아갈 듯했다. 그러기에 그다음 주에 아이들이 다시 오기로 했다며 들떠서 나에게 말한 것을 기억하는 나로서는 이번의 케이트 전화가 주는 좋지 않은 예감은 당연한 것이었다.

케이트의 얼굴은 부어 있었고 목소리는 늙은 노파처럼 쉬어 있었다. 학교도 가지 않은 채 지금까지 울고만 있었다고 했다. 지난 일요일부터 감기까지 겹쳐 말할 때 계속 기침을 하고 있었다. 뚜렷한 이유도 없이 연신 그녀는 눈물을 흘리며 자신에 대해 한심해 하고 있었다. 그녀를 보는 나의 마음도 낭패스러웠다. 살아야 할 낙도 공부해야 할 동기도 없어 그녀는 게거품이 제풀에 꺼지듯 말꼬리를 흘리며 되뇌었다.

작년에 기술전문학교(TAFE:Technical and Further Education)에서 사회복지 과목을 성공적으로 마쳤고 이번에 울릉공대학에 간호학과에 성인 학생(Mature student)으로 입학해 학교생활도 잘해 내고 있었다. 학교가 다시 개학한 지 일주일도 넘었기 때문에 산더미처럼 밀려오는 숙제만 해도 한시도 방관할 수 없는 대학생활이라는 것을 알고 있기에 그녀의 슬럼프는 나에게 더욱 위기감을 가져다주었다. 교수들도 TAFE의 선생님들과는 달리 나이든 학생들을 무시하는 것 같고 개인에 대해 전혀 관심을 기울이지 않는다고 했다. 나이 사십에 젊은 애들과 같이 공부한다는 게 쉬운 일은 아니며 누구나 공부 도중에 드는 회의감과 위기는 있다. 그러기에 대학을 들어간 학생의 38%가 중도에서 탈락한다는 통계자료를 인용해서 어려움을 극복해야 한다는 정도로만 위로할 수밖에 없었다.

케이트에게 있어서 간호학과의 졸업장은 누구에게보다도 중요하다는 것을 나는 알고 있었다. 그녀는 에디하우스(Eddy House)나 트리하우스(Tree House)라는 청소년 피난처에서 자원봉사를 해왔고 지금은 알코올 환자나 약물 중독자들의 재활센터에서 자원봉사해 오다 지난 몇 달 전부터 수시로 요구가 있을 때마다 밤에 일하며 돈을 지급받고 있다. 그녀가 학위를 따면 풀타임으로 고용될 전망이 매우 높다는 것을 그녀나 나나 잘 알고 있다. 아이들이 일주일간 머물다 가고 난 뒤 그녀에게 남은 것은 빚이었다. 일주일에 $160 정도 나오는 학생 장학금은 혼자 집세 내고 먹고살기에 딱 맞은 정도이다. 그나마 그동안 조금 일을 했기 때문에 애들이 내려왔을 때 푸짐하게 먹일 수 있었는데 대부분의 정부 연금으로 사는 사람들처럼 차가 없는 그녀로서는 아이들이 내려와도 어디 한번 데려가기도 힘들었을 것이다.

아이들이 내려오기로 했으나 돈이 다 떨어져 결국 오지 못하게 했다고 했다. 친구한테 돈 빌리는 것도 지쳤으며 오늘 전화를 받은 친구의 목소리 또한 냉담하기 그지없었다고 했다. 일하는 여성과 같이 재혼한 남편은 여유가 있고 아이들의 수당이라도 아이들에게 주어 시드니에서 울릉공까지 기차 비용이라도 덜게 해주면 될 텐데 자신이 힘들게 사는 것 뻔히 알면서 아이들이 올 때 돈 한 푼 쥐어주지 않는다고 했다. 남편을 끔찍이 싫어하던 그녀의 마음을 짚기라도 한 나는 되받아 남편을 아직도 증오하고 있느냐며 그녀의 마음을 누구보다도 잘 읽는다는 듯이 내가 물었다. 작년에 다니던 교회에서 침례 받아 예수 그리스도를 안 후 남편을 용서했다고 말하는 것을 들어왔으나 결혼 십년간 공포와 세뇌와 폭력으로 결국 정신병원에 입원하는 것으로 막을 내렸던 악연의 상대를 용서한다는 게 쉽지 않다는 것을 알고 있었기 때문이다. 그렇게 보이느냐고 되물으며 엷을 미소를 띠는 그녀의 입술이 파르르 떨리고 있었다. 네가 믿는 신에게 기도를 해보라고 그 말밖에 내가 할 수 없는 상투적 위로의 말꼬리는 힘이 없었다.

그 다음 날 그녀의 집을 찾아갔을 때 케이트는 조금은 나아 보였다. 학교에 전혀 가지 않은 채 아이들이 내려오면 집이 좁아 여유가 되면 방 두 개짜리라도 옮기고 싶다는 소릴 흘리며 내가 오기를 기다리고 있었다. 우린 다섯시경 버스를 타고 시내로 나갔다. 울릉공대학 앞에 차가 다다랐을 때 어둑어둑 땅거미가 지는 해거름 때임에도 빽빽이 주차된 차에 왁자지껄 거리며 타는 학생들을 보니 밤에도 어느 학과든 강의가 있다는 얘기를 상기시켜 주었다. 시내라도 차로 십분 이내에 있는 거리이며 조금만 걸어가면 바다가 있기 때문에 바닷바람이 칠월 한참 겨울이라 해도 얼음이 얼지 않은 여기에도 조금은 차게 느껴졌다.

우리가 들어간 넓은 중국 식당은 아무도 없었다. 여섯시면 한참 저녁 식사시간일 텐데도 $6.50이면 마음대로 먹을 수 있는 중국식 뷔페는 가난한 우리 가족이 오랜만에 외식할 때 한번씩 오는 유일한 곳이었다. 아이들은 $3에 아이스크림까지 실컷 먹으니 아무래도 수지맞지 않는 장사인 것 같고 손님도 별로 없어 올 때마다 괜한 죄책감과 안쓰러움이 들어 아이들이 연신 아이스크림 통에 들락거릴 때 눈치가 보여 안절부절못하기도 하던 곳이다.

케이트는 자신의 아이들이 오면 여기에 데려와야겠다며 아이스크림을 여러 차례 가져다 먹었다. 돈이 없는 나로서는 케이트를 여기에라도 데려와 외식시켜 주는 것이 내가 그녀를 위해 할 수 있는 유일한 것이었다. 내가 처음 시드니 와서 밤에 시내 중심가를 갔을 때 느꼈던 분위기와 오늘 여기 조그마한 도시의 시내에서 느끼는 느낌도 별로 다르지 않았다.

"왜 이리 밤만 되면 사람들이 없지? 마치 공산주의 나라의 거리같이 가게는 다섯시만 되면 문을 닫아 버리고 크리스마스 때를 제외하곤 도대체 흥청거리는 거리의 모습이 없으니 인구가 작아서일까, 가게를 열지 않아서일까? 우리하곤 너무 달라"

우리는 중국 식당에서 느끼는 한가로움(?)에 대한 송구함이 마치 내 탓이라도 된 듯 허겁지겁 도망치듯 나와 버렸다. 내가 케이트에게 거리가 이렇게 한산한 이유가 무엇이냐고 물었다. 케이트의 우울증에 대한 해답에 조금씩 접근할 수 있을지도 모른다는 기대감과 최소한 케이트가 자신만이 외로운 것이 아니라는 것을 말이 아니라 실제로 느끼도록 유도함으로써 내가 단지 저녁을 사준 것으로만이 아닌 심리적 위로까지 줄 수 있을지도 모른다는 생각이 복합된 물음이었다.

이 질문을 한 뒤 한참 머뭇거리며 대답을 생각하는 케이트의 옆모습을 보면서 케이트를 데려고 나오길 잘했으며 더욱이 적시에 너무나 맞는 질문을 던졌다는 생각에 내 맘속으로 흐뭇해하고 있었다. 그것은 실제로 나 자신이 궁금한 사항이기도 하고 호주에 살고 있는 호주인들은 이런 문화적 분위기를 어떻게 생각하느냐도 사실 궁금했었기 때문이었다. 그것은 또한 중국 식당에서 느끼던 미안함에 대한 심리적 불안을 덮어줄 수 있는 대답을 케이트가 해줄지도 모르기 때문이었다.

그러나 케이트의 대답은 의외로 간단했다. 무서워서 사람들이 거리에 나오지 않는다고 했다. 케이트다운 대답이라고 생각되었다. 케이트는 한 번도 사랑한 적이 없는 남편과 결혼생활하면서 베개 밑으로 파고들 정도로 남편을 무서워했으니 나는 한국에서보다 외국이라 해도 여기가 훨씬 안전하게 느껴지는데 무서워서 밤에 사람들이 안 나온다는 것은 당연히 원초적 동기에 기초한 유아적 답변이라 해도 할 말은 없었다. 더 이상 묻지 않기로 했다. 그것은 내가 의도했던 바대로 케이트를 자신의 분위기 속으로 몰아넣어 싫어하는 남편 얘기를 더 이상 끄집어내게 하고 싶지 않았기 때문이다. 이쯤에서 물러서야겠다는 생각을 굳혔다.
케이트는 자신의 결혼 생활에 대한 얘기를 잘 하지 않았다. 다만 남편을 오빠가 살던 뉴질랜드에 가서 간호사로 일하던 병원에서 우연히 만나 동거 사년 만에 결혼했으며 그가 자신을 속이고 한 번도 사랑한 적이 없었던 남편과 아이 셋을 낳을 때까지 살다가 결국 정신병원에 입원하는 것으로 결혼이 끝나버렸다는 정도였다.

아이가 있는 부부의 경우 여자들이 아이들의 양육권을 갖는 것이 여기의 법이고 남편은 아이가 18세 즉 국가에서 생활비를 줄 때까지 생계비를 주어야 한다. 그러나 케이트의 경우는 그 당시 케이트가 아이를 기를 정도의 정신건강의 문제가 해결되지 않은 상태라서 아이를 맡을 수 없게 되었다. 아무것도 가지지 않은 케이트는 가족들이 있는 스코틀랜드로 돌아갔으나 이미 결혼해 버린 형제들은 옛날의 형제들이 아니고 오빠는 스웨덴에, 언니는 프랑스에, 뿔뿔이 흩어져 황량한 벌판에 선 방랑자처럼 그곳 병원에서 일하다 결국 팔개월 만에 다시 정신병원에 입원하게 되었다. 케이트는 아직도 그 병원에서 유일하게 자신에게 관심을 기울여 주었던 꼽추 남자의 얘기를 한번씩 하곤 한다.

다시 호주로 돌아온 케이트는 자신이 20세 젊은 혈기에 친구 두 명과 겁도 없이 호주에 이민 왔던 그 용기를 되뇌며 본인 스스로 놀라고 있었다. 같은 영어권 스코틀랜드에서 호주에 이민 왔으면서도 문화적 충격을 받았다는 그녀는 아무런 선약은 하지 않고 친구 집에 불쑥 들렀다가 친구가 왜 연락하지 않고 왔느냐며 나는 바빠서 지금 너를 들어오게 할 수 없다는 얘기에 돌아서면서 눈물을 흘리며 그냥 필요할 때 약속 없이 불쑥 찾아갈 수 있는 친구 관계나 인간관계가 그립다고 했다. 남편의 학대 속에서도 이혼할 용기가 없어 지금의 자신처럼 강하지 못하고 약하디약한 여자로서 살다 결국 정신적 와해로 끝났던 그녀, 내가 케이트에 대해서 집요하리만큼 깊은 관심을 가진 것은 처음에는 영어를 배우려는 이유였지만 점차 서양여자인 케이트가 인간 본연의 동질성, 다시 말해 피부와 문화적 차이에도 불구하고 여자로서 인간으로서 느끼는 공유감뿐만 아니라 동양 고유의 미덕이라 생각했던 영역들이 서양인인 그녀 역시 공유하고 있다는 점이었다.

지금도 그녀가 말하듯이 강하게 혼자 살지만 얼마나 연약하고 부서지기 쉬운 상태로 살아가고 있다는 것을 알고 있다. 그녀는 피우던 담배도 끊은 지 오래고 마약, 술 등으로 자신의 인생을 파괴하는 그런 류의 사람이 아닌 대단히 자신의 삶을 생산적으로 용기 있게 사는 이 사회에서는 모범적인 사람 중의 하나임을 알고 있기 때문이다. "수잔은 나에게 구원의 손길을 뻗친 구원자로 나에게 다가왔었지"라며 뜨거운 차를 마시면서 그녀는 자신의 사는 방을 한번 둘러보고 있었다. 그 당시에 수잔은 이 집에 살고 있었고 자신의 바로 옆 플랫에 살다 수잔이 아프리카에 돌아가고 나서 자신이 이 방으로 이사 왔었다. 수잔은 지독히 말이 없는 여자였다는 것을 내가 알고 있었지만 그래도 케이트에게 따뜻한 인사를 건네주고 케이트와 종교적 대화를 나누어주었던 사람이었다.

자신이 아는 나이 들어 학교에 오는 여자들의 경우 고등학교를 졸업하자마자 젊었을 때 이 남자 저 남자 사귀며 즐기다 결국 이혼으로 끝내고 아이와 함께 이제 다시 뭔가 해보겠다는 생각으로 학교에 다시 나오는 사람들이라 했다. 혼자 사는 것이 얼마나 힘들고 외로운 것인지 세컨드 숍에서 산 다 낡은 소파와 TV, 냉장고 낡은 탁자가 그녀가 소유한 전부의 것이라는 것을 보면서 더욱 느낄 수 있었다. 그러나 스코틀랜드에서 돌아올 때 빈손으로 올 때와 비교하면 자신의 것이 많이 생긴 셈이다.

"호주 산 이래 처음 느껴 보는 평화와 안식을 이 집에서 얻었다네. 내일은 쉘하버(Shellharbour)로 가볼까 봐"

그녀는 헛웃음을 허공에 날리고 있었다. "또 갈려구?" 며칠 전에 갔다는 걸 알고 있는 나는 속으로 움찟하며 물었다. 어떡하던 케이트가 다시 쉘하버에 있는 정신병원에 다시 입원하는 불상사를 나는 막고 싶었다. 불과 이년 전에 그녀가 거기에 있었다는 것을 알고 있기 때문이다.

물론 여기는 우리와 달리 혼자 사는 사람들이나 자신이 평가할 때 정신적으로 약해져 있다고 생각되는 사람의 경우 정규적으로 심리상담가를 찾아가 자신의 얘기를 하고 정신병원도 정상적인 사람들이라도 더 극한 상황에 빠지지 않기 위해 수시로 드나들 만큼 상담 문화가 정착되어 있다는 것도 알고 있다. 그리고 케이트가 저번 아이들이 왔을 때 일주일에 한 번씩 찾아가는 상담소에 갔다는 것을 내가 알고 있던 차였다.

쉘하버 정신병원은 위치가 아름답기로 소문나 있고 병원시설이 웬만한 호텔 시설보다도 좋다고 했다. 그녀는 여기서 버스로 사십분 걸리는 그곳을 수시로 가보곤 한다. 쉘하버는 문자 그대로 그녀에겐 안식처였다. 쉘하버 병원에 입원해 있을 때 한번 쉘하버 쇼핑센터에 간 적이 있는데 이상하게 몸이 허공에 붕 뜨는 듯한 희열감, 충만감 즉 최고의 행복감을 순간적으로 느꼈다고 한다.

그 뒤부터 케이트는 힘들고 외로울 때마다 자신도 모르게 끌려 거기에 가서 차를 마시고 쇼핑하면서 돌아오는 것이 일상생활의 습관이 되었다. 나는 어쩐지 케이트가 쉘하버에 갔다 왔다는 소리를 듣는 것이 그녀만큼 즐거운 일은 아니었다. "그래 아주 좋다는 소리 들었지. 다음에 한 번 나도 같이 갈 수 있었으면 좋겠다"라고만 응수해 주었다.

케이트는 좋은 여자였다. 내가 일년도 못되어 자신과 친구 관계를 지속하지 못하고 한국으로 돌아가야 된다는 것을 알면서도 자신이 어려울 때 언어와 문화와 피부의 차이에도 불구하고 나에게 기대려 하고 자신의 신세타령을 내 앞에서 한 번도 한 적이 없었다. 그런 케이트에게 다시 한번 이별이란 형태로 그녀의 외로움을 더 가세해 줄지도 모른다는 죄책감이 지상의 천국이라는 호주에 사는 케이트를 전쟁으로 얼룩졌던 잊혀진 나라에서 온 내가 그녀를 품어야 한다는 현실과 타협하지 못하고 있었다.

그 이후 이틀째 아침 남편과 아이들이 학교에 가려고 집 앞에 세워 둔 차로 먼저 나가고 내가 맨 뒤에 나가니 케이트가 이른 아침에 저만치 성큼성큼 걸어가고 있었다.

"케이트"라고 큰소리로 불렀다. 그녀가 돌아다 봤다.

"어제 저녁에 가려고 몇 차례 약속해 놓고 친구 집에 가 있다 네 전화번호를 몰라 못 간다는 전화를 못 해 주어 정말 미안해."

나는 정말 미안해하고 있었다. "괜찮아."라고 웃는 그녀의 얼굴이 그날따라 유독 파리하리만큼 창백하고 희게 보였다. "오늘 저녁은 일해야 돼. 다음에 봐."라고 돌아서는 파란 그녀의 눈에 눈만 꿈적이면 주르르 떨어질 만큼 눈물이 가득 고여 있었다. 사파이어 같은 파란 눈물이 아니 루비 같은 진홍빛 핏물이…

그다음 날 저녁은 일찍 밥해 놓고 그녀의 집으로 갔다. 케이트는 집 정리를 하느라 온 집안을 들쑤셔 놓고 있었다. 그녀 스스로 뭔가 돌파구를 찾으려 안간힘을 쓰는 것 같았다. "참 이상하지. 혼자 사니까 집안 정리하는 것도 시간이 오래 걸려 빨리 해치울 이유가 없거든." 케이트는 인사 대신 중얼거리고 있었다.

그날따라 고양이는 연신 내 품속을 파고들다가 내가 싫어하며 일어서니 소파에 기댄 케이트의 배 위에 웅크리며 졸고 있었다. "네 고양이니?"하고 물었다. "아니 옆집 고양인데 우리 집에 살다시피 해" 잠깐 침묵이 흘렀다. "참 좋은 동반자야"라고 되뇌며 고양이의 턱밑을 쓸어

주니 고양이는 눈을 스르르 감고 다시 기대어 누웠다.

 혼자 사는 내가 아는 모든 여자들이 고양이를 키우며 살고 있는 이유를 이제야 이해할 수 있었다. 고양이는 외로운 사람을 위해 창조주가 만들어 놓은 한 미물임을 그날 깨달을 수 있었다. 고양이는 똥오줌으로 더럽게 하지도 않으며 한번의 쓰다듬으로 누구에게든 집요하리만큼 기대며 충실하며 배반하지도 않는다. 우리 집에 살던 호주 부부와 혼자 살던 부인도 주인이 개나 고양이를 키우지 못한다는 경고장에 집을 나갈지언정 고양이는 없애지 못한다며 나갔던 이유를 오늘에야 알 수 있을 것 같았다.

 "오늘 애들에게 전화했어." "그래 뭐라던? 애들에게 네 기분 얘기했니?"라고 다급히 물었다. "아니 어떻게 내가 내 기분을 말할 수 있겠니 애들 걱정하게. 남편이 먼저 전화를 받는데 내가 전화하는 것조차 싫어하는 것 같애." "뭐라고 안부도 안 묻니?" "그저 그래."라며 말꼬리를 흘려 버렸다. 한참의 침묵이 흘렀다.

 케이트와의 대화는 항상 새로 시작하는 듯 침묵이 큰 바위처럼 가로막고 있었다. "참 이상하지. 지난번 애들이 왔을 때 피거트리에 같이 쇼핑하러 갔었어. 그런데 에마가 뭐라고 지껄이는데 난 에마가 옆에 같이 걷고 있는 줄도 몰랐었어. 에마가 엄마 뭐해, 내 말 안 들려? 라고 물을 때 그때서야 누군가랑 같이 걷고 있다는 사실을 알았다네. 혼자 걸어가는 것이 익숙해져 누군가 옆에 있어도 느끼지 못할 정도가 되었어." 그녀는 헛웃음을 날리고 있었다.

 "참, 뉴질랜드에 있는 오빠에게도 전화했어." 케이트는 대화를 돌렸다. 나는 케이트보다 더 흥분하고 있었다. "그랬니? 뭐라던? 네 기분 얘기했니." 나는 다그쳐 물었다. 케이트가 뉴질랜드에 살고 있는 오빠를 제일 좋아하고 있다는 것을 알고 있었고 그 오빠가 케이트에게 뭔가 전환점을 가져다줄 수 있을지도 모른다는 기대감이었다. 오빠가 너를 초청해주면 좋을 텐데, 나 자신이 먼저 오빠를 원망하듯 말꼬리를 돌렸다.

"크리스마스쯤에나 가볼 수 있으면 좋을 텐데." 내가 더 들떠 거들었다. "오빠도 이혼해서 전 부인이 세 명의 아이를 키우고 있어서 양육비를 줘야 하기 때문에 여유가 없어." 어쩜 너랑 위치가 반대가 되었니? 라고 말하려다 입을 다물고 말았다. 그것은 케이트에게 하등 아무런 도움이 되지 않는다는 것을 알고 있었기 때문이었다.

나의 작은 희망은 사라지고 있었다. 케이트가 유일하게 자신의 행복한 꿈을 펼칠 수 있기를 바라는 곳이 그곳이라는 것을 옛날부터 느끼고 있었기 때문이었다. 그저께 만났을 때 케이트에게 "어떻게 되는 것이 가장 네가 바라는 상태가 되는 거니?"라고 물었다. 처음엔 케이트는 아무 바라는 것도 없다고 했다. 내가 만약 네 목표가 가능하다면 어떤 목표를 바라느냐고 다시 물었을 때 한참 허공을 응시하고 있던 그녀가 불쑥 일어서더니 종잇조각을 가져왔다.

그녀는 일단 학교를 마치고 졸업장을 딴 뒤 직장을 구하는 것, 그리고 자신을 이해하고 아껴 주는 동반자를 만나는 것, 그리고 애들과 함께 사는 것이라 했다. 학교는 열심히 하면 졸업이 될 것이고 애들은 18세만 되면 여기서는 부모와 독립하는 것이 예사이고 국가에서 생활비가 나오니 엄마 찾아 당연히 옮겨올 테고, 그 뒤는 뭐라 할 말이 없었다.

"국가가 애들과 부모를 떼 놓아."라며 애들 문제가 제일 맘에 걸린 듯 그녀는 응수했다. "동반자 문제는 진실로 네가 원하는 바를 종이에 적어 벽에 붙여 놓고 매일 기도해 봐."라고 제안했다. 그랬더니 "이건 에마가 쓴 것인데 한번 읽어봐."라며 나에게 구깃구깃한 종잇조각을 보여주었다.

엄마가 로이라는 가공의 남자와 결혼해서 많은 사람과 많은 축하 꽃에 싸인 채 스코틀랜드로 신혼여행을 떠난다. 그리고 나서는 다시 뉴질랜드로 여행을 가서 오빠를 만나 보고 와서 아름다운 집에서 살며 그녀가 우울할 때마다 꽃다발을 사 와서 위로해 주고 일년에 적어도 한번씩은 휴가를 외국에서 보낸다. 로이는 엄마를 사랑하며 이해하며 그녀가 힘들 때 위로해 준다. 대개 이러한 내용의 소망을 에마가 적은 글이었다. '근사한데…' 열한 살밖에 안 된 그 애가 어떻게 케이트의 맘을 그렇게 잘 읽고 있었는지 케이트나 나나 놀랄 뿐이었다. 아니 그건 케이트의 꿈만이 아닌 에마 그녀의 꿈인지도 몰랐다.

그렇게 될 수 있을 거야. 지금의 어려움이 너를 크게 하는 거름이라면 그것이 너에게 왜 살아야 하는지 그 깊이를 깨닫게 해준다면 너는 나보다 행복한 거야. 이렇게 중얼거리는 이유를 케이트가 진실로 깨달으며 또 자신이 그녀에게 해줄 수 있는 유한성에 대한 변명인지도 모른다는 생각이 들었다.

"내일부터 학교 갈 거니?" 내가 물었다. "가야지 긴 휴가였어." 그녀는 문을 열어 주며 한숨을 몰아쉬었다. 그날따라 보름달은 달 문까지 변해 휘영청 중천에 떠 있었다. 둘은 아무 말 없이 달을 쳐다보고 있었다. 큰 바위 얼굴처럼 떡 벌린 시커먼 케이라 산 숲속에 서 있는 집들이 유령의 그것처럼 꿈쩍도 않고 외로움을 삼키고 있었다.

"저 윗집의 남자는 잘 지내?" 케이트의 같은 플랫의 뒷마당 공터에 따로 대충대충 지은 허름한 나무집을 가리키며 내가 물었다. "이상해,

며칠 전 봤는데 본체만체 인사도 없이 지나가 버리더라." 스코트라는 남자는 혼자서 얼기설기 얽어낸 집에 사는데 며칠 전 케이트 애들이 왔을 때 우리 애들이랑 한번 들어본 적이 있었다. 옛날 어느 대학의 미술과 교수였으나 그만두었다고 하는데 작은 그림에서부터 2~3m 폭이나 되는 큰 그림에 이르기까지 많은 그림을 그려놓고 있었고 입에는 술 냄새가 대낮인데도 풍기는 것으로 봐서 알코올 중독자인 것 같았다.

"그 친구 재능은 많은데 자신 스스로 파멸시키고 있어." 내가 자신을 동정하는 것 같은 느낌이 들어서인지 내 뒤에 어느 날 쫓아와서는 느닷없이 "나는 아주 행복하다구" 하면서 말을 던지고는 휙 돌아 저만치 버스 정류장으로 성큼성큼 걸어가 버렸어."

나는 스코트가 케이트에게 보이는 그런 태도를 그녀 자신이 나에게 보이지 않은 것에 대해 다시 한번 속으로 감사하게 생각하고 있었다. "참 이상하지 밤이 되면 달과 별이 하늘에 떠 있으니 유에프오(UFO:Unidentified Objects)를 믿니?" 케이트가 물었다. "난 UFO를 믿어 아니 믿기보다 인간이 달나라에 갔다는 명확한 사실만큼 지구 아닌 지구보다 수배나 큰 수억의 천체들이 있는 그곳에 인간 아닌 다른 생물체가 안 산다고 믿을 수는 없을 것 같애." 케이트는 수긍하고 있었다.

기다란 그림자를 가리키며 케이트가 말을 돌렸다. "난 그림자만 보면 내 동반자가 있다는 생각이 들어 덜 무섭고 덜 외로워." 케이트에게 덜 무섭고 덜 외로움을 느끼게 해 준다면 최소한 그녀는 살아나갈 원동력을 되찾는다는 것은 다시 깨달을 수 있었다. "그래, 그림자야말로 우리의 유일한 진실한 동반자인지도 몰라." 나는 케이트가 그림자만으로도 위안 삼을 수 있다는 사실에 더욱 안심되었다.

울릉공 칠월의 겨울바람은 유난히 차갑게 느껴졌다. "가볼께." "그래 혼자 갈 수 있겠니?" "그럼 내 동반자가 있는데…" 하면서 나는 내 그림자를 가리켰다. 케이트와 나의 웃음이 오랜만에 고요한 겨울밤 하늘을 유성처럼 케이라 산 너머로 가르고 흩어지고 있었다.

〈외로움에 대하여〉
시인 권태원

나에게도 사랑이 다시 돌아오는 소리가 들린다
첫사랑은 버리는 것이 아니라 지키는 것이다
마음이 쓸쓸한 사람은 사랑을 하는 사람보다 아름답고
가슴이 허전한 사람은 사랑을 잃는 사람보다 순수하다

사랑을 기다리는 사람들은 외로워서 못 살겠다고 하지만
외로움의 절벽에서 이불을 덮고 자는 사람들은 바다도 보이고 달빛도 보인다

첫눈이 내리는 날은 누구나 남 몰래 사랑을 하지만
누구나 일생에 한 번씩은 외로워진다

저 꽃들은 아름답게 피어 있지만 산다는 것은 흔들리는 것이다

지금까지 내가 저 꽃을 사랑한 것이 아니라 열심히 세상을 살아가라고 저 꽃이 나를 사랑하고 있다

실패한 사랑이 아름다운 것은 외로운 사람들의 마음이 우물처럼 깊기 때문이다

우리는 사랑 없이도 살 수 있지만 산다는 것과 사랑한다는 것은 똑같이 외로운 것이다.

1-4 한국입양 K Club 이완 부부

2022년 12월에 호주교민 아는 분이 팔순 잔치를 해서 간 적이 있었다. 거기에서 코로나 동안에 남자 여자 두 한국 애를 입양한 호주 자유당 정치인을 만난 적이 있었다. 애를 사랑하는 눈빛, 헌신 등은 내가 이민초 시기에 울룽공에서 만났던 한국 입양아 호주인 모임에 있던 부부를 연상시켰다. 세계 6개 경제대국이 된 한국이 입양아 1위라는 오명을 벗기 위해 이민초 만난 이완이라는 부부와의 만남과 나의 입양아 지지 활동 경험을 나누고자 한다.

1991년 그러니까 꼭 1년 전에 울룽공에 와서 정착한 후 우연히 알게 된 모임의 그룹이 K Club이다. K Club이란 울룽공 주변의 일라와라 지역에 살고 있는 호주 사람들 가운데서 한국 애들을 입양한 사람들이 많든 모임인 Korean Club의 약자이다.

한 달에 한 번 울룽공대학 유치원 건물을 빌려 모임을 갖고 여러 가지 노래나 춤 등 놀이를 통해 한국에 대한 언어, 습관, 문화를 가르쳐 주고 한국 음식도 소개한다. 이런 모임이 시드니에도 있고 여기 울룽공 지역만으로도 50~60명가량 되어 한 번 모일 때 30~40명 이상의 사람들이 모인다. 한국 학생들도 가끔 나와 도와주기도 한다.

한국에 있을 때 우리나라가 고아 수출 세계 1위란 뉴스를 듣긴 했어도 실제 이 좁은 시골 울룽공에서조차 이렇게 많은 한국 입양아들이 있을 줄 꿈에도 몰랐다. 첫 모임에 가보고 너무나 충격이 컸다. 그건 두 가지 이유에서였다. 하나는 앞서 말한 너무나 많은 숫자의 한국 입양아들이 있다는 것이고 두 번째는 호주 사람들의 아이들에 대한 관심과 배려 그것이 교육적 동기에서건 종교적 헌신 차원에서건 개인적 필요에서건 여하튼 피가 다른 그것도 국적이 다른 애들을 데려다가 키우면서 뜻있는 모임을 결성해서 자라는 애들에게 자아 정체감의 위기도 슬기롭게 극복하도록 유도하면서 부모들 자신이 한국 언어와 문화를 배우려는 열의에 고개가 숙여졌다. 그래서 한국인으로서 또 교육에 관심이 있는 나로서 뭔가 도와주어야겠다는 생각을 굳히게 되었다.

아이들 나이는 대개 4세부터 15세까지이다. 모임을 할 때는 나이가 제일 어린 그룹, 중간 그룹, 제일 많은 그룹 등 세 그룹으로 나뉘었고 내가 Jill이라는 여자를 도와 나이 어린 애들을 맡았다. Jill은 여러 번의 수술과 난산 끝에 아이를 갖기 힘들어 "Hana"라는 한국 여자애를 입양했고 그 뒤 축복을 받아 Hayden이라는 남자애를 낳을 수 있었다고 한다.

K Club이라 하면 울릉공에 유학 온 학생이나 울릉공 지역에 사는 한국 교민이면 대개 잘 알고 있다. 질이 호돌이와 코알라가 양기를 들고 있는 모습을 K Club의 회기로 하자고 고안했다고 한다. 벌써 4~5년의 역사가 되는데 호주는 다국적 문화의 사회이기 때문에 지역마다 나라별 모임이 있고 그 모임의 일체 재정 지원과 활동을 나라 즉 그 지역 지방자치에서 보조를 해준다. 그러니까 K Club 은 울릉공에 속한 일단의 소수민족 그룹 중의 하나로 한국을 대표한다고 보면 된다. 그리고 일년에 한 번 소수민족들이 각기 자기 나라의 문화를 소개하는 문화의 밤이 울릉공시티 중심가 무대에서 열리는데 작년에는 K Club의 꼬마들이 한복을 입고 '둥글게'를 부르며 춤을 추어 많을 사람들의 박수갈채를 받았었다.

나는 꼭 애들을 데리고 정규적으로 그 모임에 참석해서 도와주었고 그 뒤 점점 준비모임 등에도 참석해서 많은 도움을 주게 되었다. 어떤 부모들은 시드니에서 오는 사람들도 있다. 내가 아는 울릉공 병원의 간호원은 한 명은 스리랑카 한 명은 한국 남자애를 입양해 키우고 있다. 또 자기 딸이 있는데 그 밑으로 한국 여자애를 입양해 와 두 딸을 키우는 있는 사람도 있고 어떤 사람은 한국 여자애를 입양해서 7세가 되는데 그 뒤 6세 되는 여자애를 입양해 왔는데 처음엔 차 문을 뒷사람이 내리는데도 쾅 닫아 다치게 하거나 집안 물건이나 그릇 등을 던져 깨 버리거나 하여 많은 재정 손실을 보았으나 6개월이 지나니 벌써 한국말도 잊어버리고 영어를 많이 습득하여 점점 익숙해져 가는 가족도 있다.

여하튼 다른 나라 입양아들은 몰라도 호주 그것도 울릉공 K Club에 나오는 부모들을 보면 입양 애들은 참 운이 좋다는 느낌이 들 정도로 정말 아이들에게 잘해 주는 것 같고 아이들도 전혀 문제를 일으키지 않고 잘 지내는 것 같다.

그리고 서양 부모들이 아이들에게 관심을 덜 보이는 것처럼 생각되나 실제 정부가 떠맡은 18세가 될 때까지는 아이를 책임지고 보살펴야 한다는 개념은 오히려 우리보다 더 강하다. 특히 K Club에 나오는 부모들을 보면 요즈음 선진 서구 사회의 특히 젊은 사람들 간의 일반 현상인 이혼이나 결혼 생활의 무책임, 방종 등은 전혀 찾아볼 수 없다.

K Club의 코디네이터는 Ian과 Diana라는 두 부부가 맡고 있는데 이 부부는 지금 10살 된 한국 여자애와 그 밑에 7살 된 한국 남자애를 입양한 부부이다. 국민학교 교사인 그는 이 모임 결성 후 지금까지 이 모임을 돌보고 있는데 그가 들이는 정성과 노력 그리고 K Club 회원들이 아무런 뒷말 없이 그를 도와주고 지지하면서 이 모임을 이끄는 것을 보면 정말 눈물겹도록 고맙다는 표현이 절로 든다. 그가 바로 울릉공 지역에

한글을 시범적으로 채택하도록 많은 신경을 썼고 또 울릉공대학이나 TAFE 등지에서 한국어 교실을 열게 하는 것이 그의 유일한 희망이다.

왜냐면 일본어와 중국어를 TAFE 등지에서 배울 기회는 많아도 두 번째 수출 국가인 한국의 한글은 TAFE나 시드니 전역을 둘러봐도 한 군데도 없다. 한번은 그가 "Mrs. Lee(호주에서 남편 성으로 바꾸었다) 혹시 한국에 높은 사람이 있으면 호주에 한글 학교를 열도록 압력 좀 넣어달라고 해요."라고 하고서는 웃은 적이 있다. 그래서 울릉공대학 이완은 시드니에서 오는 방송교육으로 한글을 열심히 배우고 있는데 올해 한국의 연세대에 가서 6개월간 한국말과 한국 문화를 익히기 위해 두 자녀와 함께 한국에 갔다.

그는 호주인이지만 반 한국인이나 마찬가지인데 입에 고춧가루를 묻히며 맛있게 김치를 먹는 모습이나 집에 한국 전통 가구에다 탈춤, 부채, 도자기 등의 가구가 즐비하여 완전히 아름다운 한국의 전통 분위기를 느낄 수 있다.

얼마 전에도 K Club 모임의 연례행사로 10월이 되면 캠프를 갖는데 우리 아이들도 가서 김치, 잡채 만들기 시합, 용 탈춤놀이, 농악, 심지어 태어난 해에 따른 띠와 점성술 등의 활동이 동원되었다. 그 프로그램들은 K Club의 Jill이 고안하고 내가 도와주었는데 재미있는 한때를 보내었다.

K Club에 관계하여 도와줄 때마다 후회한 사실 중의 하나가 내가 왜 진작 우리나라의 민속놀이나 장구, 북, 가야금, 탈춤 등을 배우지 않았는가 하는 것이다. 대학 시절에 선배 언니 한 분이 탈춤을 배우러 다녔는데 왜 그때 내가 같이 배우지 않았던가 하는 후회가 들었고

우리 엄마가 장구를 잘 쳤는데 그때 배웠더라면 지금 K Club에 많은 도움을 줄 수 있을 텐데…

내가 만약 한국에 있었더라면 그렇게 해야 할 필요를 별로 느끼지 못했을 것이다. 우리가 가진 것이 얼마나 아름답고 귀중한 것인가를 별로 깨달을 기회가 없었다. K Club의 한 멤버로 참여하면서 한달에 한번씩 프로그램을 짜기 위해 호주인들과 예비 모임을 가질 때 아이디어는 거의 나와 한국인 여교사가 내어야 하니 아이디어 빈곤에 허덕이곤 했다. 우리말을 좀 더 정확하게 익히고 또 우리의 문화와 전통에 대해서 좀 더 식견을 넓혔으면 유익한 도움을 줄 수 있을 텐데 하는 후회가 들었다.

인구절벽에 부딪힌 한국, 이제는 미혼모를 적극 지원하고 체면문화를 없애 이들을 안을 정책을 내길 바란다. 현재 호주인은 한국고아 입양절차가 정말 까다롭고 힘든다고 한다. 여하튼 내가 K Club에 유학 초창기에 몸담았던 경험은 참으로 유익하였음에 틀림없다. 한국에서 유학 오는 학생들도 K Club이나 시드니 샛별회 등에 접촉하면 영어를 비롯한 숙박 등 많은 도움과 배움을 가질 수 있으며 보람찬 유학생활을 하도록 인도해 주는 하나의 등대가 됨을 일러주고 싶다.

2장
한국계 이민자로서 모국에 대한 사랑으로

　이 장은 이민자로 살면서 호주에 적용하는 과정에서의 호주 사회에서 겪은 정치 사회 문화적 경험을 쓴 것이다. 우리나라에 비해 비교적 안정된 정치 사회정의 평등 그리고 무엇보다 깨끗한 사회를 이루는 원동력을 경험한 글을 모은 것이다. 2017년 불법 졸속 탄핵 이후 2020년 4.15 총선 부정선거를 겪었다. 여러 통계적 정황적 실질적 증거에도 아직도 대법원에 120건이 부정선거 재판을 미루고 있는 참담한 정치 현실이다. 그 뒤 2022년 11월 29일 이태원 참사를 겪었다. 경제는 발전했으나 정치 사회 문화에서 아직도 부정, 부패, 조작, 거짓이 난무한 모국의 현실이다. 이에 호주에 오래 산 이민자로 모국이 좀 더 깨끗한 정치, 사회, 환경조성에 많은 도움이 되는 글들을 모아보았다.

2-1 호주의 선거시스템을 본받아야

내가 호주 도착 당시 근 30년 전에 현재 엘리자베스 군주체제에서 공화국으로 독립하자(Change a constitutional monarchy to a republic)는 운동이 호크(Bob Hawke) 수상 하의 노동당 중심으로 있었다. 그래서 1999년에 국민투표를 했으나 국민들이 거부한 뒤 다시 여론의 힘을 지금까지 얻지 못하고 있으나 2022년 9월 8일 영국 엘리자베스 여왕이 돌아가신 후 다시 공화국으로 돌아가자는 목소리가 나오고 있다. 아무튼 여왕 서거에 온 호주시스템이 멈출 정도인 것을 보면 이민자로서 민주국가인 호주에서 이런 영국의 왕족에 대한 지대한 관심은 나를 어리둥절하게 한다.

호주가 처음으로 나라로 공표된 것은 1901년 5월 9일 첫 국회 의사당이 세워진 멜브런에서였다. 그 뒤 수도를 캔버라로 옮겨 1927년 5월 9일에 구 국회회관이 지어졌고 새 국회의관은 1988년 5월 9일에 개관되었다. 정치조직은 Governor General이 우두머리인 왕권(Crown)과 상원(Senate-Upper House), 그리고 하원(The Representative House-Lower House) 이 세 가지로 구성된 내각제로 되어있다.

전술했듯이 크라운은 명목상이나 사실 수상을 해임할 권한도 있다. 1975년 당시 호주수상 위틀람(Gough Whitlam)이 가브러 제너럴이었던 키(John Kirr)에 의해 쫓겨나고 대신 자유당 프레이즈(Malcolm Fraser)가 수상자리를 차지한 적이 있다. 여기에 호주국민들의 상처가 많이 있으나 그 뒤 이런 일이 일어난 적이 없다. 인구가 삼천만도 안 되지만 우리나라보다 50배 더 큰 이 나라에서 이런 삼단계의 정치구조가 너무 복잡해서 주정부와 연방정부를 합쳐야한다는 소리도 있다. 우리나라도 지방자치단체를 없애고 국회의원 수를 줄여야한다는 의견이 있는 것과 마찬가지다.

　상원은 현재 76명, 8개 주에서 12명이 선출된다. 매년 3년마다 직접 선출되고 무재한 재임될 수 있다. 하원은 상원 숫자의 대략 두 배 정도로 각주마다 현재 150명으로 3년마다 선거가 치러진다. 수상은 대다수의 숫자가 된 당에서 간접적으로 선출되는 내각제이다. 지방의원 선거는 주마다 매년 4년마다 9월 둘째 토요일 이루어진다. 그래서 돌아서면 선거를 치러야 하는 느낌이다.

　호주는 국회의원 수가 총 226명이다. 인구비례로 따지면 호주정치인 숫자는 많은 편이다. 미국의 경우 2016년 기준 인구 3억2천2백인데 국회의원 수는 435명, 상원은 각 주당 2명으로 100명이라 한다. 한국은 300명이다. 우리나라 국회의원 수가 많다는 것은 호주와 비교하면 오히려 작은 편이고 미국에 비해서는 거의 다섯 배나 많은 셈이다. 여당 국회의원 한 사람에게는 여러 명의 비서관이 있고 그러나 섀도우(Shadow)야당 호주국회의원 한 사람에게는 3명 정도의 비서관이 있고 월급은 약 25만불 정도 받는다. 거기에 비하면 우리나라 국회의원들은 비선관이 9명에 월급을 많이 받는 편이다. 호주 국회의원들은 봉사한다는 개념이 많고 지역 주민을 위해 열심히 일하는 편이다. 한국 국회의원들은 호주에 비해 인원이 많고 일을 적게하는 것 같다. 따라서 최근 국회의원 수를 늘리자는 제안은 당치도 않고 오히려 많이 줄이는 편이 낫다고 생각한다.

　호주는 1924년 이후 강제 투표를 시행해왔다. 1973년도에 선거연령을 21살에서 18세로 낮춘 후 18살 이상 되는 호주시민들은 모두 의무적으로 투표해야한다. 그렇지 않으면 $50 벌금이 부과된다. 우리나라 투표율은 50% 조금 넘고 60%면 많다고 하니 투표를 강제로 하는 방법도 좋다고 생각한다.

투표시스템은 한국과 매우 다르고 복잡하다. 한마디로 반 수개표 반 자동개표라 보면 된다. 상원 하원 지방 의원은 모두 소위 'Proportional Representative Systems'이라 하여 선취비율 제도로 뽑는다. 말하자면 사표를 줄이기 위해 절대적으로 표를 많이 받은 사람이 무조건 이긴다 기보다 두 번째 이후 다른 후보를 선호한 표도 다 감안하는 것이다. 또 소수정당이 다수정당과 표결과에 따라 연정하기도 한다. 이것은 한국의 연동형 비례제와 비슷한 것 같으나 전적으로 다르다. 연동형 비례제는 그 의도가 바로 소수정당에게 비례대표제를 주어 의석수를 늘리고자 하는 의도이다. 호주는 비례대표제는 없으나 이민자 여자 등의 소수인들의 일정 비율을 감안한다. 예를 들어 Affirmative Action이라 하여, 여성비율을 40%에서 50% 올려준다.

물론 이런 선취비율 제도와 여성 우선 선택 제도가 장점만 있는 것은 아니다. 내가 사는 지역구에선 80세 된 여성을 할 수 없이 당선시킨 사례도 있다. 또한 2023년에 호주 노동당이 압승을 거두었다. 여러가지 이유가 있다.

1. 전 모리슨 정부가 중국 강경정책을 썼던 것에 대한 반발로 중국인들이 단결하여 노동당 정부를 지지하였다.
2. 전 모리슨 정부의 강한 코로나 정책에 반발
3. 9년 이상 정권 유지를 한 자유당에 대한 자연적 국민들의 교체 염원
4. 사실 자세히 보면 자유당 국회의원이 이겼지만 이 선취비율제도로 인해 소수독립당의 선거 결과가 모두 노동당으로 합산되었다.

따라서 일부 자유당 지지자들이 선취비율제도를 고쳐야한다는 목소리도 있다.

그리고 주와 연방 국회의원선거 때 엄격히 자격 있는 선출된 주민들이 오픈 프라머리로 미리 공정하게 비밀 투표하여 내보내기 때문에 공천과정에서 불만을 원천에 차단한다. 우리나라는 역선택을 방지하기 위해 Closed Primary제도, 즉 당원들이 미리 후보자를 선택하여 내보내는 형태가 적합하다고 본다.

2023년 1월에 뜬금없이 윤정부는 중대선거구제 개편을 고려하는 내용을 발표했다. 이 중대선거구제 물론 호주 등 여러 나라들이 지역인구에 따라 의원비율을 늘려 얼핏 공정한 선거처럼 보인다. 그러나 우리나라와 같이 호남 대 비호남 양국화가 극심한 상황에서 우파에게 아주 불리한 선거 시스템이고 오히려 공정하지 않다고 본다. 더욱이 시기상 여당 당대표 선거를 3월 8일 앞두고 있는 시점에서 오히려 선거투명성을 말하고 부정선거 방지책을 말해야 하는데 엉뚱하게 이런 시스템을 내는 의도가 궁금하다. 이 중대선거구제는 내각제 시스템에 맞는고로 내각제 밑밥이 아니냐는 우려도 있다. 탄핵 이후 대통령 행정과 국회의원 입법 사이 첨예한 갈등이 아직도 계속되고 국회의원 수를 줄여야 한다는 목소리가 있는 현실에서 오히려 국회의원 숫자를 늘이는 법안을 내고 중대선거구제 시스템 고려는 현재 맞지 않다고 생각된다.

호주선거 시스템은 호주인들도 잘 모르고 특히 이민자들은 더욱 잘 모른다. 다만 자주 돌아오는 선거가 강제이니 그냥 가서 자신이 선호하는 정당의 의원을 찍는 것이다. 선거 후 바로 그날 양당에서 지정된 감시단들 하에 CCTV를 켜고 투명하게 투표개시가 이루어진다. 그래서 선거 부정문제는 절대 이슈가 되지 않는다. 선거관리위원회가 중립적인 사람으로 선택되어 독립되어 있기 때문이다. 우리도 선거관리위원회시스템을 바꿔야 선거가 공정하게 운영되어 사전선거 투표조작 등 부정투표시비를 없앨 수 있으리라 생각한다. 그리고 전자개표기는 반드시 없애고 수개표를 해야 한다고 생각한다. 전자개표기는 얼마든지 조작이 가능하다는 것이 최근 2023년 1월 6일 논산 어느 초등학교 반장 선거에서도 드러난 것이 보도되었다. 또 이 개표기를 해외 어느 나라도 쓰지 않는다. 우리나라는 많은 일손이 남아돌아가는데 그런 사람을 고용하든지 자원자를 동원해서 공개 개표를 하는 것으로 하루빨리 바꾸길 바란다.

2-2 호주의 미투운동

호주에서의 미투운동은 1960년대 여성운동가들의 패미니즘 운동이 두 번째 단계로 접어들면서 직장에서의 성차별과 성폭력에 관심을 돌리면서 시작되었다. 예를 들어 에디스 코완(Edith Cowan)이 1902년 세계 처음으로 연방선거에서 당선 시작되었고 호주 50달러 지폐에도 인쇄될 정도로 유명한 여자 정치인 그리고 1970년대에 성의 자유를 주장하는 'The Female Eunuch'이라는 유명한 책을 낸 호주 작가 저마엔 그리어(Germaine Greer) 등의 페미니스트들이 미투운동의 초석을 닦았다.

이런 페미니즘의 영향으로 호주는 일찍부터 직장과 사회 내 성폭력 근절과 예방대책에 대한 교육을 실시하고 법으로 철저한 규제를 해 놓았다. 성희롱이나 성차별적 말에 조금도 인내하지 않는 정책(Zero Tolerance Harassment and Sexist Behaviour)을 내놓고 있다.

또 'The Time's Up Initiatives'이라는 운동이 직장가를 휩쓸고 있다. 그래서 호주정부는 최근의 미투운동은 안전하고 건강한 직장환경이라는 구호 아래 더욱 이런 정책을 실천하도록 거의 강제화 하다시피 하고 있다. 호주직장에서 성폭력을 경험하면 고용자는 반드시 불평을 신고하도록 제도화 해놓고 또 신고자가 법적으로 보호되도록 해놓고 있다.

그럼에도 호주 통계국(Australian Bureau Statistics)에 의하면 직장내 성폭력은 점점 심각해서 250만명이 성희롱을 경험했고 2016

년만도 17%나 늘어났다고 한다. 2012년 호주인권위원회(Australian Human Rights Commission)조사에 의하면 여성 네 명 중에 한 사람, 남자 여섯 명 중의 한 사람이 지난 오년 동안 직장에서 성희롱을 당했다고 한다. 90% 여성이 남성에게, 61%의 남자도 남자에게 성희롱을 당했다고 보고한다. 더욱이 와인스타인 스캔들이 터진 후 호주에서도 더욱 직장내 성희롱케이스로 당한 사람들의 신고가 늘어났다. 그 뒤 불평신고가 40% 늘었다고 한다. 그러나 아직도 다섯 명 중의 한 사람만이 공식 신고를 하는 분위기로 성폭력은 호주문화의 어두운 부분이라고(Sexual harassment is a "dark part of our culture") 호주법률가 조시 본스타인(Josh Bornstein)은 주장한다.

호주에서 성차별과 성희롱을 당하면 어떻게 할까?

먼저 상사나 인사과에 즉시 신고하여야 한다. 말로 할 것이 아니라 언제 어디서 어떻게 누가 했는지를 글로 적어서 해야 한다. 그리고 사안이 심각하면 Australia Human Rights Commission(AHRC)에 신고하면 된다. 이 웹사이트에 들어가 '불평'(Complaints)이라는 칸에 클릭하면 신고하기가 나온다(Make a complaint). 거기에 있는 양식에 적어 6개월 안에 신고해야 한다. 그러면 신고한 지 한 3주 뒤에 중재인(Conciliator)이 선정되어 먼저 중재를 한다. 가해자와 피해자 사이에 고소문건과 증거에 따라 서로 조정을 한다. 조정결과 사과를 받을 수도 있고 금전적 보상이 따를 수 있다. 만약 조정이 실패하면 연방 코트로 가게 된다. 2016-2017 사이에 'Sex Discrimination Act'에 관련된 고소의 75%가 법정에 가기 전에 미리 잘 중재되어 해결된다고 한다.

나도 직장에서 성희롱을 당했으나 제대로 대처하지 못해 후회하고 있다. 한번은 직원 식당에서 함께 교직원들과 점심식사 중이었다. 점심시간에는 이런저런 농담을 주고받으며 서로 스트레스를 풀기도 하는 시간이다. 유일하게 아시안계 여자로 강의하는 나에게 남자교수들은 이런저런 농담을 던져도 넓게 받으며 웃곤 했다. 그때 아마 빨간 옷을 입고 있었나 보다. 어느 날 인도계 IT 교수가 "수잔 너 팬티도 빨간색이야?" 하는 것이었다. 그 교수는 항상 나에게 제일 농담을 잘하던 사람이었다. 그 소리를 듣고 나는 엄중히 그러나 친근한 목소리로 이런 소리 한 번 더 하면 윗선에 알릴거니 조심하라했다. 그리고 세월이 흘렀다. 한 5년이 지나 이 교수의 갑질로 내가 많은 피해를 보아 결국 윗선에 고발해야 할 상황이 벌어졌는데 언제 어디서 어떻게 증거를 대지 못했던 관계로 결국 나의 고발이 아무런 효력을 발하지 못했다. 성희롱을 당하면 반드시 기록하여 사건이 일어난 지 6개월 안에 신고해야 함을 뒤늦게 배우게 되었다.

2-3 상이군인을 최고로 숭상하는 호주

캔버라의 국회의사당에서 차로 5분 정도만 가면 전쟁기념관이 있다. 호주 건국 이래 1.2차 세계대전을 비롯해서 세계 각지의 크고 작은 국지 전쟁에 참여한 기록을 참여 국가별, 연도별, 여러 가지 유물과 역사 등을 생생하게 전시해 놓은 곳이다. 얼마 전 신문에서 한국전쟁에 대한 정보를 다시 쇄신하여 개봉했다는 소식을 읽었다. 한국전쟁에 관련된 전시물 맞은편에 베트남전쟁 전시관이 있는데 둘 다 다른 전쟁에 비해 꽤 큰 면적과 여러 가지 다양한 장비들이 비치되어 보는 이의 눈을 끌게 한다. 그래서 캔버라에 온 사람이면 누구나 한번 들렀다가는 관광지 중의 하나이다.

그리고 울릉공의 시내 중심가에 가면 높은 탑 하나가 있는데 거기에도 한국전쟁과 베트남전쟁 등에 참가해서 전사한 군인들을 위한 위령탑을 볼 수 있다. 거기에는 세계 1, 2차 전쟁을 비롯해서 1950-1954년 한국전쟁, 1962-1972년 베트남전쟁을 마지막으로 목숨을 바친 호주의 군인들을 위한 추모의 글이 쓰여 있다. 이런 추모의 탑은 호주관광지가 아니더라도 시골 어디든 쉽게 찾아 볼 수 있다. 탑 안에는 돌아간 젊은이들의 이름이 빼곡히 적혀있다. 심지어 앨리스 스프링이라는 오지에서도 베트남 한국전쟁 기념탑이 있다. 호주가 전쟁기념 묘비가 가장 많다고 한다.

그리고 ANZAC(Australian and New Zealand Army Corps) day라 하여 매년 4월 25일에 터키 갈리폴리에서 호주와 뉴질랜드 전사 군인들을 기념하는 행사를 크게 연다. 공휴일로 지정하여 새벽부터 모든 공직자 정치인 일반인들은 일어나 이 행사에 참여한다. 그 전쟁은 8개월간 지속되어 영국을 도와 독일 침입에서 터키를 방어하려는 목적의 전투였다. 그 당시 2만명 정도 호주 뉴질랜드 군인들이 참석했으나 호주군인 8,700명, 뉴질랜드 2,700명 젊은이들이 사망한 전쟁이었다.

11월 11일 11시에도 Rememberance Day(기억의 날)라 제정하여 호주인들의 큰 대의를 위해 죽은 모든 군인들을 위한 1분간 묵념을 하게 한다. 이 날을 1997년 가브너 윌리암 딘(Governor-General Sir William Deane)이 공식적으로 선포한 이후 지속되어오고 있다. RSL(The Returned & Services League of Australia) 클럽이라는 퇴역 군인들이 주가 되어 사교하는 지역센터는 호주인의 사교문화의 중심지로 되어있다. 여기에 가면 매일 5시마다 전쟁에서 죽은 희생자들을 위한 묵념을 한다.

지방 도시에 속한 울릉공에 살 때나 어디서든 한국전쟁에 참가했거나 제2차 대전이 끝난 직후 신탁통치 기간에 한국에 있던 군인들을 많이 만나볼 수 있었다. 그들의 입을 통해서 가난하고 고통스러웠던 우리 부모 세대들의 어두웠던 시절을 실감나게 해주는 이야기를 들을 수 있었다. 미국 선교사로 봉사하고 있는 69세 된 젠슨이라는 분은 19세 된 나이에 일본이 항복하고 돌아간 바로 직후 탱크 포병으로 1946년 한국에 주둔한 미군 군인 중의 하나였다. 일본이 돌아가고 난 직후의 한국은 하나도 쓸 만한 것이라곤 남아 있지 않았다. 또한 그는 굶주림과 가난 속에 허덕이는 우리 국민들의 참담했던 시절들을 소상히 회상시켜 주었으며 그 고통 속에서도 오랜 전통 가운데 길러 온 자식의 부모에 대한 존경 등 우리 국민의 끈질긴 인내와 근면성 그리고 높은 도덕성 등 그는 입을 다물지 못할 만치 우리 민족을 위대한 민족이라고 칭찬하였다.

그랬다. 우리의 부모들은 위대한 선각자들이었다. 그리고 한국전쟁과 베트남전쟁에 파견되었던 우리 군인들, 젊은 청춘과 가족을 뒤로 한 채 먼 외국 땅에서 자유와 민주를 지키기 위해 싸워준 호주군인들, 그리고 1807년부터 지금까지 180여명의 호주선교사를 한국에 파견해서 주로 부산에서 교육 의료 지원등을 해왔다. 호주인 그들의 희생 덕분에 그만했기에 그래도 내가 돌아갈 때 있을 조국을 공산주의로부터 지켰고 지금의 풍요를 누릴 만큼 잘살게 되었다는 것을 더욱 깨달을 수 있었다. 아직도 남북이 갈려 북한이 미사일을 거의 매일 쏘다시피 하며 대치한 모국을 보며 하루빨리 남한 주도의 자유통일이 이루어져야 한다는 심정을 해마다 호주에서 안작데이 행사를 치를 때마다 더욱 절박하게 느껴 본다.

2-4 거짓말을 왜 하나요?

최근에 나는 내가 얼마나 거짓말을 잘하는지 나 스스로에게 놀란 두 가지 사건이 있었다. 호주에 살면서 여기서 자란 내 자녀들을 비롯 호주사람들이 너무나 사소한 일에도 너무 정직한 걸 보며 나는 사실 지나치게 꼼꼼하며(Overpedantic) 융통성이 없는 것이 늘 불만이었다. 호주사람의 사회성을 들라면 바로 이런 꼼꼼함, 정직함, 순박함, 원칙에 입각한 일처리 등일 것이다. 이에 비해 동양인은 비정직하고 부정과 융통적 사고방식으로 대비된다. 이민자 중에 가장 지식인에 속한 나의 거짓말을 이야기해보고자 한다.

에피소드 Ⅰ
"수잔 어디 있어요? 수업이 있는데?" 학교직원의 전화였다. 그날은 오후에 수업이 있을 라 생각하고 느긋하게 기차를 타고 조금 일찍 학교 가서 밀린 채점이나 하려고 생각했다. "뭐라고요? 아침 수업이 있다고요? 학생은 몇 명 왔나요?" "두 명 정도". 약간은 안심이 되었다. 시간을 보니 벌써 한 시간이 넘었고 학교에 도착하려면 30분 이상이 더 걸릴 것 같았다. 그때부터 기차는 스트라스필드역 가까이서 막혀 움직이지 않았다.

강사가 강의 시간에 나타나지 않는다. 보통 심각한 일을 저지른 것이 아니었다. 다시 전화했다. "혹시 슈퍼바이즈에게 말하지 마세요 부탁해요." 전화 건 사무직원에게 사정하고 황급히 전화를 끊었다. 원래 이 날의 수업은 정식수업이 아니고 이스트 휴가로 못한 보충수업이었다. 그 주에 숙제 마감이 있어 학생들이 많이 참석 안 할 거라 예상은 했으나 이것이 교수가 수업을 빼먹을 변명은 절대 못됨을 알고 있었다.

더욱이 이제 새로 잡아 강의를 시작한 대학의 첫 학기 수업인데…. 두 그룹의 석사학생들을 상대로 튜터와 강의를 다 맡아 하기에 사무직원이 보내온 메일에 네 가지 다른 시간표를 프린트하여 기억한다고 했지만 이렇게 내 기억에 오류가 있을 줄 몰랐다. 그날따라 기차는 기어가는 구렁이같이 덜커덩거리다 센트럴 가까이서 또 늑장부렸다.

학교에 겨우 헐레벌떡 도착하니 학생 한 명은 기다리다 떠나고 한 학생만 기다리고 있었다. 연구실로 가니 수퍼바이즈가 이미 알고 기다리고 있었다. 고양이 앞에 선 쥐같이 살금히 앉았다. 묻기 전에 변명 섞인 거짓말이 술술 나왔다. 기차를 잘못 타서 늦었다고… 한국의 식구에게 좀 문제가 생겨 통화하느라… 오후에 수업이 있는 줄 알았다고… 앞뒤 맞지 않는 변명이 이렇게 자연스레 나올 줄 나 자신도 스스로 놀랐다. 점점 진흙탕 속에 빠져들듯 자괴감이 들며 거의 자포자기에서 우물 속 깊이 묻어둔 눈물이 왈칵 나왔다. 아무리 보충수업이라도 그렇지 직장 생활 11년의 대학강사가 이렇게 수업시간을 잊어버리는 황당한 일이 일어난 것에 도대체 스스로를 이해할 수가 없었다.

과거 소위 애국이라고 하다보니 기찻간에서 서로 갈등하고 싸우는 동지들을 조정하거나 아니면 댓글을 달다가 내려야 할 곳을 지나친적이 여러번 있긴했다. 그렇다고 날짜를 잘못 쓴 메일을 학생들에게 보낸 다른 사무직원에게 잘못을 덮어씌울 수 있지만 그것은 너무 치사한 일임을 알고 있었다. 이미 매니저는 내가 거짓말하고 변명하는 걸 알아차렸다. 학과장은 아무 일 없는 듯 학생들이 너무 안 왔으니 다시 보충시간을 재조정해서 공고하라고 했다.

사무실로 돌아와 수업 잊은 걸 사과하고 거짓말한 걸 정식으로 사과드린다는 이메일을 넣었다. 학장은 답장인 즉슨 "수잔 이런 상황에 거짓말할 필요가 없다. 솔직히 말하면 된다. 그리고 이런 일로 우는 것을 보니 참 미성숙하다고 느꼈다. 오늘 일은 없는 걸로 할 테니 잊어버려라"는 것이었다. 난생처음 듣는 '미숙한 행동'이라는 말에 정신이 번쩍 들었다. 절대로 직장에서는 감정을 보이거나 거짓말하면 안 된다는 것을 이번 일로 확실히 배웠다.

에피소드 Ⅱ
왜 거짓말을 해요? 조금 젊어 보이는 호주경찰은 정말 이해할 수 없다는 듯이 이 질문을 두 번째 나에게 물었다. 이미 내가 거짓말한 이유를 설명한 뒤였다. 자동차 브레이크에 올린 내발이 시동을 껐음에도 사사나무 떨듯 위로 아래로 덜썩거렸다. 토요일 저녁 음주 테스트에 걸린 나는 이미 테스트에 통과되어 아무런 죄를 진 것이 없음에도 괜히 부들부들 떨고 있었다.

"이 차의 주인이 누구인지 이름을 대시오." 경찰이 한 첫 질문이었다. 딸이름을 대었다. 그 뒤 생년월일 주소 등 계속 거짓말을 할 수밖에 없는 상황에 나 자신을 내밀어 놓아 술술 거짓말이 나왔다. 사실 남편이 다른 팀 학생을 데려다주려 차를 가져갔기 때문에 내가 딸의 차를 빌려 급히 나오느라 면허증 소지를 못했다. 인도 친구가 연방정부 선거에 국회의원후보로 출마했는데 선거에 도와달라 해서 할 수 없이 내가 가르치는 학생들 주로 인도 네팔 등에서 온 7명의 학생들을 선거에 도우게 한 뒤 가까운 블랙타운 기차역에 데려다주고 오는 길이었다.

딸 생년월일을 말한 뒤부터 문제가 시작되었다. 최신기계로 대조를 해보더니 내 얼굴을 자꾸 쳐다보는 것이었다. 아무리 어두워도 아무려면 34세 예쁜 아가씨같이 보이지 않았나보다. 내 다리는 거의 아래 위로 널뛰듯이 들썩거렸다. 한참 차창 너머로 빤히 쳐다보더니 왜 사진이 다르냐고 물었다. 아무려면 젊은 딸의 얼굴과 60이 넘은 내가 비슷해 보이는 기적은 일어나지 않았다. 마지막 궁지에 몰려서야 미안하다고 사과했다. 왜 거짓말을 해요? 경찰은 곧 드러날 거짓말을 하는 어리석은 사람이라 생각하듯 다시 같은 질문을 반복했다. "아참 벌써 말했지" 혼자 중얼거리며 한참 동료 경찰과 이야기를 한 후 100$ 벌금에 디메리트는 없으니 가라고 하였다.

호주에 산 지 어언 30년, 한국사람 중에 명색이 제일 최고 지식인에 속한 자가 거짓말을 하고 있다니 그것도 숙달된 조교처럼, 나 스스로 한심했다. 하나도 나에게 이득도 없는 일을 친구 도와 학생모집을 위해 학교에다 허락을 구하고 점심도시락에다 저녁까지 먹여 역에 데려다 주다 벌금까지 먹고 나니 억울했지만 내가 잘못한 일이었다. 호주 본토인들은 이민자들이 거짓말하고 사기 치는 것을 정말 이해 못한다. 호주인들은 대체로 정직함이 생활화되었기 때문이다. 여기서 자란 자녀들도 1세대 부모들이 속임수를 쓰거나 약간 규칙을 어기는 것을 너무 싫어한다. 항상 원칙대로 융통성이 없어보여도 정직한 태도가 호주를 결국 나은 사회로 만든다는 것을 최근 두 사건을 통해 뼈저리게 느꼈다. 'Honest is the best policy'라고 배운 영어 문구가 그날 이후 더욱 선명하게 떠올랐다.

2-5 한국인 언어폭력 심각하다

최근 몇 군데 교민들이 모이는 공공단체 행사장에서 심각한 언어폭력사태를 목격한 사람이 많을 것이다. 물론 대부분의 교민들은 선량하고 이민자로 열심히 일하며 많은 기여를 하고 좋은 이미지를 갖고 있다. 그러나 아직도 소수의 사람들이 호주사회의 규범을 따르지 않고 한국적 사고방식을 고수하며 성숙하지 못한 행동을 하여 한인교민의 위상을 떨어뜨리고 있다. 작년 초에 10년 다니던 직장을 그만두고 다른 직장을 구했을 때 영어학교의 원장이 인터뷰하면서 한 말이 생각난다. 자신의 경험으로 한국 사람들은 아주 성실하고 열심히 일하기 때문에 네가 한국인이라 바로 신뢰하고 일을 제공한다고 했다. 그 뒤 그 직장을 거절하고 더 나은 다른 대학으로 옮겨 일하고 있지만 그때 본인은 정말 대부분의 한국인이 좋은 인상을 호주사회에 알려줌을 몸소 느끼며 한국인임이 뿌듯했다.

언어폭력은 그 정도에 따라서 영어로 Verbal violence, Verbal abuse, Verbal assault, Verbal threat, Verbal attack, Verbal bullying 등 여러 가

지로 표기된다. 언어폭력의 사전적 정의는 단순한 말다툼에서 쓰는 나쁜 언어(Foul Language)가 아니라 어떤 이유건 다른 사람을 강제로 의도적으로 비방하거나 모욕을 주거나 깎아내리는 행위이다(Verbal abuse is the act of forcefully and intentionally criticizing, insulting or denouncing another person). 별명을 부르거나 지속적으로 공개적으로 다른 사람 앞에서 특히 욕을 하거나 고함을 치거나 지적능력을 비하하는 것 등이 들어간다. 언어폭력은 가장 파괴적인 형태의 소통으로 화와 적의감으로 다른 사람의 자존감을 고의로 해치는 것이고 또 복수를 위해 다른 사람을 고의적으로 통제하거나 조종하기 위해 쓰는 행동패턴이다.

 이 용어들에 대한 정의는 약간 다르지만 위의 언어폭력들의 공통점은 가해자가 협박(Intimidation), 위협(Threat), 그리고 고의적 괴롭힘(Harassment)으로 피해자를 수치심(Humiliation)과 모욕감(Insult)을 느끼게 하는 것 등 세 가지 요소가 들어간다. 즉 물론 신체적인 해를 끼친 것은 아니나 감정적 심리적 폭력(Emotional and psychological violence)을 동반하고 폭행(Bullying)의 가장 중요한 요소로 간주된다. 예를 들어 화가 난 사람이 '너를 죽이겠다' '바보등신' 또는 신체부위를 일컫는 X 쌍욕 등이 여기에 속한다. 계속 반복적으로 따라다니며 하는 협박도 여기에 속하나 한 번의 경우라도 그 당시 상황에 따라 또 가해를 당한 상대방의 성별신분에 따라 경찰이 판단하게 된다.

 현재 뉴사우스웨일즈주에서 이 언어 폭력자를 일단 경찰에 신고를 하면 호주법(Section 13 of The Crimes: Domestic and Personal Violence Act 2007)에 의해 세 가지 심각한 결과를 가져옴을 인지해야 한다. 첫째, 언어폭력을 일으킨 사람에 한해 경찰은 접근금지령(APVO: Apprehended Personal Violence Order)을 내릴 수 있다. 둘째, 언어폭력(Offensive language)의 정도에 따라 벌금과 기소가 최고 5년 징역 또는 벌금 $5,000이 추징될 수 있다. 셋째, 협박과 위협이 들어가면 죄가 가중된다.

폭력은 거의 80%가 남자가 여자에 대해 일어난다고 한다. 호주에서 일주일에 한명의 여성이 함께 살던 남자에게서 살해당하는 놀라운 현실에 개탄하여 여자에 대한 폭력을 방지하기 위해 '흰 리본 캠페인'(White Ribbon Campaign)을 벌이고 있다. 매년 11월 25일 여성에 대한 폭력 없애기를 국제적으로 캠페인하고 있다.(The International Day for the Elimination of Violence Against Women)

특이한 것은 John Caldwell이라는 남성이 바로 자신의 엄마가 아버지에게 당한 가정폭력을 경험으로 이 폭력에 대한 경각심을 일깨우기 위해 시작한 캠페인이다. 그래서 남성들로 하여금 여성에 대한 어떠한 폭력을 저지르거나 또는 여성 스스로 폭력에 침묵하거나 변명하지 않을 것을 맹세하고 하얀 리본을 가슴에 다는 것이다. 물론 이 캠페인은 주로 가족관계에서 일어나는 폭력(Domestic violence)에서 시작되었으나 호주에서는 직장, 단체에서 일어나는 언어폭력도 심각한 것으로 간주하여 폭력근절을 위한 경각심을 촉구하고 고용자에게 철저히 교육시킨다. 현재 호주인들은 전반적으로 남녀 상관없이 언어폭력에 아주 민감하고 또 폭력을 근절하려는 사회적 제도적 장치를 마련하고 또 이를 경험했을 때 눈감고 방조하지 않도록 고용주들이 의무적으로 주지시키고 있다.

한국은 목사님들 포함하여 더 말할 필요 없고 이런 언어폭력이 여성 포함 지도자를 타깃으로 이루어졌고 사회전반에 좌우 비롯 심각한 거의 내전 수준이다. 한인 교민들도 나은 편이나 그래도 여전히 대체로 호주사회와 동떨어져 살며 언어장애와 문화적으로 이런 언어폭력을 심각하게 생각지 않는 경우가 많다. 물론 이런 법이 제도적으로 악용되는 경우도 있지만 이런 호주사회의 인권신장을 위한 전반적 사회적 흐름을 인지하고 민감하게 이 이슈를 받아들이고 때론 교육이 필요하다고 생각된다. 특히 법조계나 사회복지 또는 의료계에 종사하는 뜻있는 분들이 모여 자발적으로 교민사회의 경각심을 일깨우는 폭력금지 캠페인을 벌여 많은 교민들이 적극적으로 참여하도록 강력히 촉구한다.

2-6 토론문화와 팀워크의 부재

필자는 시드니 소재 대학에서 영작과 석사학생들을 상대로 리서치와 소통과목을 십년 이상 가르쳐왔다. 그리고 호주에서 석박사 공부를 하였다. 주로 영어로 숙제를 잘 하여 성공적으로 대학교육을 마치게 도와주는 게 나의 주역할이다. 이런 나의 호주대학에서 오랫동안 배우고 또 가르친 개인적 경험으로 서양교육은: 1. 실리와 이론의 균형(Balance between theory and its practical applications) 2. 비평성(Criticality) 3. 팀웍과 멘토쉽(Team work and mentorship)을 강조하는 교육문화로 특징 지워짐을 절실히 느낀다.

첫째: 학사, 석사과정 숙제마다 학생들의 직장이나 일한 경험이 없으면 답하기 힘들다. 반드시 최근에 일어난 케이스를 분석하거나 또 실질적 예를 들어야 점수를 좋게 받는다. 여기서 주로 동양학생들은 너무 이론에만 치우치고 그 이론을 실제에 적용하는 데 너무 약하다. 즉 인용만 나열하고 실제분석이 없어 표절(Plagiarism)에 걸리거나 비평력 결여로 높은 점수를 받지 못한다. 한편 호주학생들은 자신의 실제 경험과 비평력은 강하나 게을러 공부를 안 해 이론적 배경이 없어 점수를 못 받는 경우가 많다. 높은 점수 받는 학생들은 이론과 실제의 균형을 이루고 이 갭을 파악하여 구체적 문제해결을 제시하는 학생들이다.

둘째: 비평(Criticality)에 대해 많은 학생들이 부정평가라고만 오해하고 있다. 그래서 내가 늘 강조하는 것은 비평은 부정적 평가만 하는 것이 아니고 긍정과 균형을 이루어야 한다. 비평의 정의는 작가가 한 사건이나 이슈를 여러 각도에서 상황을 감안하여 분석하는 능력이다(Criticality refers to a writer's ability to analyse an issue under investigation from multiple perspectives considering contexts given).

즉 에세이나 리포트는 항상 어떤 당면 이슈를 다루고 그 이슈에 대해 긍정 부정적 평가 후에 반드시 그리고 중간적 입장(Middle/Neutral positions)까지도 고려한다는 것이다.

중간적 입장은 작가의 주관적 긍정 또는 부정평가를 하면 독자를 설복시키고 정당화하기 위해 반드시 객관적 증거나 이유를 대어야 한다. 그렇지 않으면 소통이 완결되지 않고 효과적이지 않다. 그래서 서양교육에서 인용(Referencing)을 중요시하는 이유가 바로 여기에 있다. 잘 쓴 글은 바로 인용, 양보, 원인과 결과 등을 작가가 긍정적 부정평가를 한 후에 독자를 설득하기 위해 쓰는 것이다. 현재 우리나라에서 일어나는 가짜뉴스, 표절 논란 등이 다 이런 팩트 위주의 정당성 부족에서 일어난다. 또한 비평에도 원리가 있다. 즉 반드시 긍정적 평가 이후 부정평가를 문제해결 차원에서 해야 하고 숙제 마지막에는 반드시 해결 방안을 제시해야 한다. 우리나라 사람들은 긍정적 평가를 먼저 해서 상대방을 수용하는 태도는 없고 부정적 비난으로만 가득하고 해결 제시를 안 하니 소통에서 갈등이 일어난다.

셋째: 호주에서 대학 숙제는 주로 팀워크로 하는 것이 많다. 이번 학기에도 연구 발표에서 학생 둘이서 함께 팀으로 연구논문 계획서를 내어야 했다. 또한 발표도 두 사람이 팀으로 정해진 시간에 해야 했다. 또한 그룹 토론도 항상 들어간다. 그래서 개인이 잘 해도 서로 협력하지

않으면 안 되는 교육문화가 정착해 있다. 그리고 대학마다 시니어 학생 중에 점수 잘 받은 학생들이 가르치는 멘토 프로그램을 운영한다. 그래서 대개 대학에서 성공하는 학생은 자신을 낮추고(Surrendering) 학교가 제공하는 Study Support 프로그램에 참석하고 선배들에게 기꺼이 배우는 학생(Interdependent) 들이 대개 성공적으로 학교를 마치고 사회에서도 성공한다. 이것은 지혜를 말하는 것이다.

이 세 원리를 교민갈등의 현실에 적용해보자. 교민단체를 이끌거나 한국인과 일해 본 사람은 한국인들은 서로 소통 기술이 아주 부족하다. 단체가 많은 것은 긍정적 확장으로 생각하나 서로 자신들의 경계(Territory)만 생각하고 서로 팀워크를 통한 협조를 하려 하지 않는다. 나만 해도 나의 수퍼바이즈는 연말 평가에서 나에 대한 불만은 팀워크 정신이 없고 소통부재라고 지적한다. 우리나라 사람은 개인의 승전만 생각한 나머지 호주인에 비해 이런 협력정신이 너무 부족함을 느낀다. 이런 특징은 교육이 경쟁위주 개인성취 위주(Merit oriented = education)를 받았기에 협조 공조 팀웍 위주의 교육(3C: Collaboration, Cooperation, Coordination)의 부재로 인한 심한 갈등 (3C: Contention, Criticism, Conflict) 을 겪고 있다.

현재 교민단체를 비롯 한국인 단체의 문제는 이 팀웍의 부재에 있다. 내 그룹(In-group) 만 생각지 말고 다른 밖의 그룹(Out-group)도 인정하며 감사하고 서로 큰 목표를 성취하기 위해 각자 영역에서 할일을 하면 된다. 즉 'We are greater than me'라는 것을 되새길 필요가 있다. 즉 '내 영역 지키기'라는 물소떼 같은 유아적 사고에서 벗어나 서로 다른 개인이나 단체를 인정하고 수용하여(Acceptance) 오히려 영역 확장을 통한 공유 차원을 생각해보자. 그러면 서로 시너지효과로 쌍방 다 원원 상황을 만들며 서로의 목표를 성공적으로 달성하게 될 것이다.

3장
세 자녀 엄마로서 가족에 대한 사랑으로

나는 지금도 가족을 돌보는 것이 여성의 첫째 의무라 생각한다. 노처녀로 있다 늦게 결혼한 딸이 손녀를 낳은 후 산후 우울증을 겪을 때 나는 모든 것을 포기하고 딸의 정신건강에 신경을 썼다. 물론 상담 공부도 온라인으로 하고 한국 정치에도 시간 나는 대로 참여하고 했으나 나의 첫째 의무는 딸의 건강이 회복하도록 돕는 것이었다. 우울증은 누구나 어느 정도의 인생기에 불쑥 찾아올 수 있는 숨은 병이다. 자칫 이때 부모가 역할 조정을 잘 못하면 자녀가 이혼을 쉽게 겪을 수 있겠다는 위기감마저 들었다. 딸은 다행히 본인이 의사임에도 자신이 스스로 상담도 받고 나도 사위를 단 한 번도 나무라지 않고 딸의 고통과 수고를 말없이 들어주는 입장을 견지했다. 다행히 돌 지난 예쁜 손녀는 우리 가족에게 행복 바이러스를 주고 있다. 이 장은 지난 30년간 간간히 내 가족이 겪어온 시련 도전 갈등 그리고 행복하고 보람된 시간을 상기시켜준다. 가족을 잃고 얻은 세상의 어떤 보상도 가치가 없다고 아직도 믿는다. 너무 보수적일까?

3-1 딸과 호주사위

입덧하는 둘째딸에게 먹일 요리를 하려고 냉장고로 다가 갔다. 여러 장의 가족사진들이 눈에 먼저 들어온다. 둘째 딸은 큰딸보다 먼저 퀸스랜드 출신의 전형적인 호주인 남자와 간단하게 결혼식을 올렸던 터라 다른 신혼부부들처럼 벽을 장식할 큰 결혼사진 한 장도 없다.

나는 캔버라에 살고 있는 둘째 딸과 전화 통화를 할 때면 내 마음속으로 그녀를 향한 많은 질문들이 터져 나왔다. 행복하냐? '제이크'를 진심으로 사랑하냐? 싸움은 안 하니, 제이크가 얼마만큼 너를 사랑하고 있다고 생각하는가? 라는 질문을 하고 스스로 대답을 했다.

나는 짝사랑이란 없다는 생각을 어느 날부터 하게 되었다. 남녀 간의 사랑은 서로가 상응하는 지극히 물리적인 자연의 법칙이라는 생각이 들었다. 다행히 사위는 딸에게 잘해 주어서 싸울 일이 없고 고작해야 사위가 삐쳐서 말을 안 하는 정도라고 한다. 내가 딸에게 묻고 싶은 현재의 질문과 오래 전 친정어머니가 내게 던지던 질문은 분명 동의어이리라. 딸을 다섯씩이나 둔 친정어머니는 내 위로 시집간 두 언니들로부터 이미 가슴에 피멍이 들대로 들어 있었기 때문에 나로 인한 상처를 더 받아 안을 가슴의 여백이 없었을 것이다. 그러나 그때 어머니는 멀리서나마 애태우며 나를 지켜보았을 것이란 사실은 의심할 수가 없다. 내가 낳은 딸을 떠나보내고 나서야 어머니의 진정한 가슴을 이해할 수 있다는 것이 안타깝고 후회스러울 뿐이다.

딸이 호주 남자와 결혼을 하겠다고 선언했을 때 나는 반대하지 않았다. '절대로 경상도 그것도 마산남자와는 결혼하지 마라!'라는 내 마음속을 물속처럼 들여다보기라도 한 것처럼 딸은 한국남자와 결혼하고 싶지 않다고 입버릇처럼 말했다. 내가 시어머니나 시댁식구들을 대하는 가정교육을 시킬 때면 한국 남자와 결혼할 일은 없을 것이니 걱정하지 말라며 딸은 웃었다. 말이 씨가 된다는 옛말이나 자신의 말처럼 단 한 번의 갈등도 없이 딸은 호주 남자와 결혼을 했다. 누구보다 아빠를 존경하고 이해하던 딸이었지만, '갱상도 사나이'와의 엄마의 힘든 결혼 생활을 지켜보던 그녀는 스스로 부모와는 다른 길을 선택했다.

  딸이 착한 호주 남자를 만난 것은 정말 다행이다. 빈틈없고 영특한 그리고 심성이 깊은 딸과 내 눈에 평가된 사위는 왠지 사위가 딸에 비해 뒤쳐져 보였다. 그러면서도 굳이 반대를 할 만큼 흠잡을 조건도 없었다. 사위는 경제학을 전공한 연방정부 재무부 공무원이다. 그는 퀸즐랜드의 대평원과 같은 넓은 저택에서 대식구인 삼대가 한 지붕 밑에서 살 정도로 가풍이 탄탄한 집안에서 태어났다. 한 가족도 이혼을 하지 않은 호주에서 보기 드문 집안에서 성장을 했다. 그렇게 따진다면 딸은 시집을 아주 잘 간 셈이다. 그는 인도네시아로 원정 서핑을 가거나 마라톤게임을 하러 뉴질랜드를 날아가기도 하며 마운틴 바이크를 할 정도로 운동을 좋아한다. 사위가 운동을 좋아하는 것이 특별히 내 마음에 들었다.

  국경일인 오스트렐리아 날에는 오랜만에 푹 쉬려고 했다. 그런데 딸은 그날 엄마가 자신의 집으로 왔으면 하는 눈치였다. 딸의 입덧은 엄마를 닮아서 힘들지 않았지만 국물이나 국수, 나물 같은 음식이 먹고 싶다고 했다. 나는 캔버라로 달려가기로 마음을 정했다. 그 결정은 물론 딸을 생각한 것이었지만 친정어머니가 딸들의 시집살이를 강 건너 물 보듯 했던 일을 닮지 않겠다는 나의 의도적인 안간힘이기도 했다. 또 사위에게 내 딸이 귀한 자식이라는 인식을 다시 한 번 분명히 각인시켜 주고 싶었다. 사위에게 대놓고 말하진 못했지만 부디 내 딸의 눈에 눈물 흘리게 하지 말아주길 부탁한다는 말을 얼마나 간절하게도 읊조렸던가 말이다. 내가 흘려보냈던 그 많은 눈물의 강은 내 딸의 강을 대신 지켜주고도 남지 않을까라고 한 사람을 붙잡고 묻고 싶었다. 처음 사위를 만났을 때 그러한 내 심정을 간곡하게 부탁하였고 그도 단단히 약속을 했다. 그래서일까, 딸의 말을 들어보면 제이크가 우는 일은 있어도 자신이 우는 일은 없다고 했다. 어떤 이유에서든 내가 울었던 것은 나의 문제였고 지난 그 일들이 지금에야 어리석었다는 것을 깨달았다.

    사위와 딸이 교회에 간 사이에 열심히 요리를 했다. 곰국을 한 통 끓여놓고 파래, 고사리, 고구마줄기, 톳나물, 미역생채, 미원 넣지 않은 김치, 샐러드 등을 만들었다. 딸은 어려서부터 먹고 자란 엄마의 손 음식이 얼마나 그리웠을까. 청소를 하고 음식을 차려놓고 나니 마치 논에서 돌아올 신랑을 기다리는 '우렁각시' 꼴이다. 딸이 들어와 "엄마~"라고 껴안으며 감동의 눈물을 쏟았다. "엄마가 세상에서 최고야!"라며 키스를 하다 말고 제이크의 품으로 달려가 키스를 연발한다. 아이들은 내가 무슨 음식이든 해 놓으면 감탄을 했다. 다행이 사위는 한국음식을 가리지 않고 먹었다. 김치는 물론이고 청국장까지 먹어 냈다. 정말 좋아해서인지, 상대를 기쁘게 하려고 그런 척하는 것인지 궁금했지만 두 사발의 곰국을 비운 후 자신이 제일 좋아하는 음식이 곰국이라고 말하는 그를 믿기로 했다. 나물도 밥숟갈 위에 척척 걸쳐서 먹는다. 한국 음식을 맛있게 먹는 사위가 고맙고 신통했다. 한글을 배운다고 캔버라 대학의 기초 한글 코스에 등록도 했다니 얼마나 고마운 일인가.

    어떤 아기가 태어날지? 여러 사람들로부터 축하 인사를 받으면서도 할머니가 된다는 것이 썩 내키지는 않았고 가슴이 설레거나 하는 일도 없었다. 곱슬머리에 주근깨 박힌 아이를 낳으면 안될 텐데라는 말을 딸을 향해 뱉으며 제이크를 힐끗 쳐다보았다. 딸은 그 말이 재미있어 웃다가 그녀도 제이크를 쳐다보았다. 경상도 사람의 직설적인 말투를 알아들었다면 분명히 그는 충격을 받았을 것이다. 간혹 둘이 싸우는 이유는 딸의 말에 제이크가 상처를 받아서라고 한다. 협상의 명수인 딸의 말에 울 정도면 그가 얼마나 곱게 자랐을까 싶었다. 갯가의 생파람처럼 매몰 찬 말로 내게 상처를 주었던 젊은 날의 남편을 생각하자 제이크의 성숙한 인품이 비교되었다.

제이크와는 간혹 안부전화를 하지만 늘 형식적일 뿐이다. 영어 때문이라기보다 딱히 해야 할 말이 없다. 그런 제이크와 딸이 토닥토닥 끊임없이 대화를 하는 것을 보노라면 왠지 딸조차도 먼 나라 아이처럼 느껴진다. 무릇 사위라면 '장모님!' 하며 살갑게 다가와 어리광이라도 부려줄 것을 기대했던 것은 아니었다. 아주 가깝지도 그렇다면 멀지도 않은 사위를 생각하면서 두 사람만 행복하면 됐지 무엇을 더 바란단 말인가 라며 자신을 달랜다. 그러면서 딸은 진짜 행복할까, 정말 시댁식구들과 잘 어울릴 수 있을까 하는 궁금증에서 놓여지지 못하는 어미의 이 헛된 근심은 또 무엇이란 말인가. 처음 사위의 부모를 만났을 때 내 딸의 어떤 점이 마음에 들었는지 물어 보았다. 우리의 가족들과 잘 어울리고 손녀 손자들과도 스스럼없이 노는 것을 보고 잘 적응할 것을 알았다는 대답을 들었다. 딸과 사위의 미래도 세월의 강물처럼 흘러가리라. '너희들만 잘 살면 된다 이 애미 걱정은 말고' 어머니와 시어머니의 목소리가 합성어처럼 가슴을 때린다. 딸을 멀리 외국으로 보냈던 어머니나 장남을 보내야 했던 시어머니의 목소리는 완벽한 동의어가 되어 내 입술과 심장을 쓸어 강으로 흘러갔다. '너만 잘 살면 된다. 내 딸아'

3-2 어느 남자의 환갑잔치

남편의 칠순이 올해 이월에 곧 다가온다. 70이 안되어 남편은 거의 식물인간처럼 되었다. 밖에도 나가지 않고 집에서만 바둑, 성경책 읽기, 영화 보는 것으로 혼자 잘 논다. 골프나 걷기나 운동이라도 좀하면 될 텐데 거의 늘 힘없다 아프다라는 말을 달고 산다. 올해 칠순을 맞아 첫딸 시댁이 있는 싱가포르 여행 계획도 제안했으나 일언지하에 거절했다. 벌써 해외여행 할 정도로 건강이 안 되는 것이다. 집주위에 공원이 세 개나 있어도 이 집에 이사 온 10년간 단 한 번도 공원을 스스로 걸으러 나간 적이 없다. 처음엔 답답하고 안타까워 잔소리도 했으나 언젠가부터 포기하고 그냥 혼자 식사하고 화장실 가는 것만도 고맙게 생각하기로 하니 편해졌다. 아래 글은 남편이 환갑 되던 해를 기억해서 쓴 글이다. 벌써 10년 강산이 또 변한 시간이다.

갓 결혼하여 캔버라에 사는 둘째딸이 호주사위와 함께 그 남자인 아버지를 위해 준비한 회갑잔치가 사뭇 궁금했다. 풍선이 가득하고 구석구석 색동으로 장식한 것이 아버지를 기쁘게 하려는 노력을 많이 기울인 듯하였다. 성대한 잔치보다 조촐하게 가족끼리 회갑잔치를 주문한 것도 그였다. 아내인 그녀는 그의 회갑을 기억하듯 말듯 할 수 없이 떠밀려하는 기분이었다. 아내와 네 살 차이가 나니 아내도 이미 육십고개를 바라본다는 것을 인정하고 싶지 않은 심리도 있을 것이다.

그 남자는 참 철이 없었다. 아니 아내에게만 철없는 상처를 주었고 상처 준 줄도 모르는 상처를 주어 아내의 마음을 시퍼렇게 하였다. 호주 데려와 경제적 고생을 시킨 아내가 늘 이혼이라는 말을 달고 산 것이 경제적 고생이 아니라는 것을 그 남자는 잘 알고 있다. 남편의 특이한 성격과 그 차이로 인한 고생 그리고 십년 가까이 유별난 성격의 시어머니 밑에서 시집살이 한 것으로 가진 원망이라면 그녀 나이의 누구나 어느 정도는 가지는 도전일 것이다. 그것은 아무것도 아니었다. 처음부터 남편은 마지못해 엄마의 소망을 들어주기 위해 마음에 없는 여자와 할 수 없이 결혼했다는 그런 비슷한 말을 이십오 년 간 하루도 빠지지 않고 반복적으로 들으면서 살아온 아내가 자신이 상상할 수 없는 상처를 지웠다는 것을 60이 되어 깨닫기 시작한 것이다.

　세 자녀들이 작은 선물을 준비하고 외식도 했다. 아내를 닮아 심성이 깊은 큰딸이 의외의 선물을 꺼내어 제안했다. 까만 두툼한 노트를 선물로 준비했노라며 각자 아버지에 대해 좋은 점만 60가지를 쓰라고 요구했다. 겨우 버텨온 결혼생활에 남편에 대한 무슨 감정이 있어 그것도 육십 가지나 쓸 것이 있을까? 이 아이들이 오히려. 아내는 난감했다. 이혼의 산을 수천 번 쌓다 자식들 때문에 그 다음날 싹 지워버리며 그녀에게 고문을 주려고 작정했나 하는 생각이 들었다. 다른 아이들도 처음에는 육십 개씩이나 하다가 죽죽 써내려가고 있었다.

　다 쓰고 나서 각자 돌아가며 읽기로 했다. 각자 다른 면으로 아버지의 장점을 써놓았다. 큰 것에서 사소한 것에 이르기까지 참 장점이 많음에 놀라지 않을 수 없었다. 큰애는 아빠는 교회를 단 한번도 빠지지 않은 가장 영적이고 하나님을 경외하는 사람, 작은애는 정확하고 책임감이 강하고 작은 약속이라도 한번 입 밖에 내면 끝까지 지키는 사람에서 막내는 쓰레기 잘 줍기, 선물을 잘 사주기, 미리 계획하기, 말을 재미있게 잘하는 것까지. 아내도 주섬주섬 육십 개를 채웠다. 사랑한다 말 한마디 안 해도 속으로는 늘 아내를 지지하고 믿어온 점, 술 담배는 물론 바람 한번 피지 않은 성실한 점, 신혼 때 생일선물을 사서 화장대 속에 넣어 놓은 것, 일을 해 놓으면 늘 뒤처리를 잘해주는 것, 내가 덜렁거리며 부족한 사소한 일들을 항상 챙겨주는 배려, 설거지 청소 도맡아 해주고 요즘은 국도 간 맞추어 잘 끓인다. 부엌에 사소한 물건 이쑤시개 샌드위치백 그릇 씻는 솔 등을 사서 넣어놓은 것, 냉장고에 일일이 라벨을 붙이는 것, 등등….

　그 즈음 읽을 때 아내의 턱에는 콧물이 흐르고 모두가 눈물로 훌쩍거리고 있었다. 자녀들도 얼마나 엄마아빠가 저들 모르게 치열하게 서로 결혼서약을 지키려고 노력해 왔는지 특히 엄마가 숨겨온 아빠에 대한 원망을 자녀들과 식구들에게 나타내 보이지 않으려고 노력해 왔는지 알고 있었다. 다 쓰고 나서 아이도 나도 남편도 울고 있었다. 쓸쓸한 호주에서 이민자로서 남편의 육십 환갑잔치는 새로운 가족으로 태어나는 가족의 세례의식이었다. 아버지의 장점만 그림으로써 최대한의 감사로 아버지가 더욱 약점을 극복하게 만든 우리 아이들의 기막힌 아이디어였다.

애초 돈 들여 이웃을 불러 거나하게 한상 차리기로 한 계획에서 조용히 가족끼리 부모가 저희들에게 해준 것을 돌아보고 감사한 시간을 갖고 아버지로서는 간접적으로 더 좋은 아버지로 거듭나게 해준 육순 환갑잔치였다. 그러나 세 아이의 60 환갑잔치 때 아빠에 대해 60가지 장점쓰기로 그 뒤에 그도 아내도 많이 변했다. 그 남자의 방에는 환갑 때 받은 까만 수첩이 성경과 함께 늘 나란히 모셔져 있었다.

3-3 네 가지 사랑의 표현

호주인뿐만 아니라 한국이민자들에게도 이혼은 흔하다. 이혼이 더 이상 개인의 상처가 아닌 하나의 새로운 인생의 선택으로 여겨지고 있다. 호주인들은 대개 두 번은 이혼한다. 한국사람들끼리 모이면 왜 부부도 이모작을 하면 딱 좋을 텐데라고 농담하기도 한다. 그래서 소위 황혼이혼이 유행한다. 부부끼리 참고 살다가 결국 헤어지는 것이다. 대부분 헤어지는 부부는 관계가 소진(Burn out)되어서라고 한다. 나와 남편도 성격이 정반대이다. 어떻게 같은 A형이 이렇게 반대일 수 있는지 이런 반대되는 사람과 40년을 살면서 자연히 이혼을 여러 번 생각해보았다.

애들이 커가면서 우리 커플도 네 가지 이혼의 증거를 앓고 있음을 눈치챘다. John Gottman은 미국의 와싱톤대학에서 24년간 결혼한 커플을 연구하여 발표했다. 그 책의 이름은 "The seven principles for making marriage work"인데 거기서 네 가지 이혼의 증거(Four horseman of divorce)를 말하고 있다. 경멸(Contempt), 비판(Criticism), 방어(Defensiveness) 그리고 냉담(Stone walling), 그러면서 이런 관계의 커플은 다시 관계회복 노력을 하지 않는 이상 90% 이상이 이혼으로 결론난다고 했다. 많은 한국이민자들이 겪는 이혼처럼 그런 증상을 앓고 있었다.

남편은 감정이 없는 사람이었다. 즉 감정지수(Emotional Intelligence)가 거의 영점에 가까워 나를 비롯 자녀에게도 단 한 번도 따듯하게 대하지 않았다. 흔하게 아빠가 자녀를 앉아주는 것을 받아보지 못하고 자랐다. 그럼에도 큰딸은 의사로, 작은딸은 호주연방정부 법무성 수석변호사로 막내아들은 물리치료사로 학업적으로 무엇보다 자신이 좋아하는 전공을 해서 호주사회에 이바지하고 있다. 돈 한푼 없이 호주땅에 와서 가난하게 산 덕택에 말썽 하나 피우지 않고 반듯하게 잘 자란 아이들은 밥만 지어 주어도 엄마에 대한 감사를 연발하고 10년 전 장만한 저택에 입주했을 때는 마치 꿈을 꾼 듯하다고 부모에 대한 감사를 하니 무엇을 더 바랄 것인가? 주위 모든 사람들이 성공한 이민케이스로 뽑고 있으니 남편 말대로 김해 촌에서 와서 많이 출세한 셈이었다. 남편이 준 상처 고통 다 인격을 도약하는 밑거름이 된 것이니 그것조차 후회할 일이 아니다. 돌아보니 그렇게 맞지 않는 평행선 같은 까마득한 결혼생활 그것이 내가 짊어지고 가야 할 십자가였다. 돌이켜 보니 가장 최선의 인생길을 걷고 왔다. 소설 '아버지'의 주인공처럼 그도 나름 삶의 무게에 짓눌려 항상 힘겹게 살아온 것이었다.

아이 셋은 아버지인 그 남자의 장점과 약점을 고스란히 이해했다. 대부분의 자식들과 달리 사냥꾼 아버지의 아픔과 고독과 사투를 이해하는 듯했다. 아버지가 눈물을 보이지 않으나 고독과 소외감에 몸부림칠 때 자식들은 아버지의 무능력을 탓하고 추궁하는 대신 그의 약점을 안았다. 그녀에겐 남편이 미워도 그 이상 고마운 것이 없었다. 그것이 바로 이민 와서 성공한 것이라고 생각하고 싶었다. 큰딸은 수시로 Gary Chapman이 말한 부부간에 다섯 가지의 어떤 사랑을 표현하는 방법(Five Love Language)이 있는데 아빠도 사랑을 표현한다 했다. 단 한 번도 딸이라 정답게 스킨십 해준 적도 없고(Physical touch), 단 한번 도 사랑한다 말을 표현한 적이(Words of affirmation) 없고, 시간을 제대로 내어 대화한 적도 없는(Quality of time) 무뚝뚝한 경상도 남자의 속성을 아이들은 신기하게 이해했다.

아빠는 나름대로 선물을 사주고(Giving gifts) 또 직접행동으로 (Acts of services)로 우리들과 엄마에게 사랑을 표현한다고 했다. 아이들의 이런 남편과 나에 대한 이해만으로도 그래도 이혼을 선택하기보다 참고 산 게 잘했다는 생각이 시간이 가면서 더 든다. 오늘도 컴퓨터 앞에서 구부려 바둑을 뜨는 남편이 측은하게 보이는 것은 알콩달콩 사랑은 아니더라도 게리가 말한 사랑의 한 형태는 아니더라도 된장처럼 숙성된 깊은 미운정 고운정이 쌓인 한국의 특이한 사랑을 하고 있기 때문이라 생각해본다.

3-4 청소하는 Dr. Lee

남편이 실직한 지도 어언 4년이 다 되어간다. 2007년경 미국에서 경제파동이 일어 그 열풍이 호주에도 불어닥치자 시드니 시티에 있던 컴퓨터 회사에서 권고사직을 받고 직장에서 쫓겨난 셈이다. 그때 나이가 56세 그러니까 그 나이에 조용히 은퇴한 셈이다. 처음에는 한 몇 개월 놀면 두드러기가 나서 제 발로 직장을 구하겠거니 생각했다. 그런데 일이년이 지나도 직장 구할 생각을 하지 않았다. 남편이 하는 일은 딱 세 가지였다. 성경책을 읽거나 바둑을 하거나 하루 종일 컴퓨터 앞에서 뭔가를 하는지 열심이었다. 일이년 지날 쯤 직장 구하지 않을 거냐 했더니 사업구상을 하고 있으니 조용히 내버려달라 하였다. 하루는 5만 불을 잃어 버렸다고 이실직고를 했다. 좋은 경험했으니 그만두고 다시 직장을 구해보는 것이 좋을 것 같다고 권고했으나 여전히 그 인터넷 비즈니스를 남몰래 하였다. 내가 집에 돌아올 때쯤에는 바둑을 하는 것처럼 하고는 내가 없을 때 인터넷 비즈니스에 빠져들었다. 그러면서 집밖을 거의 나가지 않고 하루종일 집안에서만 있는 것이었다. 거기에다 우울증 증세가 다시 돌아와 매일 입에서 죽고 싶다. 나는 늙어 힘이 없다. 주사 한방으로 그 자리에서 힘이 없어 쓰러질 것 같다. 머리가 어질어질해서 조금만 밀어도 금방 쓰러질 것 같다. 내일 죽을 준비가 되어있다는 등 부정적인 말만 입에서 나오고 있었다. 그리고는 잘 먹고 잠 잘자고 지금까지 한 번도 감기조차 걸리지 않고 사는 것 보면 우울증은 아닌 것 같았다.

하루는 지금까지 다년간 참아왔는데 무얼 하는지 어떤 계획을 갖고 있는지 나에게 보고하라고 고함을 지르며 닥닥거렸다. 남편은 지금 절대 직장을 구하기 싫고 다시는 어린 호주 매니저들에게 지시받아 가면서 일하기 싫다고 했다. 그래서 지금까지는 돈을 계속 잃고 있지만 반드시 성공하도록 할 테니까 참아 달라 하였다. 그리고 나는 지금까지 나의 의지대로 인생을 살지 못했다. 결혼 전에는 아버지가 파산하는 바람에 유학하고 싶었었는데 억지로 일을 해서 동생들 공부시키고 결혼 후는 처자식 먹여 살리느라 지금까지 있는 힘 다해 살아왔는데 지금 처음으로 내가 하고 싶은 것을 하며 살고 싶다고 했다.

시간이 흐를수록 남편은 주부의 일을 즐기는 것 같았다. 청소는 원래부터 느리지만 구석구석 하는 편이었다. 애굽의 노예가 따로 없다고 투덜거리면서도 집안일을 즐기는 것 같았다. 집안에 소소하게 필요한 자잘한 물건 쓰레기통이나 이쑤시개 등을 혼자 쇼핑하며 사들이는 재미도 즐겼다. 역할이 완전히 바뀌고 있었다. 오이 사오라 하면 호박을 사오던 남편이 이제는 된장국 끓이는 것 가르쳐달라고 고개를 내밀며 요리에까지 관심을 보이는 것이었다. 물 더하기 된장 더하기 하면 되는 거냐고 수학공식처럼 요리법을 물어왔다. 남자가 부엌에서 얼쩡거리며 간섭하는 것이 짜증스러워 제발 내가 부엌에 있을 때는 저리 좀 가라고 고함 쳐놓고 보면 또 축 처진 어깨가 안쓰러워지는 황혼기의 부부의 모습들을 보이고 있었다.

문제는 남편은 운동을 너무 안하는 것이었다. 남편에게는 운동을 할 동기 그리고 긍정적이고 낙관적이다 태도가 필요하였다. 도서관에서 책을 빌려 자신감과 대인관계를 개선시키는 책들 특히 호주 최고 강사 Paul Hanna가 쓴 'You can do it'라든지, Chicken Soup Series 등의 책들을 읽어보라고 던져놓았다. 아니나 다를까 남편의 태도가 조금씩 긍정적으로 바뀌고 밝아지기 시작했다.

남편에게 필요한 것은 육체적 노동이었다. 마침 아는 한국사람에게서 청소자리가 있는데 남편이 할 의향이 있는지 물어왔다. 매일 하는 것도 아니고 일주일에 세 번 저녁에 세 시간 정도 하는 것이었다. 나도 호주 온지 처음으로 그 남자들이 하는 흔한 청소가 어떤 것이지 가보게 되었다. 생각보다 깨끗하고 별로 할 것도 없었다. 저녁에 가서 밤 열두시가 다 되어 파김치가 되어 집에 왔다. 첫날 갔다 오더니 다음날에 새벽같이 일어나서 청소는 반드시 해야 할 일이라고 하면서 줄넘기를 몇 개 하더니 예상과 달리 아주 생생해졌다. 내심 드디어 제대로 걸려들었다는 생각이 들었다. 그 다음 날 청소하고 오더니 아이구 청소는 원래 할 것이 못 된다고 엄살을 부렸다. 먼지에다 락스 냄새에다 오래하면 폐병에 걸려 죽기 딱 좋은 일이다. 돈도 새가 빠지게 해봐야 일주일에 100$은 버니 차라리 내가 직장을 구하는 것이 낫겠다고 했다. 컴퓨터로 콘트랙트하면 아무리 못 받아도 시간당 백불 버는데 내가 뭐하려고 청소를 할 것이냐고 하였다. 속으로 저절로 이제 제대로 정신차리는구나 라는 생각이 들었다.

한 며칠 하더니 도저히 청소 못하겠다고 엄살을 부리다 결국 몇 주도 못하고 그만두고 말았다. 그 이후 다시 닥터 리는 컴퓨터에 붙어 앉아 바둑을 하기도하고 외환 거래도 하면서 최고 행복한 남자로 살아가고 있다. 어떤 때는 계란을 부쳐 숟가락 나란히 밥상까지 차려놓고 국도 감자 넣고 아주 간도 맞게 잘 끓여 놓는다. 나도 이제는 초월하여 더 이상 포기하고 나니 편안하다. 아파 누워서 뒤치닥거리 안하는 것만도 다행이라고 생각하니 모든 게 수용되어졌다. 호주교민이면 거의 다 한번쯤은 하는 청소를 남편도 몇 주 한 경험으로 이민생활은 현실임을 느낀 계기가 되었다.

3-5 얼마나 서운할까

Ⅰ. 다섯 시가 겨우 지났는데 시드니 시내는 이미 어둠이 쫙 깔렸다. 컴컴한 도시 속을 걷는 것도 익숙해졌다. 참 오랜만에 서운한 마음이 문풍지 바람 들 듯 들었다. 매서운 겨울 바람을 피하려 푹찔러 넣은 코트 속의 손이 그날 따라 얼음같이 차다. 내가 열어 놓은 창문으로 그 서운한 마음은 한꺼번에 밀물 일 듯 몰려왔다. 그 물결에 파묻혀 퇴근길 버스 속에 찬바람이 더 이는 것 같았다. 그날 내가 얼마나 시티에서 떨어져 멀찍감치 사는지를 처음으로 깨달았다. '웬 겨울에 에어콘을 버스에 틀어놓지'. 도대체 맞지 않는 사람들과 산다는 생각이 더 들었다. 버스는 겨울비 내리는 칠흙 같은 어둠 속을 달리

고 또 달렸다. 시계를 보니 시간은 이미 한시간 이상을 달린 것 같다. 버스를 잘못 탔나? 나는 벌떡 일어났다. 그때 캔버라에 사는 딸에게서 전화가 왔다. '엄마 서운했지? 미안해. 내가 안부 안물어줘서 서운했을 거야'. 딸은 내가 이미 가족 카톡에 시 비슷한 것으로 서운한 마음을 적은 것을 읽은 모양이다.

> 가족이 가족을 외롭게 하기도 한다.
> 가족이 세상에서 받는 상처를 보듬는
> 마지막 남은 울타리라 해도
> 모두가 돌아앉은 세상처럼 가족마저도
> 등을 돌리기도 하고 등을 보이기도 한다.
> 언제부턴가 나의 자녀들도
> 개인적이 되고 무관심해진다는 생각이 든다.
> 독립이라는 이름으로…
> 개인 프라버시를 침해하지 말라는 명목으로…
> 부모들은 모든 것을 놓으라고 한다.
> 메르스 때문에 요양병원에서
> 더 외로워하는 시어머님이 생각이 났다.
> 죽음이 임박해 있어도 늘 살 것같이
> 나도 시어머님을 외롭게 하고 있음을…
> 한번씩 이민 온 것을 깊이 후회한다.

스노이 마운틴으로 여행 간 아들에게서 당장 '엄마 사랑해'라는 문자가 들어왔다. 연이어 큰딸에게서 엄마 '왜 우울해요 무슨 일이 있어요? 병원 일 마쳐서 집에 일찍 들어가니 이야기해요' 라고 문자가 들어왔다. 한번씩 의도적으로 감정의 폭탄을 떨어뜨리는 것도 그리 나쁘지 않는 방법이었다.

영어로 '서운하다'는 표현을 찾기가 힘들다. 겨우 해야 lonely, cut, bitter, detached, upset 등의 표현으로밖에 번역이 안 된다. 그 말은 '서운하다'는 말은 지극히 한국적 정서에서 나온 말이고 동양의 '정' 문화와 깊이 관련이 있는 감정이다.

나이가 들수록 결혼한 아들, 딸, 며느리, 사위에게 느끼는 서운한 감정은 누구나 한번쯤 겪을 것이다. 요즘 시대의 부모들이 더 힘든 것은 그 서운함을 느끼지 말라고 강요받다시피하는 문화 때문이다. 서운하다하면 괜히 인품이 덜 된 사람으로 취급받고 수양이 더 필요하다는 사회문화적, 종교적 가족의 압박이 있다. 모든 것이 네 탓이니 너 혼자 해결하라는 것을 너무나 많이 들어왔고 뻔히 안다. 그래서 혼자서만 속으로 삭이게 되고 겉으로 아무런 일이 없는 것처럼 지내야하는 성숙한(?) 세태 때문에 이런 말 못할 고민(Secret frustration)을 수다로도 떨지 못한다. 즉 '포장된 행복'을 노래하는 문화이다. 이런 사회적 압박감이 요즘 부모 세대들을 더 외롭게 한다. 불행과 서운함은 행복과 친밀함과 동시에 인간 고유의 소중한 감정이다. 문제는 '긍정적 심리학(Positive psychology)'을 생활화 하는 것도 중요하지만 이런 부정적 감정이 없어야 행복하다고 오도되어 불행을 저 밑으로 쑤셔넣어 버리는 정서가 팽배해있다.

그러나 진짜 행복은 숙성된 불행에서 나온다. 결국은 서운함은 행복의 전주곡인 것이다. 그러나 그 서운함이 쌓여 내 주위 많은 호주인들도 딸이 엄마와 완전히 인연을 끊는(Disown) 우를 범하는 경우를 많이 본다. 엄마가 손자손녀에게 보낸 선물도 되돌려주면서까지… 새삼 동양의 정서인 '효도'(Filial piety)라는 말이 참 아름답다는 생각이 든다. 효도는 부모가 잘하니까 잘해준다가 아니고 설사 아무리 잘못한 일이 있더라도 무조건적으로 자녀의 의무인 공경을 다해야 한다는 깊은 철학이 있는 아름다운 인간관계이다. 서로 서운할 때 그걸 빨리 인식하고 갈등의 소지를 파악하여 긍정적인 것으로 빨리 승화시킬 마음의 근육을 키워놓을 때 진짜 화합과 평화와 잔잔한 행복을 찾게 된다.

Ⅱ. 일찍 출근하자 마자 카톡으로 그리고 메시지로 캔버라에 사는 딸에게 편한 시간에 전화를 좀 넣어라고 문자를 넣었다. 이번 주말엔 행사가 겹친다. 캔버라에 사는 딸이 이제 막 기기 시작하는 눈에 넣어도 아프지 않을 손녀를 데리고 온다. 아들 생일도 딸이 오는 김에 했으면 좋겠다. '탱고'를 설치해 고사리 같은 손으로 겨우 '하이파이'나 손뼉치는 손녀를 직접 보곤 한다. 그나마 탱고를 하지 않은지 근 며칠이 지났다. '탱고넣어라' 두 번 하면 겨우 한번 시간 날 때 한다. 그 날도 오후가 지나도록 연락이 오지 않았다. 퇴근이 다 되어도 오지 않았다 (사실 딸은 탱고를 오후에 넣었으나 내가 받지 않았다고 했다). 내가 탱고를 넣었다. 그때까지도 아무런 서운한 마음이 없었다. 옛날에 한번 소통 불편에 대해 부모로서 서운한 마음을 경상도 사나이 남편이 거침없이 쏟아붙인 적이 있었다. 우리의 심한 꾸지람에도 사위와 딸이 그 자리서 한마디 변명없이 엎드려 잘못했다고 비는 바람에 완전히 풍선 바람 빠지듯 평화스럽게 넘어간 적이 있다.

딸이 딸을 낳고부터 나는 우리 시댁 친정 부모들에게 얼마나 이민 온 자체가 불효인지를 깊이 깨닫게 되었다. 호된 시집살이 할 때는 시어머님이 밉기도 했지만 이제 지는 해처럼 서산에 걸려 시어머님께 내가 다 못하는 효도를 딸에게 넘기며 '할머니가 너희들을 키워주셨잖니. 한번씩 연락해라'고 카톡으로 연결도 해주고 전화도 가르쳐 주었다. 큰딸은 시어머님과 연락도 자주 하고 우리 시댁과의 카톡에도 들어와 있어 시댁가족과도 연락을 종종 한다. 작은딸은 그런 나의 부탁에도 한번도 연락하지 않는 것이었다. 나와 개인 카톡도 끊고 오로지 가족 카톡으로만 한번씩 하였다. 작은 딸은 원래 큰딸보다 더 마음

씀씀이가 깊고 이해심이 많은 거의 나무랄 데 없는 아이였다. 언어에 소질도 많아 한글도 큰딸보다 더 잘하고 의사소통능력이 뛰어난 아이였다. 결혼 후 호주남자와 살아서 그런지 어쩐지 좀 개인적이 되는 것 같기도 하고 멀어진다는 느낌이 은근히 들었다. 오히려 냉정한 남편을 더 닮은 첫딸이 한국에 오래 살아서인지 더 인정이 많아져 보였다.

얼마 전 음악에 소질이 많은 남편이 손녀 '루비'를 위해 작곡을 해서 가족 카톡에 올렸다. 손녀에 대한 시도 여러 편 써서 올렸다. 대개 고맙게 생각하지만 한국말로 썼기 때문에 얼마나 고맙게 생각하는지도 궁금했다. 최근에 올린 노래 작곡에는 아무런 응답도 없었다. 손녀를 낳았을 때 '루비에게 한글을 가르치고 그러기 위해선 너도 한글을 더 읽고 우리문화도 배우라'고 편지까지 간곡히 써서 충고했다. 그런데도 한번씩 루비 동영상을 보낼 때 늘 영어로만 말을 하는 것도 걸려 있었다. 아들 생일 때 단 한번도 사위가 매형으로 따로 용돈 한번 안 주는 것까지도 억지로 서운한 거리로 집어넣었다. '내가 휴가를 칠월초에 받았는데 그날 주말에 방문할까 생각 중인데'… 아무 말이 없다. 브리스베인 시댁에 갔다 온 주라 피곤할 것이다. 한순간 딸이 며느리라면 얼마나 서운할까 하는 생각이 갑자기 들었다. 나는 내가 파놓은 서운함의 물속으로 빨려들어가고 있었다. 아니 그냥 한순간 비오는 겨울 밤 퇴근길에 그런 감정속에 오랜만에 억지로라도 들어 가고 싶었다.

"엄마 사랑해요. 엄마 말이 다 맞아요 다음부터 엄마나 할머니께 더 잘할게요 루비에게도 한국말 열심히 가르칠게요. 제가 엄마를 등한시 하는 것이 아니라 한국말로 정을 표현하는게 서툴러서 그래요."
그래. 네 말대로 내가 너무 욕심이 많아 완전한 아이이기를 바라는 것이야. 너를 보면 나를 보게 되고 내가 잘하지 못했던 딸로서 며느리로서의 죄책감을 너에게 떠넘기려 했는지 몰라. 오늘 나도 시어머님께 전화해야지 생각하고 결국 못하고 말았으니…

모든 것이 내 수양의 부족이고 놓는 연습을 하니 걱정 마라. 다 문화적 차이이고 호주에서 큰 너희들에게 뚱단지 같은 엄마의 한국적 정서를 강요하니 엄마의 이런 정서를 100% 이해하기 힘들 것이다.

달리던 버스는 결국 멈췄다. 의외로 바깥은 온화하고 포근한 날씨였다. 겨울 가랑비가 조용히 안개속에 내리고 있었다. 죽음을 지척에 앞둔 시어머니, 이미 돌아가신 친정 엄마 정말 미안해요. 우리가 호주로 떠나올 때 어린 손자 손녀 멀리 이국 땅에 내보내며 정말 서운했을까. 빗물인지 눈물인지 모를 가랑비가 다시 따스해진 가슴으로 촉촉히 들어오고 있었다.

4장
교육학자로서 청년교육에 대한 사랑으로

　나는 평생 교육학자로 살았다. 대학도 화학 교사로 대학원도 교육심리학을 마친 후 대학생 상대로 상담진로를 하고 또 전문대학에서 젊은 청년들을 상대로 가르쳤다. 호주 온 이후 박사학위 후에도 대학에서 청년들을 가르쳤다. 그래서 나는 청년들에 대한 관심과 이해 그리고 교육에 늘 관심이 많고 그들을 사랑한다.

　호주에 와서 임파결핵에서 회복된 후, 박사학위과정은 나의 신체적 허약으로 더욱 난관이었다. 더욱이 전통 미국 영어이론이 아닌 호주 특유의 영어이론 Systemic Functional Linguistics(체계 기능 언어학)에서 발전된 Appraisal theory(평가이론)라는 최신이론을 영작에 접목하다 보니 원주민들도 어려운 이론이라 고개를 흔들 정도였다. 이 분야로 최초 한국인으로 학위를 받고 또 평가이론을 대학영작(Academic writing)에세이에 적용하여 비평(Criticality)을 언어학적 증거로 보여준 학자로서는 세계 최고의 학자로 지금도 이 분야의 유명한 저널 심사위원 또는 박사학위 심사위원으로 인정받고 있다.

　영어를 40세에 배워 이런 세계적 학자가 되기까지 내가 겪은 혹독한 훈련을 통해 갖게 된 교육적 시각으로 한국 교육을 평가하고자 한다.
　내 전문분야에 관해서 굉장히 까다로운 나를 아는 사람들은 드물다.

　이 장은 나의 이런 전문가로서의 경험으로 호주 본토 학생과 여러나라에서 온 학사·석사 학생들을 가르키면서 쓴 글을 모은 것이다.

4-1 표절과 교육적폐

내가 근무하는 대학에서 하는 주된 일은 세계 각국 60개국 이상에서 온 학사 석사유학생들을 상대로 에세이 영작 워크숍을 하는 것이다. 신입생 오리엔테이션 때부터 제일 먼저 가르치는 것이 표절이고 (Plagiarism) 그 심각성에 대해서이다. 호주대학에서 엄격히 규제하고 있고 심각한 사안(Academic misconduct)으로 만약 표절이 적발될 경우 벌금뿐만 아니라 심지어 퇴학까지 당할 수 있다. 대부분의 학생들은 호주대학의 이런 엄격한 규칙을 모르고 문화적 차이로 표절을 저지르는 경우가 많다. 매학기 이 표절에 걸려 나를 찾아오는 학생들이 있다. 대개 20% 이하 인용하면 괜찮으나 그 이상 되면 교수들이 강력하게 지적한다.

남편이 뉴사우스웨일스대학에 전산학과 석사로 공부할 때 처음 낸 숙제를 빵점을 받았다. 남편은 서울대를 나오고 카이스트 석사를 마쳤다. 검토해보니 영점 받은 것도 관대히 봐준 것이었다. 다른 사람의 그림을 그대로 베끼고 풀로 붙인 흔적까지 보였으니 서양교수가 볼 때 얼마나 한심했을까? 또 하나 자랑은 절대 아니지만 작은딸은 대학입학시험(HSC)에서 영어 과목에서 최고 점수를 받았고 뉴사우스웨일스 법대 다닐 때 대부분의 과목을 최고학점인 HD(High Distinction)를 받았다. 법대교수들이 딸의 글을 읽으면 전율이 느껴질 정도라고 극찬을 받은 학생이었다. 그런데 딱 한 과목을 파스(P)를 받았길래 궁금해 물었다. 그랬더니 딱 한 문장 인용한 것에 출처를 밝히지 않아서라고 보여주었다. 그만큼 외국에서는 쓰기에 인용을 중요시하고 있으며 'Turnitin'이라는 소프트웨어를 사용하여 철저히 표절을 검정한다.

이번에 문재인 정부의 5대 적폐 중의 하나가 논문표절이었는데 대부분의 장관후보들의 청문회에서 제일 많이 걸린 게 바로 논문표절이었다. 다른 장관들은 차치하고 내가 교육에 관심이 많으니 김상곤 사회부총리 겸 교육부 장관의 후보만 세 가지 측면에서 보자.

첫째, 이분은 소위 사회개혁가로서 주한미군철수, 한미동맹파기, 국가보안법폐지 등을 주장해왔다. 그리고 세월호 배지를 아직도 달고 청문회에 나오며 모순적인 자본의 족쇄를 척결해야 한다며 반미제 민족해방 사회주의적 사상혁명을 주장해온 분이다. 어떤 사상을 가지냐는 자유지만 교육부장관으로는 너무 좌편향적인 이념 고수는 위험하고 더욱이 청문회 기간에는 갑자기 자유민주주의 체제를 지지한다고 비일관적인 태도를 보였다.

둘째, 교육자적 관점에서 보자. 경기교육감으로 있으면서 무상급식, 혁신학교 등으로 보편적 교육복지 공교육 정착화를 이루었다는 업적도 있다. 그러나 지금 사회주의국가로 망한 베네주엘라식 교육을 도입하려고 한다. 그리고 경기교육감 시절 비서실장의 뇌물 사건을 공조했다는 혐의도 있다. 신현철 전 보성고등학교 교장선생님에 의하면 경기교육감 시절 120억원의 교육체제지원금을 무상급식에 학부모 모르게 잘못 유용하였다는 것이다. 그리고 외고 자사고를 폐지한다 해놓고 김상곤 본인 자식들 모두 강남 8학군에 다닌다고 한다. 서울대에서 경영학 석사학위를 규정에 맞지 않게 취득한 것뿐만 아니라 표절도 했다. 석사논문 747페이지 중 220문장이 그대로 남의 것을 도용하여 40%가 똑같다고 한다. 박사학위도 논문표절에 걸렸다. 검증센터는 그의 박사학위가 일본 문헌 5개뿐 아니라 국내 문헌 5개를 짜집기 해 80여 군데를 표절했다고 주장했다. 더욱이 한신대 교수 시절 석·박사학위 포함 단 세 편의 논문만 발표했다는 의혹이 있다.

셋째, 윤리적 도덕적 자질이다. 29일 국회 인사청문회에서 이런 표절 의혹에 대해 "부끄러워할 일이 없다"라고 하며 "당시 관행이었고 문제가 없다"고 언성을 높였다. 그러나 김 후보자의 이런 반박이 모순임을 드러냈다. 2006년 김병준 전 부총리 후보를 검증할 때 바로 김상곤 후보가 논문 표절로 몰아 그분을 낙마시킨 사실이었다.

김상곤 표절시비를 보며 더 충격적인 것은 우리나라의 최고 명문에서 이 정도의 표절을 그리 심각하게 여기지 않는다는 사실이다. 서울대 위원회에 정식 검증을 요청한 결과 서울대는 "김 후보자 박사 논문에서 정확한 출처표시 없이 사용한 사실을 인정할 수 있다." 하면서도 "1992년 경영학 박사논문 작성시절 관례를 고려하면 연구부정행위로 보기 어려운 수준이며 연구부적절 행위에 해당한다."고 통보했다. 이런 사태를 보면서 표절만 해도 얼마나 우리나라가 서양과 그 기준이 다른가를 알 수 있다.

표절은 서양에서는 교육적 지적 사기행위(Cheating)로 간주하는 심각한 학문적 도둑질이다. 물론 사회학적 관점의 쓰기에서는 표절과 아카데믹 영작에서는 항상 경계가 모호하다. 그러나 표절이 최고 학부인 서울대에서도 관행으로 무마될 정도로 교육계에 팽배해있으면 왜 애초 오대적폐 중의 하나로 넣고 깨끗한 사회를 이루겠다고 호언했으며 또 문정부는 왜 표절투성이인 사람들을 특히 교육부 장관 후보로 내세우나? 그리고 청문회를 하는 사람도 당하는 사람도 미래에 어떻게 이런 문제의 재발을 막고 고치겠다는 겸손을 보이지 않는가? 더욱이 표절문제 뿐만 아니라 이념적으로 편향된 사상과 교육적 그리고 윤리적으로 결함이 있는 이런 분을 야당의 반대에도 불구하고 그냥 통과시킨 현실에 좌우파를 떠나 객관적으로 한국민으로서 대단히 실망감이 드는 것은 나 혼자만의 생각일까?

4-2 조민의 논문발표 사태에 대해

　지금 한국에 조국 민정수석대표를 법무부장관으로 임명하는 과정에서 불거진 조국가족의 편법과 부정의혹이 온 나라를 들끓게 하고 있다. 특히 조국의 딸 조민이 고등학교 2학년 때 2주간 인턴으로 실습한 후 영어로 대한의학협회 학술지 제일저자로 그녀의 논문이 등재된 것에 많은 논란이 있다. 본인은 여러 국제학술지의 심사위원이자 호주대학 박사학위 심사위원을 한 적도 있다. 그래서 나의 이런 학문적 경험과 호주에서의 학문풍토를 감안하여 아직도 사태의 심각성을 모르는 사람들에게 이번 조국과 조민사태에 대해 객관적 팩트를 기준으로 분석해 보고자 한다.

　Ⅰ. 조민 사태
　- 먼저 인턴십과 일경험에 대한 혼동
　만약 이것이 사실이면 조민은 기네스북에 오를 정도의 독창적 의학자이다. 호주는 고등학교 일학년(Year10) 때 2주간 일경험(Work experience)을 본인들이 접촉한 기관에서 한다. 우리 딸들도 법기관과 약국에서 2주 일한 적이 있다. 일한 후 해당기관은 간단한 참고서를 학교에 제출한다. 이런 일경험은 대학입시에 과외활동으로 참작은 되나 이것이 대학을 통과하는 절대적인 것은 아니다. 인턴십은 대학 중이나 주로 대학 마칠 때쯤 한다.

　- 에세이와 학술논문에 대한 혼동
　6페이지 논문을 영어로 초록이 있는 의학학술지에 발표했다. 이것은 실험리포트로 고등학생이 쓴 단순한 에세이와 전혀 다른 장르이다. 이재정 경기도교육감은 에세이와 저널 페이퍼도 구분 못하는 사람인지 궁금하다.

- 연구기간에 대한 혼동

보통 저널 페이퍼에 논문은 연구석사 이상의 학생들이 낸다. 주로 한 학기 이상 연구를 한 후 지도교수의 지도하에 주로 내기도 한다. 그러나 학회에 발표하는 것이 대부분이고 이것이 인정된 학술지에 실리는 것은 또 다른 문제이다. 저널지에 따라 다르나 2-3명의 심판관의 엄청나게 까다로운 심사결과를 거쳐야 한다. 박사학위 논문통과보다 훨씬 까다롭다. 일급 저널지는 바로 허락되는 경우는 거의 드물고 논문 내고 발표까지 4년이 걸린 것도 있다. 이주 정도 일한 일경험으로 논문의 제일저자가 된다는 것은 도저히 있을 수 없는 일이다. 호주 박사학생의 경우 두 가지가 있다. 세 편의 논문을 박사학위 동안 내면 그것으로 박사학위논문으로 인정받게 된다. 두 번째는 학위한 후 주로 논문을 내는 경우이다. 나의 경우 학위 후 십년간 일하면서 일 년에 한편씩 낸 셈이다. 이것도 주위 동료들이 엄청 생산적이라고 했다. 왜냐하면 주로 학위 후 한두 편 논문을 내고 마는 것이 대부분의 박사들의 현실이다.

- 연구참여 시기에 대한 혼동

대개 의학논문의 경우 주로 연구실험을 마쳐야만 논문이 나오게 된다. 주로 밤새워 일년 이상 걸려 실험 후 학회나 또는 저널에 페이퍼를 발표한다. 이 연구의 경우 한국연구재단에서 연구기금을 받고 2002-2004년에 피실험자 선택을 했고 혈액채취도 끝나 2007년 6월 30일에 연구가 종료되었다. 그 뒤 조민이 그 해 7월 23일에서 8월 3일까지 한 열흘 개인인턴(?)을 했다고 한다. 그리고 2008년 12월에 단국대 의대 연구소 논문으로 등재되었다 한다. 어떻게 실험에 참석하지 않은 사람을 제일저자로 올릴 수 있는가? 위의 사실로 조국과 조민은 거짓말을 한 것이고 조민은 절대 연구자가 될 수 없다.

- 제일저자와 부저자의 혼동

조국과 조민은 의학전문용어로 가득한 논문을 영어로 본인이 썼다고 했다. 그런데 지도교수인 단국대 장영표 교수는 조국의 딸이 '영어로 번역을 많이 도와주고 외국으로 대학에 가야한다 해서 제일저자로 올려주었다'고 말하며 '지나쳤지만 부끄럽지 않다'고 했다. 제일저자는 연구를 제일 주로 이끄는 사람이다. 조민이 모든 연구를 다했다 해도 지도교수가 제일저자로 올라가고 석박사 학생들이 부연구자로 등재되는 것이 관례이다. 조민은 공저자로도 이름이 올라갈 수가 없다. 이것은 연구윤리에 명백히 위배되는 사항이다. 지도교수도 그렇지만 다른 부저자들은 왜 침묵하고 있었는지 참 이해할 수 없다.

- 단국대 당국의 혼동

더욱이 조민의 연구결과로 박사로 등록되었고 소속도 단국대 의학연구소 이름으로 등재되었다. 이것은 명백히 윤리위반이고 대가성 뇌물이다. 조국은 인터뷰에서 장학금과 논문등재사건에 대해 '가족이 요구하지 않았고 불법도 없었다'고 했다. 이 말을 받아들인다고 하면 조국이 거짓말을 했는지 아님 조국이 압력을 넣지 않았는데 단국대 당사자들이 미리 알아 특별대우를 했는지 이 사건에 관련된 단국대 인사들을 모두 밝혀 책임을 물어야 한다.

- 피연구자를 다루는 윤리에 대한 혼동

연구해본 사람은 알겠지만 피실험자인 91명 신생아의 혈액 채취를 연구자 마음대로 절대 할 수 없다. 반드시 제일저자가 병원 당국자와 부모의 허가를 얻어야 한다. 만약 허가 없이 신생아를 이용하여 연구를 발표했다면 이는 반드시 연구윤리에 위배된다. 이런 윤리고려(Ethical Consideration)는 내가 가르치는 학생들에게 늘 강조하는 부분이다. 제일저자 조민이 책임지든 아니면 단국대 임상시험 심사위원회와 대한 의사협회 관련 당사자들 모두 문책하고 책임져야 할 것이다.

- 고등학생의 일경험과 무시험으로 대학진학에의 혼동

전술했듯이 호주는 교과 외 활동을 강조하나 그것이 장학금을 주는 학생들에게 참고는 할지언정 무전형 입학이나 또는 입학에 전적으로 영향을 주지 않는다. 표창원 의원이 대학입시제도가 잘못되었다 하고 조국은 가짜뉴스라고 항변한다. 만약 가짜뉴스라면 고려대, 부산대, 서울대 해당 관계자들은 모두 책임져야 한다.

15가지 이상 되는 조국가족의 의혹 중에 딸의 논문문제만 살펴봤지만 이 문제에 관련된 조국뿐만 아니라 정치지도부들의 쉴트 치며 빠져나가려는 태도가 더욱 경악하게 한다.

Ⅱ. 조국사태

법무장관 으로 조국의 표절도 심각하다. 표절을 바로 잡아내며 20% 이상이 표절한 증거가 있으면 보고해야 한다. 표절엔 주로 3C(Copy, Cobbling, Collusion)가 있다. 특히 조국의 경우는 단순한 카피가 아닌 몽땅 번역하여 베끼는 Cobbling에 들어가며 아주 심각한 의도적 표절(Advertent or Intentional)로 분류되어 그 결과는 심각하다. 이 표절된 논문과 역사학분야 1편뿐이었던 논문으로 울산대 전강으로 임용되었다. 이런 학문적 비리 의혹은 도덕적 윤리적 옳고 그름의 판단이다. 물론 상황을 감안하는 상대적 실용윤리(Utilitarian) 또는 원칙에 충실하는 칸트윤리(Kant ethics/Deontology)를 들이대냐는 차이만 있을 뿐이다. 그런데 우리사회는 탄핵 이후 더욱 어떤 이슈이든 이 분화된 좌우 색깔론이나 좌우 진영논리를 들이댄다. 검찰총장에게 엿을 보내거나 조국에게 꽃을 보내는 행위 그리고 정부관계자나 친문세력 지도자들이 조국을 비호하는 발언은 거의 언어폭력에 가까워 경악할 지경이다. 도덕적 윤리를 따지기보다 오히려 이 문제를 권력투쟁으로 인식하는 것 같다.

　호주에서 의대 석사를 하고 의대 마지막 졸업 해에 한국 서울대에서 인턴십을 3개월 한 후 현재 시드니에서 의사로 일하는 나의 큰딸은 이 사태를 보고 한국사람은 미쳤다고 한다. 이 문제는 좌우 진영논리로 볼 문제가 아니다. 이미 명백히 밝혀진 팩트에 대한 조국의 위선과 가식, 거짓이 드러났고 단순히 조국의 법무부장관후보, 서울대 교수 사퇴로 해결될 문제가 아니다. 이 문제는 소위 강남좌파들에 의해 저질러지는 전반적 부정이고 이를 파헤치기 위해 특검으로 관련된 모든 사람들을 조사해야 할 것이다. 그래야 그들이 외친 기회는 균등하고 과정은 공정하고 결과는 정의로운 진짜 사회를 구현할 수 있을 것이기 때문이다.

　조국 게이트는 강남좌파와 586 엘리트가 오랫동안 민주와 정의로 가장한 위선과 욕망의 민낯을 드러낸 사건이다. 박성민 정치컨설턴트가 말했듯이 '통찰은 부족하고 성찰도 없이 현찰을 좇아 사는 생활방식'을 드러낸 것이다. 비극은 정부, 여론 주도층 그리고 국민전체가 이미 이 기준자체가 흔들려 무엇이 옳고 그른지 그리고 어떤 기준이 우선인지 혼동될 정도로 진작 사태의 본질을 간과하고 곁가지로 두들기며 서로 좌우 진영 싸움으로 몰고 가는데 있다. 그렇지 않다면 조국은 이미 스스로 사임하거나 아님 문정부가 임명 철회해야 함이 도덕윤리적, 이념적, 법적으로 마땅하지 않는가? '모든 국민은 자신들의 수준에 맞는 정부'를 가진다는 프랑스 외교관 알렉시스 드 토크빌의 주장에 한국국민은 이제 칼레시민의 노블레스 오블리주를 실천할 시점이라 생각한다.

4-3 김상곤 교육부장관 자격 있나?

　야당의 극렬한 반대에도 불구하고 문재인정부는 청문회 하루 뒤에 전격적으로 전 경기도교육감 김상곤을 사회부총리겸 교육부장관으로 임명했다. 물론 김 후보자는 교수로서 또 두 차례 경기도 교육감으로 교육정책의 전문성과 추진력을 갖추었다는 긍정적 평가도 있다. 그러나 본인도 평생을 교육에 종사한 사람이고 교육에 관심이 많으니 여러 청문회나 방송에서 보도한 사실에 근거로 이 임명이 왜 문제가 되는지 네 가지 측면에서 살펴보고자 보자.

첫째, 이분은 이념적 편향이 지나치며 사상이 일관적이지 않다. 지난 30년을 사회개혁가로서 활동하며 민중민주주의와 사회주의의 실현을 주장해왔다. 주로 전국교수노동조합위원장, 전태일을 따르는 사이버노동대학 총장으로 재직하며 사회주의적 이행이 아니면 백약이 무효일지 등을 주장해왔다. 그리고 그의 이념은 바로 주한미군철수, 한미동맹파기, 국가보안법폐지 등에서 볼 수 있다. 모순의 자본의 족쇄를 척결해야 한다며 반미제 민족해방 사회주의적 사상혁명을 주장해온 분이다. 어떤 사상을 가지냐는 민주국가에서는 자유이고 또 노동자권리옹호를 위한 그런 대학과 기관도 있어야 한다. 그러나 교육부장관만큼은 이념에서 객관적이어야 한다고 생각한다. 왜냐하면 장관의 편향이 자라는 세대들에게 많은 영향을 미치기 때문이다. 더욱이 청문회 기간에 세월호 배지를 달고 나와 갑자기 자유민주주의 체제를 지지한다고 비일관적 태도를 보였다. 자신이 교육자로 어떤 이념이 있으면 당당히 왜 그런 사회주의적 그리고 공산주의와 가까운 철학을 갖게 되었고 그것이 어떻게 현재우리교육에 필요한지 당당하게 밝혀야 한다. 사상을 전향한 것인지 아니면 임시방편으로 둘러댄 것인지 명백히 밝혀야 할 것이다.

둘째, 교육자적 관점에서 평가해보자. 경기교육감으로 있으면서 무상급식, 혁신학교 등으로 보편적 교육복지 공교육 정착화를 이루었다는 업적도 있다. 그러나 경기교육감시절 비서실장의 뇌물 사건을 공조했다는 혐의도 있다. 신현철 전 보성고등학교 교장선생님에 의하면 경기교육감시절 교육부지원금 360억중 120억의 교육체제지원금을 학교의견의 수렴도 없이 그리고 학부모에게 공지하지도 않고 무상급식에 돌려 유용하였다는 것이다. 그래서 다음해엔 그 돈이 예산에서 삭감되어 경기지역 학생들에게 돌아갈 복지예산이 줄게 되었다. 이것은 자신의 이념을 실현하고 자신의 치적을 올리기 위해서 비민주적으로 교육행정을 하여 결국 교육적 도움을 뺏은 증거이다. 또 교육감 재직시 업무추진비 과다 사용으로 빈축을 산 일도 있다. 사회주의체제로 다 망해가는 베네주엘라식 교육을 도입하는 등 한국학교 현장을 도외시한다는 지적이 있다. 이런 비효율적 교육행정 역사로 과연 교육수장이 될 자질이 있을까 의문이 드는 것이다.

셋째, 학자로서의 자격을 보자. 논문 표절과 논문중복과 연구부실 의혹이 있다. 서울대에서 경영학 석사학위를 규정에 맞지 않게 취득한 것뿐만 아니라 표절도 했다. 석사논문 747페이지 중 220 문장이 그대로 남의 것을 도용하여 40%가 똑같다고 한다. 박사학위도 논문표절에 걸렸다. 검증센터는 그의 박사학위가 일본 문헌 5개뿐 아니라 국내 문헌 5개를 짜깁기 해 80여군데를 표절했다고 주장했다. 한국학술진흥재단 중복 게재의혹도 있다. 더욱이 30년 교수시절 석박사학위 포함 단 세편의 논문만 발표했다는 의혹이 있다. 나는 10년간 박사학위논문을 바탕으로 유명 영국, 미국 저널에 발표한 논문만도 열 편이 넘는다. 그런데 김상곤은 학위 빼고 논문 하나만 발표한 셈이니 교수로서 어떻게 살아남았는지 궁금하다.

넷째, 무엇보다 그의 윤리적 도덕적 자질이다. 김상곤 교육부장관은 이중적인 면이 있어 보인다. 29일 국회 인사청문회에서 이런 표절 의혹에 대해 "부끄러워할 일이 없다"라고 하며 "당시 관행이었고 문제가 없다"고 언성을 높였다. 그러나 김 후보자의 이런 반박이 모순임을 드러냈다. 2006년 김병준 전 부총리 후보를 검증할 때 바로 김상곤 후보자가 논문 표절로 몰아 그분을 낙마시킨 사실이었다. 그리고 외고 자사고를 폐지한다 해놓고 김상곤 본인자식들 모두 강남 8학군에 다닌다고 한다. 교육자는 무엇보다 청렴해야 하고 한다. 표절은 지적사기(Academic Misconduct or Cheating)이다. 교육부장관만큼은 표절의 혹이 없어야 한다.

왜 문정부는 이념적으로 편향된 사상과, 교육적 그리고 윤리적으로 결함이 있는 이런 분을 야당의 반대에도 불구하고 그냥 통과 시키나? 그러려면 왜 청문회를 여는가? 하는 생각이 든다. 또 표절이 최고학부인 서울대에서도 관행으로 무마될 정도로 교육계에 팽배해 있으면 문정부는 왜 표절을 오대적폐로 애초 넣었나? 넣었으면 왜 그 법을 지키지 않는가? 더욱이 결함투성이인 사람들을 특히 교육부 장관후보로 내세우나? 그리고 청문회를 하는 사람도 당하는 사람도 미래에 어떻게 이런 문제의 재발을 막고 고치겠다는 겸손을 보이지 않는가? 이런 현실에 좌우파를 떠나 객관적으로 한국민으로서 대단히 실망감이 드는 것은 나 혼자만의 생각일까? 지금이라도 문정부는 사상적, 교육자적, 학자적, 도덕적 결함이 있는 김상곤 교육부장관 임명을 객관적 입장에서 철회해주길 바란다.

4-4 한국은 어느 국가를 멘토로 삼을 것인가?

컴퓨터 발달의 영향이 교육에도 미쳐 소위 호주대학에서는 E Learning, Blended Learning, Cloud Learning이라는 온라인 수업이 유행한다. 그래서 교수와 학생간의 직접강의를 많이 줄이고 학생 스스로 Moodle, Interact 등으로 집에서 공부하도록 바뀌고 있다.

 10년 가르치던 학교를 떠나 새로 옮긴 대학에서도 반 이상의 학생들에게 결국 페일을 줄 수밖에 없었다. 본토 호주학생들은 대부분 좋은 점수로 통과했으나 주로 다른 나라에서 온 유학생들이 대부분 낙제되었다. 물론 유학생들이 언어장벽으로 좋은 점수 못 받는 영향도 있지만 더 큰 이유는 아르바이트로 생활비를 벌어야 해서인지 결석률이 높아서이다. 학생들의 수업참석과 학업성공률이 직접관련이 있다는 것은 교육 윗선에서 이미 알려진 정설이라 이전 학교에서도 늘 학생들에게 수업참여나 또는 내가 하는 영작강의에 들어갈 것을 권장했다. 이 학교에서도 참 놀라운 현상은 역시 수업에 열심히 참석하여 얼굴을 내민 학생들이 좋은 점수를 받고 학교에 나타나지 않은 학생들은 점수가 낮거나 낙제점수를 받은 현상이 더욱 뚜렷하다는 것이다.

 다시 말해 튜토리얼 클라스에 참석하여 케이스 스타디 리포트에서 멘토 격인 나의 지도를 받아 잘 적용한 학생은 역시 놀랄 정도로 쓰기가 늘어 최고점수를 받았다. 그러나 낮은 점수를 받거나 실패한 학생 대부분 학교를 오지 않아 나의 지도를 받을 기회를 놓치고 학생마음대로 리포터를 작성하다 보니 호주라는 서양사회에서 통용되는 리포트 구조를 잘 몰라 좋은 점수를 받지 못하는 당연한 결과였다.

 성공한 사람들의 공통점중의 하나가 멘토(Mentor)를 잘 선택하여 이용하는 것이다. 어느 분야든 멘토가 있고 멘토는 바로 오랜 경험과 경륜으로 신뢰할 수 있는 어드바이즈나 지식을 전달할 수 있는 전문가이다. 그래서 자기분야에서 멘토를 잘 찾느냐 아니냐에 거의 인생의 성패가 달려있다. 멘토를 믿고 따른다는 것은 바로 자신의 목표를 달성하는 지름길이고 험난한 비바람 속에 갈고 닦은 남의 업적을 인정하는 현명하고 겸손한 고개 숙임(Surrendering)을 통해 본인도 그렇게 될 수 있는 원리를 안다는 것이다. 즉 훌륭한 수제자 영어로 프로토제이(Protégé)가 되는 것이다.

이런 멘토와 프로토제이의 원리는 엄중한 국제 질서에도 적용된다. 문재인 소위 남한 대통령이 국제사회에서 취하는 방향과 행동을 보면 이런 멘토의 기본원리도 모르는 것 같아 참 안타깝다. 문재인에게서 멘토는 김정은 나아가 시진핑인 것 같다. 모국대통령의 이런 미련한 멘토정책으로 불행히도 본인과 김정은 중국 생명줄도 오히려 더 재촉하는 것 같다. 교황을 불러 들여 김정은이와 본인의 자유를 유보한 가짜 평화쇼를 하는 모습이 참으로 측은하다. 이런 식의 평화는 적화통일의 지름길이고 반자유적이고 평화의 반대는 전쟁이 아니라 공산화라는 것을 왜 모르는가? 국제질서에서 평화를 어떻게 유지하느냐는 기본원리도 모르는 것 같다.

국제역학상 미국을 좋아서가 아니라 미국은 패권국이고 그래도 자유민주주의를 신봉한다. 우리에게 도움을 주었지 정치적으로 괴롭히지(Political bully) 않고 오히려 수만 명 고귀한 젊은 피를 한국산하에 뿌리지 않았는가? 그 대신 우리나라 주변에 붙은 중국과 소련 일본은 끊임없이 우리나라를 괴롭혔다. 금수강산에 수많은 우리백성의 피와 처자들의 능욕이 들판에 가득차게 하지 않았는가? 일본은 원자폭탄 이후 납작 고개 숙여 미국을 멘토로 받아들여 잘하고 있다. 역사상 미국패권국가에 도전한 독재자 반자유 세력이 살아남거나 잘된 경우가 있는가 보라.

물론 미국도 세정치 계파가 엄청난 내전을 치루고 있다. 바이든 힐러리 오바마 주도 좌파, 네오콘이라는 부시계의 공화당 (RINO Republicans In Name Only), 내셔럴리즘적 주권 미국국민들의 이권을 대변하는 트럼프 주도 MAGA (Make America Great Again)팀 들이다. 국제환경이 바뀌어 소련붕괴후 채택한 닉슨독트린으로 중국공산당 CCP(Chinese Communist Party)은 이제 전세계에 선거 여자 돈으로 침투하여 중국몽을 이룰려 해왔다. 여기에 글로벌 기득권 딥스세력이 좌우 갈등을 부추키며 자신들의 이득을 챙겨오고있다. 따라서 우리의 주적이 누구인가를 파악하는 것이 정말 중요하다. 불법탄핵, 부정선거, 코로나 사태를 이용한 백신주입 등을 일으킨 세력이 주적이고 같은 세력이다.

국제질서원리의 기본도 모르는 주사파들이 올라타 이념갈등을 부추키며 정치를 하다보니 우리정치가 꺼꾸로 가는 것이다. 문재인 김정은이의 오두방정 가짜 평화쇼로 오히려 북한주민의 노예상태만 연장하게 해주고 개명천지 21세기에 철 지난 마르크스 레닌 스탈린 김일성 모택동 등 수천만 동족을 무참히 죽인 공산 살인자들을 다시 멘토로 삼는 자를 모국의 대통령으로 모신다면 국민의 수준 문제가 아니겠는가? 아직도 모국은 김일성과 이승만의 싸움이 지속되고 있다. 즉 자유민주체제 옹호 세력과 체제전복세력과의 소리없는 전쟁이 일어나고 있다. 더 상세히 말해서 트럼프쪽 공화당과 손잡고 이쪽을 를 멘토로 삼아야지 글로벌 기득세력들과 공산체제를 따라 종교 집회자유도 허락지 않는 반민주적 전체주의적 집단 중국 북한 소련을 주군으로 섬기려고 하는 것 같아 무척 안타깝다.

혹자는 절대 한국이 그렇게 될 리가 없다고 한다. 한국경제가 월등하여서, 한국국민이 똑똑해서 공산화되는 걸 묵과하지 않는다고 한다. 정말 그럴까? 해외동포들 눈에는 이미 주사파들의 예기된 기대(Anticipated expectations)에 거의 70% 이상 실현된 것으로 보인다. 아직도 이 주적들의 대변인 역할을 하는 주사파 실체와 북한의 정체를 모르는 한국인들은 정말 뜨거운 맛을 보게 될 것 같다. 이제라도 정신차려 'Back to basic'으로 돌아가 미국, 영국, 뉴질랜드, 호주 등 국민 주권과 인권을 중요시 하는 자유민주체제 국가들을 멘토로 삼고 함께 국제사회에서 다시 당당히 선진대한민국이 되도록 해외동포들이 마지막으로 간절히 기원해본다.

4-5 집단체조와 집단최면

어디선가 성난 호랑이 포효하듯 달려와서 탁 내려치는 주먹에 내 볼기는 얼얼하다 못해 그 자리서 벌겋게 퉁퉁 붓기 시작했다. 나는 아픔의 고통보다 몇 백 명 되는 전체 학생들 앞에서 담임선생님에게 맞았다는 사실이 더 부끄러워 땅속으로 꺼지고 싶은 창피함에 털썩 주저앉았다.

초봄에 쑥스런 듯 봉오리를 화려하게 피우던 예쁜 튤립이 갑자기 목이 꺾이듯 사춘기 때 당했던 첫 폭력은 무수한 세월이 흘러도 상처로 남아 아무래도 좋은 기억으로 남겨지지 않은 채 저녁놀 그림자처럼 내 인생의 강의 언저리에 수시로 어른거렸다. 그때 죄목은 집단체조 즉 사열에 반장으로서 모범을 보이지 않고 참석하지 않았다는 것이었다.

북한정권 70주년을 맞아 9월 9일 평양 5.1경기장에서 열린 10만 명이 벌인 대집단 체조를 본 사람이 많을 것이다. 학교에서 근무하다 우연히 호주에서 뉴스로 접한 대규모 군무와 카드섹션은 한치의 오차도 없이 마치 기계가 돌아가듯 보는 이의 입을 저절로 벌어지게 하였다. 1947년 김일성 지시로 체제 선전을 위해 첫선을 보인 이후 2013년까지 외화벌이 몫을 단단히 했다. 북한만이 가지는 문화로 정착한 셈이었다. 2014년 김정은은 인권유린 아동학대라는 논란 때문인지 이 공연을 중단한 후 이번에 방북한 특별 수행단 팀에게 보여주기 위해 5년 만에 다시 재개한 것이다. "이 감격을 뭐라 말할 수 없습니다. 김위원장과 북녘동포들이 어떤 나라를 만들어 나가는지 가슴 뜨겁게 보았습니다." 자칭 '남쪽대통령'의 공연소감이다.

  담임으로부터 대표로 찍혀 본보기용으로 전교학생들 앞에서 무차별 구타를 당한 나쁜 경험에서가 아니어도 난 어쩐지 군대가 아닌 장소에서 벌이는 집단체조는 누군가와 상관없이 관제 예술로서 집단최면을 조장하는 듯 보인다. 주최 측도 관람 측도 모두 최면에 걸려든다. 더욱이 북한의 '아리랑' 공연 같은 파시즘적 전제 군무는 최면의 목적이 사람 등을 즐겁게 하는 이상의 목적이 뚜렷하기에 어쩐지 기괴하고 이상한 느낌을 받은 지 오래다. 10만 명이 완벽한 프레이드를 보이려면 2억 시간이 들어갈 정도로 혹독하게 연습을 하고 심지어 화장실도 못가고 물 한 모금 제대로 마시지 못하고 학교시간을 빼앗기고 연습했다는 어느 탈북자의 증언은 나의 고등학교 시절을 생각해도 충분히 사실일 거라 생각한다. 나라면 그 공연보기를 거부했을 것같다. 아무리 북한에 대한 동경이 있어도 감사하지만 나는 소화하기 힘들다고 손사래 쳤을 것 같다.

  호주에 오래 살아서 나만 그런 느낌을 받는 것일까? 내가 잘못 생각하는 것일까? 의문해본다. 30년도 전에 우리나라 학교에서의 국민체조도 돌이켜보면서 어쩐지 이상하게 느껴지는데 이번에 본 북한 어린이의 집단체조에 나는 현기증마저 났다. '개인신체와 정신훈련을 통해 수령님께 보여드릴 기대에 몸과 마음이 부들부들 떨린다'는 증언을 들을 때는 내 동족이라도 땡볕 사열연습하다 픽 쓰러질 듯 집단선동으로 들린다.

  호주학교에서 하던 아침기도마저 폐지한 지 오래고 또 크리스마스 노래마저 방송에서 금지한 지 오래다. 한 집단의 이익보다 개개인의 자유를 존중해주는, 선악 기준마저 혼동시킬 정도로 전체주의를 견제하고 싫어하는 호주사회에 너무 오래 살아서인가? 물론 호주 미국 등이 지향하는 지나친 PC(Political Correctness) 문화와 정체 정치

(Identity Politics)의 팽배가 오히려 서양의 전통 건국가치를 해칠 정도로 팬들람이 지나치게 좌쪽으로 기울어져 보수회귀운동이 브래시트 트럼피즘 등으로 나타나는 것은 반가운 현상이라 본다.

고등학교 때 줄 맞추어 국민체조하고 체력장 하던 것, 교복 착용 등 이런 유익한 일들도 '산업화를 위한 신체개조작업', '개인육체에 국가 통제의 변형된 파시즘' 또는 '일제의 유산'이라는 비판으로 사라졌다. 자유가 지나쳐 보이는 호주에서는 오히려 모든 학교학생들은 교복을 착용하고 가장 모범적으로 운전하는 남편이 운전면허를 중지 당할 정도로 교통법규나 위반에 철저하다. 정말 인간이 먼저다라는 인본주의가 무엇일까 다시 생각해본다. 개인의 자유존중과 공동의 이익은 늘 상충할 때가 있다. 이 둘을 잘 조화해야 에릭 프롬이 말한 '건전한 사회'가 된다. 가장 현명하다고 자부했던 독일인들이 히틀러라는 지도자의 집단체면에 걸려 방관자로 있으며 파시즘에 동조했듯이 이런 집단체조를 보며 환호하고 찬사를 보내는 사람들을 보면 집단 파시즘의 최면에 걸린 방관자의 유령이 다시 살아온 느낌이다.

나는 뉴스로 집단체조를 함께 보다 옆에 있던 호주동료의 눈치를 살폈다. 애써 대화를 회피했다. 다행히 호주동료들은 겉으로 애써 부정적인 평가는 건네지 않는 예의를 보인다. 나는 황급히 가방을 쌌다. 다른 날보다 조금 일찍 퇴근했다. 집단최면에서 나만이라도 빠져나와 마그다와 궤벨스의 비참한 죽음의 그림자를 벗어나고 싶어서였다.
하이드팍 공원은 여전히 싱그러웠다. 120개국 이상의 인종들이 각자의 모습으로 거리에 쏟아져 나오기 시작했다. 고등학교 때 집단체조거부로 당했던 상처가 스멀스멀 올라와 들뜬 도시 분위기가 와닿지 않는다. 더욱이 지구 한구석에서 일어나는 일들과 상관없이 저마다 상기된 얼굴로 무심해 보이는 군중들이 집단지성으로보다 집단방관자로 보여 군중 속의 고독을 더욱 철저히 느낀 하루였다.

4-6 억울합니다

Ⅰ. "수잔 내가 제출했던 에세이를 한번 검토해주세요. 억울해요. 내가 얼마나 열심히 공부하여 숙제를 내었는데 패일(Fail)을 받았어요. 정말 내가 패일을 받을 만큼 형편없는 글을 썼는지 한번 봐주세요."

그 여학생의 눈에서는 눈물이 줄줄 흐르고 있었다. 터키에서 왔다는 그 여학생은 눈이 무척 큰 예쁜 여학생이었다. 내가 경영학 석사 코스 중의 하나인 경영이론 과목에 들어가 숙제하는 법을 가르치고 나온 직후였다. 그 과목을 가르치는 교수는 호주 본토 남자로 깐깐하기로 소문나고 나름대로 자신의 고집대로 밀고 나가는 성격의 소유자이다. 이 과목을 수강하는 학생의 반 이상이 패일을 받는 과목이었다. 특히 에세이가 논쟁적(Critical)이지 않으면 아무리 문법, 인용, 그리고 구조가 잘되어도 바로 패일을 주는 교수였다. 영어가 제2외국어라는 변명이 통하지 않고 외국에서 와서 일을 하며 학비와 생활비를 벌며 공부도 해야하는 이중부담 같은 것을 감안하지 않는다.

그 여학생에게 '점수를 얼마 받았느냐?' 물으니 45점 만점에서 16점을 받았다고 했다. 에세이를 검토해보니 패일을 받을 만큼 형편없는 글은 아니고 시험 통과 이상에서 크레디트(Credit) 정도는 받을 수 있을 것 같았다. 그녀의 입장에서는 충분히 억울할 소지가 많은 점수였다. 이런 억울하다고 호소하며 나에게 숙제를 다시 검토해달라고 오는 학생들이 많다.

그러나 지금까지 온 학생 중에 재검토를 해서 점수를 다시 올려받은 학생은 내 기억으로는 단 한 명뿐이다. 그 여학생은 소련에서 왔는데 다른 과목에서 늘 디스팅션(D: Distinction)을 받는 학생이었는데 그 과목만 유일하게 파스(Pass)를 받았다. 그 여학생은 쓰기를 잘하고 아주 공부를 잘하는 여학생이었는데 숙제를 보니 여전히 D 받을 수 있는 정도의 수준이었다. 담당교수에게 다시 리뷰를 해달라고 강력히 권고했고 나의 조언에 따라 다시 검토 받은 결과 결국 C+를 받은것이 유일하게 성공한 케이스이다.

학생들이 이렇게 억울하다고 나에게 호소해 올 때 결국 내가 학생들에게 할 수 있는 말은 '억울하면 리뷰신청을 하라. 그러나 명백하게 월등히 잘썼다는 증거가 없는 한 시간과 돈만 낭비다. 차라리 그 시간에 지금 도전을 계기로 삼아 너의 글쓰기 실력을 더 쌓아 다음 숙제 준비를 하는 것이 미래를 봐서 훨씬 이득이다.'라는 것이다. 리뷰 절차도 복잡하거니와 돈도 든다. 유학생으로 몇 백 불 내는 것도 아깝다. 관료는 원래 이런 일들을 어렵게 하도록 만들어 놓고 있다. 이런 선택의 여지를 주면서 그들의 하소연을 열심히 들어주고 공감해주면 대부분 나중엔 마음이 많이 진정되어 긍정적인 태도를 보이게 된다. 내가 영어권에 온 사람이 아니니 그들의 처지를 충분히 이해할 수 있다. 결국은 이 사건을 긍정적으로 받아들이고 자신의 약점을 보완하고 더 성장하고 발전하는 계기로 삼아라'는 평범한 조언이다. 그런 뒤 함께 다음 숙제를 위해 대비하도록 도와준다. 다시 숙제를 낼 기회는 많고 또 그렇다고 자신의 글에 문제가 없는 것은 아니다. 글은 예술작품과 같아 아무리 잘 써도 늘 더 개선되어야할 소지가 있다. 그 당시는 인생이 끝난 것처럼 억울해도 지나고 보면 억울할 일도 아니다.

인생은 원래 억울하다는 걸 어린 학생들에게 얼마나 설득력이 있을까 마는 시험 채점이란 이 작은 사건을 보더라도 인생은 결국 불공평한데 공평해야한다고 생각하는 관점에서 억울한 마음이 든다. 즉 내가 일한만큼 남과 비교하여 보상을 받지못해 억울하다는 것이다. 영어로 It is not fair 이다. 주로 아랫사람이 윗사람에게, 힘 없는 자가 힘 있는 자에게, 여자가 남자에게, 약자가 강자에게 권력이 없는 자가 있는 자에게 주로 갖게되는 감정이다. 억울할 때 언제까지 내 약점을 보완하고 언제부터 억울함을 벗기 위해 싸워야하는 경계는 늘 애매하다.

Ⅱ. 인생은 원래 억울하게 되어 있다는 것을 신약성경 마태복음에 '포도원 일꾼들의 비유'로 부터 잘 알 수 있다. 알고 있는 독자도 있겠지만 간단히 요약해본다.

어떤 포도원 주인이 포도원에서 일할 일꾼을 찾으려고 이른 아침에 장터로 나갔다. 그는 장터에서 일이 없어 어슬렁거리는 사람에게 포도원에서 일을 할 의사를 물었더니 흔쾌히 하루 품삯 $100에 합의했다. 그 후 정오쯤 또다시 일손이 모자라 다시 장터에 서 있는 사람의 품삯을 똑같이 $100에 정하고 포도원으로 데려가 일을 시켰다. 오후 다섯 시 추가 일손의 필요성을 느낀 그는 다시 사람들을 데려다 $100에 계약을 맺고 포도원으로 데려와 일을 시켰다. 날이 저물자 포도원 주인은 일꾼들을 불러 계약에 따라 똑같은 품삯을 지급했다. 그러자 가장 먼저 도착한 일꾼이 불평했다. "왜 끝 무렵에 도착해 한 시간밖에 일하지 않은 저 사람들을 온종일 뙤약볕 밑에서 고생한 우리들과 똑같이 대우하십니까?"라며 따지기 시작했다. 포도원 주인은 그에게 "내가 당신에게 잘못한 것이 무엇이오? 당신은 나와 품삯을 $100로 정하지 않았소? 나는 이 마지막 사람에게도 당신에게 준 만큼의 삯을 주기로 한 것이오. 내 것을 마음대로 처리하는 것이 잘못이란 말이오? 내 후한 처사가 비위에 거슬린단 말이오?"라고 말했다.

성경학적으로는 이를 '하늘나라'로 비유하고 있으며 공덕에 상관없이 너그럽게 은혜를 베푸시는 하느님이라는 것을 비유한다. 또한 '처음된 자'가 나중이 되기도 하고 '나중된 자'가 처음이 될 수도 있다는 것과 부지런히 율법을 배우고 꼬박꼬박 지키는 바라사이와 율사 같은 사람보다 천민들도 공덕과 보상을 받을 수 있다는 점을 동시 시사하고 있다. 즉 하느님의 무한하신 관대함과 정의는 봉사 기간의 길고 짧음을 상관하지 않는다는 것을 함축하고 있다.

이 원리를 대인관계로 적용해 보자.

첫째, 인간사의 모든 불행은 바로 이 비교심리에서 기인한다. 일례로 한 여학생이 다른 학생보다 더 잘 쓴것 같은데 다른 학생이 더 점수를 받는다고 생각한다. 모든 인간의 불행한 마음상태는 바로 타인과 비교하는 가운데 상대적 박탈감이 발생한다. 즉, 마음에서 불공평의 수준을 정해놓고 그 기준점에 도달하지 못한 현실에 대한 불평을 한다.

둘째, 위 이야기에서 역점을 둘 부분은 상대방과 수평적 비교 잣대를 두지 않고 애초에 주인과의 계약에 근거한다면 주인이 불공평하게 대한 것이 아니다. 이를 운명이라 해도 좋고 팔자라 해도 좋고 불교에서 말하는 지은 업보라 여겨도 좋다. 수평으로 개인과의 관계가 아닌 수직의 절대자와의 묵시적 계약이라는 넓은 시각으로 생각하면 하나도 억울할 일이 없다. 세상은 늘 계약대로 움직인다. 일단 계약에 사인을 했으면 아무리 나중에 변경하고자 해도 바꾸기 어렵다. 세상은 그래서 어떻게 보면 냉정한 것이다. 교수라 할지라도 인간적 실수가 반영될 수 있고 주관적 평가가 개입될 수도 있다. 그러나 확실한 근거가 없는 한 재검토 받기는 어렵다.

셋째, 경쟁심리로 빨리 시작해 업적이 쌓이며 투덜거리거나 질투하고 자만의 늪에 빠지기보다 늦게라도 겸손한 태도로 일하고 선행을 베푼 사람이 나중에는 앞서게 된다는 교훈을 주고 있다. 즉, 먼저 된 자가 나중이 되고 나중 된 자가 먼저가 된다는 이치이다.

나는 불공평하다고 투덜거리는 학생들을 지켜보면서 스스로를 돌아보게 된다. 나 역시 "인생은 억울하면 억울한 것이다."라는 사실을 받아들이기까지 오랜 시간이 걸렸다. 한때 직장에서 나보다 한참 뒤 일하게 된 선생들이 더 많은 보상을 받는 현실이 억울하기도 했다. 영어를 제2외국어로 배운 것을 감안하지 않고 원어민과 같은 잣대로 영어 실력을 평가하는 것에도 자주 억울하다는 생각을 한 적이 있다. 특히 여자들은 결혼생활이 불행할 때 그런 생각이 불쑥 들기도 한다. 그러나 그러한 처지가 창조주와 맺은 계약에서부터 비롯된다고 관점을 바꾸니 억울함이 점점 누그러들었다. 잠시 억울하고 분한 마음이 들더라도 금새 즐거운 미소를 되찾을 수 있게 되었다.

그 일 뒤 그 여학생이 연구실에 찾아와 "수잔, 다음 번 숙제에서 훨씬 더 좋은 점수를 받았고 쓰기 실력도 나아진 것 같아요. 그날 정말 감사했습니다."라고 말했다. 한층 밝아진 여학생의 얼굴에 내 마음도 덩달아 밝아졌다. '나도 저 여학생처럼 지존자의 시각에서 얼마나 사소한 일에 불공평함을 느끼고 징징거린 철부지였을까. 세상에 억울한 일은 없는데 내가 억울함을 느꼈던 것이구나'라는 것을 학생들과 대면하며 깨닫는다. '억울하면 출세해라'가 아닌 '억울하면 하늘을 바라보고 웃어요'라고 강조하고 싶다.

4-7 헐버트 정신으로 구국할 때다

얼마 전 석구(Suk Koo) 라는 분이 헐버트(Homer B Hulburt)라는 미국선교사를 소개한 글을 우연히 읽게 되었다. 헐버트는 미국 버몬트 주 대학총장이자 목사였던 아버지와 다트먼스 대학 창립자의 자녀인 어머니 사이에서 태어난 신실한 청교도 후예였다. 그는 구한말 1886년 한국에 도착해서 고종의 특사로 일하면서 교육자, 선교사, 언론인, 독립운동가로 20년을 한국에서 산 사람이다. 1907년 헤이그만국평화회 특사파견 사건 이후 일제의 박해로 미국으로 돌아가서도 1945 광복이 될 때까지 한국의 독립운동에 매진했다. 1949년 이승만 대통령의 초대로 한국에 돌아온 일주일 뒤에 서거하여 그의 소원대로 한국 땅에 묻혔다. 필자는 대한민국호가 공산화로 거의 사라질 절체절명의 위기에서 우리가 유일하게 회생할 수 있는 길은 다음 네 가지 헐버트 정신으로 무장하는 것이라고 강조하고 싶다.

첫째는 인격함양과 원칙을 지키는 것의 중요성이다. 헐버트는 칼빈주의의 엄격한 도덕성, 인간중심 사상, 그리고 기독교 사상의 배경에서 '인격이 승리보다 중요하다'(Character is more fundamental than victory)는 가훈 속에서 자랐다. 지금 극좌파에게 정권을 내어준 원인도 애국자 수가 없어서라기보다 '인품'보다 개인의 이익이 앞선 '승리'를 앞세워 각 애국자들의 구슬을 꿰어 엮는 단합의 부족으로 생긴 문제이다. 주사파는 적어도 품성론을 공부하여 인품이 보수들보다 높아 따뜻하고 약한 자에 대한 배려심이 강하다 보니 국민들이 그들의 미소에 속는 것이다. 또한 그는 '편법은 원칙을 이기지 못한다'(Expediency must always yield to principle)라며 원칙을 지키며 정의의 편에 서는 것을 몸소 보여주었다.

두 번째는 교육의 중요성을 강조했다. 1905년 을사조약으로 우리가 주권을 빼앗기자 헐버트는 한국의 살길은 교육뿐이라며 최초의 한글 교과서를 만들어 한국인에게 교육을 시키는 데 전념하여 나라주권을 찾으라고 호소했다. 그는 육영공원에서 학생들을 가르치고 또 YMCA를 창설하여 초대의장으로 사회계몽에 앞장섰다. 지금은 그 무엇보다 공산주의의 실체에 대한 교육이 필요하다. 즉 다시 반공이라는 기본 (Back to basic movement)운동으로 돌아가 공산주의의 허구와 자유민주주의가치의 중요성을 젊은 세대들에게 교육시켜야 한다.

세 번째로 남 탓보다 각자 책임감을 지는 것이다. 소위 보수우파가 패한 것은 우파가치가 잘못되어서가 아니고 바로 우파가치를 따른 사람들의 행동에 실망하여 사람들이 등돌림으로서 빌미를 주어 탄핵사태가 일어났고 대한민국이 주사파들에게 탈취 당했다고 어떤 면에서 볼 수도 있다. 아무도 탄핵에 자유로울 수 없고 모두가 책임져야 한다는 것에 동의한다. 비박, 친박, 뿐만 아니라 국민개개인 모두 현 사태의 공동책임을 져야 한다. 경제학자 김정호 교수가 주장한 것처럼 현재 한국의 치닫는 공산화는 바로 국가에 모든 책임감을 돌리는 데서 기인한다고 주장한다.

마지막으로 온몸에 사랑을 품고 직접 발로 애국을 실천하는 것이다. 헐버트는 절대로 개인의 영달을 위해서 입으로만 떠드는 애국자가 아니었다. 그는 러일전쟁 직후 극도로 심해진 일본의 박해에 온몸으로 저항했다. 루스벨트를 만나 한국독립을 호소했고, 박해받는 한국인을 위해 일본 통감부를 찾아 항의하고 일본의 문화제 약탈을 고발하기도 하고 고종황제의 내탕금을 찾으러 40년간 동분서주했다고 한다.

즉 우리나라 현 문제를 푸는 단초는 개인 모두가 공산화 실험을 하는 사태의 심각성을 인지하고 남에게 돌리는 비난의 화살을 자신의 가슴 쪽으로 돌려 책임감을 져야한다. 인격과 품성 함량에 신경쓰면서 정의와 원칙에서 물러나지 말고 다시 반공의 기본교육을 한다면 오늘의 한국의 정치적 혼동은 훨씬 빨리 정리될 거라 믿는다. 헐버트는 요란스런 애국보다 내면으로 발산하는 올바른 애국심을 발휘했다. 위의 네 가지 헐버트 정신을 우리 모두 특히 젊은이들이 배워 실천하는 것이 지금 구한말과 같은 위기에 있는 한국을 다시 구할 수 있는 기초를 닦는 일이라 생각해본다.

5장
상담과 심리 전문가로서
소통과 갈등에 대한 관심으로

　나는 학부에선 화학을 전공하다 대학원에선 교육심리학 쪽으로 바꿔 석사학위를 했다. 석사논문으로 상담학을 했는데 그 당시 80년대 가장 최신 이론이었던 의미 요법(Logotheraphy)이었다. 유명한 오스트리아 정신분석학자 Victor Frankl이 만든 이론이었다. 프랭클은 나치 강제 수용소에서 갇혀 죽을 고비를 넘기다 겨우 살아나왔는데 그 수용소 경험에서 살아남는 사람은 인생의 목적과 의미를 발견한 사람들임을 경험하게 된다. 그의 경험을 기초로 상담이론을 개발한 학자였다. 나는 그 뒤 전문학교에서 강의를 하다 결혼 후 호주로 오게 되었다. 상담학을 더 공부하고 싶었지만 영어가 안 되어 영어교육학을 하게 되었고 상담에 대한 미련이 늘 있어 주로 여러 상담학 책을 읽어 왔다. 그러다 한국정치와 관련하면서 정말 우리나라 사람들이 소통에 문제가 있고 이것이 바로 갈등을 유발하는 요인임을 알게 되었다. 특히 내 박사논문이 대인관계 소통(Interpersonal meaning)이었고 그것을 언어학적으로 정립하는 것이라 대인관계 소통에 더욱 관심이 많았다. 2022년 나는 호주에서 다시 상담학을 공부하게 되었다. 이미 박사학위논문 제목이 두 개나 생각났지만 나이가 있어 그만두기로 했다.

　이 장은 호주에 산 경험으로 한국 이민자들의 경우를 들어 쓴 글들이나 모국의 한인들에게도 적용되는 글들을 모은 것이다. 사실 상담과 소통에 관한 나의 전문지식과 이론에 배경한 글은 아직 쓰지도 못했다. 앞으로 시간 되면 이쪽으로 더 전문적인 책을 낼 계획이다.

5-1 감정적으로 행동하면 하수

　어느 공동 카톡방에 A라는 사람이 농담 섞인, 국회의원을 비하하는 글을 퍼와 올린다. 그 글에 못마땅해 하는 B라는 나이 어린 사람이 누군가를 어떤 이유로든 비난하는 내용은 결국 별로 바람직하지 않다는 답글을 올리자 A는 감정이 상해 그 자리서 카톡방을 나가버린다. 또 어느 임원회의에서다. 한 임원이 다른 임원들의 말과 행동에 화가 나 더 이상 같이 일 못하겠다고 회의 중 박차고 나가버린다.
　모두 나름대로 재능도 많고 최고의 학벌과 지식이 있으며 각자 속한 교회나 성당, 절에도 열심히 나가며 인생경륜도 풍부한 사람들이다. 이런 대인관계의 갈등은 어느 나라나 어느 단체에도 있다. 다만 한인들의 예를 든 것이다. 우리나라 사람들은 대체로 인정이 많고 친화력은 높으나 공동체에서 이견이 있을 때 절충하고 감정을 조절하여 협상하는 기술은 낮은 것 같다. 평상시엔 다 좋은 사람들이나 다른 사람이나 사건으로 인해 스트레스가 쌓이고 화가 난 상태로 갈등이 있는 상황을 어떻게 잘 대처하느냐를 보면 그 사람의 진면목을 알게 된다. 크던 작던 어떤 조직에서 사람이 어떻게 행동하느냐를 보면 그 사람의 됨을 읽게 된다.

　우리는 살아가면서 많은 관계를 맺고 그 속에서 행복을 느낀다. 그러나 대개의 경우 자신의 감정적 충동을 억제 못하고 거기에 지배당해 행동한 결과 인간관계에 손상을 입히고 소중한 인연들을 끊게 되고 돌아서는 경우가 많다. 그래서 요즘 감정지수(Emotional Intelligence or Emotional Quotient)라는 말이 사회 지수(Social Intelligence)라는 말과 함께 많이 유행한다.
　감정지수는 자신과 남의 감정을 잘 파악하고 조절하는 능력을 일컫는다(Emotional intelligence is the ability to identify and manage

your own emotions and the emotions of others). 다시 말해 그 지수는 대개 세 가지 측면에서 감정을 기술적으로 다루는 성숙도이다. 첫째, 자신의 감정과 다른 사람의 감정을 파악하는 능력 즉 감정적 깨달음(Emotional awareness)이다. 화가 나면 아 내가 또 화가 났구나라고 자신을 보는 각성이다. 둘째, 자신의 감정을 잘 다스리도록 연마하여(Harness) 어떤 문제가 일어났을 때 해결할 수 있도록 감정의 기술을 적용하는 능력이다. 셋째 자신의 감정을 잘 조절하여 사건에 관련된 다른 사람을 격려하거나 화를 가라앉히게 하는 능력이다(cf The Emotional Revolution: Harnessing the Power of Your Emotions for a More Positive Life: Norman Rosenthal, MD).

감정지수가 높은 사람은 첫째로 감정이 중요하다는 것을 깨달은 사람이고 자신의 감정을 잘 다스리도록 수련하여 어떤 갈등이 일어났을 때 그 기술을 적용하여 자신의 감정표현도 잘하면서 또 남의 감정도 잘 이해하여 관계를 긍정적으로 바꾸게 영향을 주는 능력이다. 한마디로 나는 감정지수를 감정을 잘 경영하는 능력(Emotional management)을 계발하여 자신의 인생을 타인과 더불어 행복하게 사는 방법이라 말하고 싶다.

감정은 좋은 감정, 나쁜 감정 두 가지이다. 문제는 나쁜 감정이 생겼을 때 즉 주로 화를 동반한 감정이 올라왔을 때이다. 우선 미국의 심리학자 웨인 다이어(Wayne Dyer)가 말했듯이 어떤 경우든 화내는 사람은 그것을 정당화 할 수 없다는 전제로 시작해야 한다. 상대나 상황에 화를 내는 사람은 "90%이상 자신의 문제를 투사하는 것이다"(Thubten Chodrn: Working with anger)라는 것을 명심해야한다. 분명히 남이 화나게 하여 화를 낼 정당한 이유가 있어도 내 자신이 화를 내지 않고도 잘 다스릴 수 선택을 할 수 있다는 것을 전제로 한다. 갈등이 일 때 자리를 박차고 나가는 사람은 제일 하수다. 그다음의 하수는 자신이 화가 났다고 그 자리서 상대방을 비난하거나 맞붙는 경우이다. 그렇다고 무조건 화가 난 것을 꾹 참고 침묵하고 있는 사람도 상수는 아니다. 그러면 어떻게 해야 감정경영의 고수가 될까?

나는 성격이 인내심이 많고 이해심이 많아 대인관계가 대체로 좋은 편이라 감정지수가 높은 줄 알았다. 그런 나에게도 우리 아이들은 나의 대화방식이 서툴고 특히 남편을 대할 때는 거의 빵점에 가깝다는 것을 인정하게 되었다. 식구들이니까 더욱 신경을 쓰지 않아 더 그런 것 같다. 더욱이 늦은 나이에 호주직장에서 근 십년 조직생활을 하다 보니 다른 나라 사람에 비해 내가 얼마나 감정에 좌우되어 쉽게 화를 내는 사람인가를 알게 되었다. 감정에 치우쳐 전문적으로 행동하지 못해 손해 본 경우도 많았다. 돌이켜보니 직장상사와 겪었던 갈등도 내가 감정지수가 높았다면 훨씬 지금처럼 편안한 관계를 일찍 유지할 수 있을 텐데 후회가 들기도 한다. 그 뒤 계속 감정지수에 관련된 많은 책을 읽고 상담을 받으면서 내 자신이 참 잘못되었다는 것을 느끼게 되었다.

감정지수는 어떤 사람이 아무리 학벌이 좋아도 절이나 교회에 열심히 다녀도 지도자 입장에 있든 나이가 아무리 많든 상관없이 따로 노력하지 않으면 계발되지 않는 것임을 깨닫게 되었다. 즉 학교공부가 끝나도 끊임없이 어른이 되어 마음의 공부를 해야 된다는 것을 50이 넘은 나이에 알게 되었다. 마음의 공부는 소위 자신의 '기존사고의 틀을 깨는' 공부 그리고 '감정을 다스리는 공부', 이 두 가지를 병행하는 것이다. 학교에서는 가르쳐 주지 않은 감정지수, 그러나 이것이 바로 인생의 행복을 좌우한다.

지금까지 단 한 번도 자신의 감정지수에 대해서 생각해보지 않은 사람은 인생을 운전면허 없이 위험하게 살아가는 사람들이고 반드시 한번은 자신의 감정지수가 어느 정도인가를 생각해 볼 필요가 있다.

90%의 교민이 어떤 종교든 종교를 갖고 있는데 대부분이 서로 상처를 주고받고 하는 갈등에 쌓여있는 이유는 바로 이 지수의 중요성을 거의 무시하고 간과해온 사회적 교육적 문화에 살아왔기 때문이다. 또 많은 사람들이 체력, 지력, 영적인 연마에만 치우쳐 감정적 요소의 연마는 거의 무시해온 문화 때문이다.

5-2 감정을 어떻게 다스릴까?

Ⅰ. 인생은 화의 연속이다.

인간은 감정적 동물이다. 감정적 차원에서 인간은 언제나 화가 날 수 있는 상황에 처하게 된다. 무력한 자신에게 화가 나고 상대방 때문에 화가 난다. 특히 이민자로서 문화와 언어가 다른 환경에서 인생을 꾸리려면 화가 날 일이 더 많다. 왜 호주에 왔을까 후회가 들기도 하고 그렇다고 돌아가려니 그렇고 이래저래 속 터진다. 어쨌거나 모든 일에 본인 마음 먹은 대로 되지 않기 때문에 화가 난다.

한국에서 최고 명문 S대를 나온 남편이 부인과 같이 청소하다가 거울에 비친 자신의 땀범벅이 된 얼굴을 보고 내가 여기서 뭐하나 하는 한심한 생각에 청소 장비를 확 던져버리고 뛰쳐나갔다. 그런 남편의 비협조적인 태도에 화가 잔뜩 난 부인의 불평을 들은 적이 있다. 화의 측면에서 보면 아침부터 잘 때까지 크게 작게 화나는 일밖에 없다. 남편 때문에 화가 나고 시댁식구 때문에 속상하다. 생각대로 공부해주지도 않고 속 썩이는 자식을 보면 울화통이 터진다. 열심히 일했는데도 경기가 좋지 않아 갑자기 해고를 당해 살길이 막막하다. 직장에 가면 직장상사 때문에 또는 직장동료 때문에 화가 난다. 또는 사랑하는 사람이 변심하거나 믿었던 친구에게 배신을 당해 화가 날 수도 있다. 내가 어떻게 해주었는데 은혜도 모르고 화가 나서 잠도 오지 않을 지경이다.

한국인 학생들 속에서 그룹으로 자신을 왕따시키고 모함을 하여 그 스트레스로 목에 붉은 핏대가 오를 정도로 분하고 원통하다. 호주인도 아니고 이역만리에서 같은 한국인에게서 사기를 당해 억울하다. 호주 온 뒤 살아보려고 청소든 뭐든 닥치는 대로 일하다 보니 급성 간염으로 갑자기 죽어버린 남편 또는 부인 때문에 가슴에 얼음덩어리처럼 화가 묻어 있다. 이혼하면서 화를 겪는 사람도 많을 것이다. 잘살아 보려고 호주 왔는데 살 만하니 남편이 바람나서 이혼당한 부인, 열심히 살려고 노력했는데 부인이 이웃집 남자와 눈이 맞아 아이 세 명을 놓고 도망가버려 원망만 생긴다. 아무런 죄를 짓지 않고 살았는데 어느 날 불치의 병에 걸리거나 늘 몸이 아프다. 조금 실수한 일로 길거리에서 호주인에게 욕을 들어먹으니 또한 욱하는 심정이 든다. 한국에서 잘 나갔는데 호주에서 영어가 안 되니 식당을 차렸다 부하 직원 때문에 속상하고 별것 아닌 일 가지고 트집 잡아 하인 부리는 듯 거만하게 이것저것 요구하는 손님을 생각하면 분하다.

온 밑천을 다 넣어 사업을 시작했는데 생각대로 되지 않아 속상하다. 내가 일하는 학교 바로 밑에 일본인이 경영하는 작은 일식 식당이 있다. 손님이 많아 특히 점심때는 줄을 설 정도로 장사가 잘된다. 몇 달 전에 바로 그 장소 밑에 한국사람이 경영하는 일식 음식점이 생겼다. 나도 동료들과 몇 번 가서 점심을 먹곤 했는데 맛이나 가격 면에서 아무런 차이가 없고 오히려 싼 편이었다. 그러나 이상하게 손님이 없었다. 분명히 그 일본 일식집 손님의 반이라도 데려온다면 충분히 잘 될 것 같은데… 어느 날 그 식당이 폐업된 것을 보았다. 그 주인은 얼마나 화가 날까. 몇십만 불이 날아갔을 텐데….

어떻게 보면 화를 잘 다루는 사람이야말로 인생을 성공한 사람이라고 볼 수 있다. 결혼 이후부터 나도 늘 화가 났다. 결혼은 도저히 이치에 맞지 않고 '이상형'이던 남편과 시댁은 '이상한' 사람으로 보였다. 나이 오십이 넘도록 그런 상황에서 벗어나지 못하는 나에 대해서도 늘 답답했다. 호주 온 이후 이민자로서 겪는 설움과 영어 때문에 내 전공에 맞는 직장이 되지 않아 늘 억울했다. 영어를 못하니 남들이 나를 바보로 취급하는 것 같고 아무도 상대해 주지 않는 것 같아 시드니에 도착한 근 육 개월은 늘 속상하여 울면서 지냈다. 경제적으로 늘 궁핍하였고 그래서 늦은 나이에 호주 오기를 결정한 남편을 따라 무턱대고 온 자신이 한심스러웠다.

그 와중에 철딱서니 없는 말로 한 번씩 나를 속상하게 하는 남편, 경제적 도움을 받기는커녕 시부모의 경제적 뒷바라지를 떠맡은 팔남매 장남 며느리로서 해야 할 것을 기대하는 시댁의 현실에 짜증나기도 했다. 더욱이 죽을 고비를 넘기는 병에 걸려 고생하는 와중에 원래 없는 잠이 더 오지 않았다. 잠을 잘 못 자니 더 짜증이 날 수밖에 없었다. 자식 빼고는 모두 나에게 화를 돋우는 사람, 상황들로 보였다.

그 뒤 여러 책을 읽고 정신수양을 하려고 노력하면서 나름대로 화를 극복하는 방법을 많이 연구해 왔다. 아직도 완전히 극복한 것은 아니지만 화나는 일이 많이 줄었고 화가 나는 상황이 생겨도 빨리 벗어나고자 노력하여 좋은 기분으로 바꾸게 된다. 지금은 최고 행복한 상태는 절대 아니어도 상황과 관계없이 자신이 최고 행복하다고 느낄 수 있는 기술을 어느 정도 익힌 것 같다. 결국 나 자신을 바꾸는 것이 문제 해결의 가장 지름길이다.

Ⅱ. 감정을 다스리는 세가지 과정

감정은 위험하기도 하지만 다스리는 방법을 알게 되면 대인관계가 개선되고 원하는 행복도 얻게 되는 가장 중요한 역할을 한다. 감정을 잘 다스리는 것의 중요성을 말하고 그중 하나로 긍정적 사고방식(Postive thinking)이나 긍정적 말(Positive statement)을 주로 가르친다. 그것도 잘 듣지 않는다. 교회를 열심히 다니고 절에를 열심히 다니며 기도를 하고 법륜스님의 설법에서 108배를 해도 듣지 않는다. 나이가 환갑이 다 되가는 사람들이라도 이 분노의 감정 상처받았을 때의 감정을 제대로 조절하는 사람들이 없어서 호주의 교민사회문제가 많다. 너무 감정지수가 연약하다. 왜 그럴까?

바로 감정과 생각을 잘 구분하지 못해서이다. 논리적인 생각, 상대방을 이해해야겠다는 '생각' 만으로 감정을 다스릴 수는 없다는 뜻이다. 기분이 나빠진 사람은 상처를 준 사람에 대해 그런 말도 많구나, 상대의 입장을 보면 다음부턴 남을 비하하는 그런 글을 올리지 말아야지라고 긍정적으로 생각할 수 있다. 그러나 감정은 여전히 해결되지 않은 상태라는 데 문제가 있다. 감정은 거미줄과 같이 그 속에 빠지게 된다. 아니 나이도 적은 게, 또는 저도 약점이 많은 주제에, 아니면 금방 들어온 신입생이 감히 어디라고! 속이 부글부글 끓는다. 문제는 감정은 사실이고 이 감정을 밖으로 표출할 것인가 아니면 안으로 삼킬 것인가 두 가지 방향이 있다.

대개 사람들은 바로 밖으로 표출해 버린다. 첫 번째는 맞붙어 같이 대꾸한다. 예를 들어 운전할 때 같이 맞붙어 욕하는 경우이다. 본인은 얼마나 잘나서 이런 충고를 하느냐고 나이도 어린 게 감히… 둘째는 그 갈등 공간 즉 카톡을 나가버린다. 너 같은 인간과는 상대하지 않겠다는 뜻이다. 여전히 감정은 다스리지 않는 상태이다. 세 번째 선택은 아무렇지도 않은 척 무시하고 삼킨다. 그러나 속은 여전히 끓어 다시는 그 사람과 상종 안 한다고 다짐한다. 아무렇지도 않은 척 속으로 삼킨 감정은 심하면 스트레스나 우울증으로 발전되거나 심지어 두통 견통 등으로 나타난다. 주로 어떤 사건이나 사람에 대해 감정을 추스르는 데 세 가지 단계를 거친다.

첫째, 먼저 나의 감정을 받아들여라(Accept what you feel). 우리는 상처받고 화내고 슬플 권리가 있다고 그런 감정은 사실이라고 받아들인다. 즉 자신이 어떤 감정을 가지느냐 경각심을 갖는다(Emotional awareness).

둘째, 감정을 삭이기 위해 밖으로 표시하는 것이다(Express those feelings outwardly). 누군가 가까운 이에게 너의 감정을 말하라. 내가 이렇게 말했어야 했는데 운전하는데 나의 조그마한 실수에 인종차별적 욕을 하고 가는 사람에게 아무 대꾸하지 않고 나니 분하고 억울한 생각이 계속 난다. 이렇게 혼자 생각하고 있는 것은 나를 괴롭히는 것이고 하나도 이로울 게 없다.

셋째, 감정에서 벗어나한다(Release your feeling). 감정을 수용한 후 말하건 울건 합의하든 표시를 해야 그 감정에서 자유롭게 된다. 부인하거나 피하거나 삭이지 말고 표현해야 하는데 언제 어떻게 하느냐가 제일 중요한 관건이 될 것이다. 절대로 즉시 대응하지 말고 시간을 두어 자신이 냉정해질 때까지 기다려야한다. 그 뒤 모든 갈등은 대개 서로 오해에서 일어남으로 맞대응하면 상대가 던진 쓰레기를 받는 꼴이 된다. 받지 않으면 상대방의 것이 됨을 명심해야한다. 그래서 목표는 우리의 감정을 나타내는 데 나 자신도 다른 사람도 상처 주지 않은 방향으로 표현하는 것이다(The goal is to express your feelings without hurting yourself or anyone else in the process). 최고의 방법은 소위 'You message'보다' I feel statements'로 표현하는 것이다. 예를 들어 '너는 매일 방도 치우지 않고 뭐하니?' 라고 자녀에게 화내기보다 '네 방을 안치우니 내 마음이 속상하구나' '마음이 참 속상하다'. '아프다' '슬프다' 등의 내 자신의 감정으로 호소하여 상대방을 변화시키는 메시지 방법을 연습한다. 우리 문화에서는 남자는 슬픔이나 고통을 표시하면 안 되고 여자는 화내는 것이 금지되고 다만 슬프거나 우울하거나 상처받는 것으로 되어있다. 그러나 우리가 우리의 감정을 인정하지 않는 한 늘 마음속에 자리 잡고 붙어있다.

Ⅲ. 화가 날 때 마음을 다스리는 간단한 원리들을 적용해 보자.

1. 우선 모든 안 좋은 상황이나 나쁜 일은 본인에게 결국 도움이 되기 위해서, 다음에 더 좋은 일이 생기기 위해서 생겼다고 생각을 바꾸자. 사실이 그렇다. 사업이 망한 사람들, 그 경험으로 반드시 다음 사업이 성공하는 계기가 될 것이다. 직장에서 해고된 사람들, 그걸 계기로 더 좋은 직장을 잡거나 더 나은 일자리를 창출하기 위해서 생긴 것이다. 나에게 못되게 군 사람들, 나에게 잘못이 없는 것 같아도 뭔가 나의 약점이 그런 사람을 통해 투사되었을 수도 있다. 모든 성공적인 사람들은 절망 속에서 희망을 캐내었고 어려움을 겪었고 그 어려움이 사람에게 성공의 지름길이 되었다.

2. 마음을 북돋우는 책들을 반드시 읽기를 강력히 추천한다. 툽텐 초드론(Thubten Chodron)이 쓴 '화 욱하는 순간에 대한 이야기 (Working with anger)' (이덕남 옮김) 등. 몇 번을 반복하고 읽을 것. 그리고 멀리 서양의 닭고기 수프 예를 들지 않아도 최윤희가 쓴 '당신의 인생을 역전시켜라' 등등의 마음을 북돋아 주는 책들. 어떻게 가냘프고 무능했던 완전 전업주부가 성공하기까지 위기를 기회로 바꾸고 눈물을 웃음으로 뒤집었는가를 잘 보여준다. 경전이나 좋은 책들은 늘 마음을 충만하게 해주는 거름이다.

3. 생각 멈추기 기법(Stop Thinking Technique)을 사용한다. 안 좋은 일을 늘 되씹고 생각하니 괴로운 것이다. 그럴수록 즐거운 일로 대처하자. 좋은 추억을 생각하자. 처음 낳은 아이를 보았을 때, 합격했을 때, 오랫동안 기다리다 받은 영주권이 나왔을 때의 기쁨 등등… Hugo Rodriguez가 쓴 'What do I want How do you get'이라는 책을 읽으면 이 테크닉을 잘 사용할 수 있다(see his website www.hogorodriguez.com). 화가 난 상태를 간직하지 말고 빨리 기분을 전환하자. 일부러 웃든지 콧노래를 부르든지…

4. 아침저녁으로 단 오 분이라도 조용한 장소를 찾아 반드시 소리 내어 그 사람들 그리고 나를 위해 기도한다. 마음의 오염을 없애고 잔잔한 평화를 얻기 위해서는 나보다 더 큰 이와 대화를 하여야 한다. 상대를 용서해주시고 일어난 일과 현실에 감사하고 지금 그대로 행복합니다. 그리고 당신을 사랑합니다 등의 기도를 소리 내어 몇 번 반복할 것. 아침에 종이에 자신의 감정적, 육체적, 영적 상태를 적어보라 점수를 매겨 2 정도라면 7 정도를 목표로 하라. 예를 들어 어떤 사람을 용서해야 하면 그것을 목표로 용서할 친절한 마음을 갖게 해 달라고 소리 내어 열 번 말하고 스스로 듣는다. 이런 Consciousness cleansing exercise를 매일 시도한다. 참고로 debbieford.com/morning-practice라는 웹사이트에 들어가면 좋은 참고가 될 것이다.

5. 그리고 내가 원하는 목표를 노트에 적고 생각하면서 명상을 한다. Visualisation 이라는 테크닉인데 원하는 상대나 목표가 이미 이루어진 것처럼 상상하자. 단 5분이라도 좋다. 되도록 손에 닿거나 볼 수 있는 어느 곳에든 자신이 원하는 바를 적고 자주 읽어라. 건강, 재정적, 학문적 성취 어느 것이든 가능하면 구체적으로 적는다.

6. 아침에 거울을 보면서 자신에게 스스로 감싸주고 칭찬하는 말을 한다. 자책감 죄의식 수치심 등의 부정적인 자신의 면을 보지 말고 자신의 좋은 점을 보며 자신을 감싸주는 포옹을 매일 하라.

7. 우울하면 집에만 있지 말고 돈이 들어도 스포츠센터에 당장 등록하여 운동을 즐기자. 육체와 감정 영적인 것은 결합되어 있다. 자신에게 맞는 어떤 운동이든지 좋다. 수영, 골프, 댄스, 요가. 특히 요가는 많은 도움이 될 것이다. 육체적으로 기분이 상기되면 마음의 상처는 저절로 빨리 아물게 된다.

8. 그다음 상담을 받을 것. 인생살이에서 반드시 한번은 상담을 받아볼 필요가 있다. 본인은 괜찮은 것 같아도 알게 모르게 마음의 상처나 아니면 자신이 생각하는 방향이 틀릴 수 있다. GP를 찾아가서 상의하면 일 년에 6번 메디케어로 상담을 받을 수 있다. 상담을 통해 마음의 정화를 가져올 수 있고 자신의 문제를 객관적으로 볼 수 있다.

9. 가장 중요한 것은 자신이 화나는 상황을 글로 적는 것이다. 매일 자기 전에 화가 나는 상대방이나 상황에 대해 마음속에 느끼는 그대로 글로 적는다. 욕을 해도 좋고 온갖 부정적인 생각들을 적어도 좋다. 다 적은 후에는 그 종이를 찢어 쓰레기통에 넣어 버린다. 놀랍게도 좋은 효과를 가져올 것이다. 이것을 'Intelligent Writing'이라고 한다. 인생은 여행으로 비유된다. 본인 스스로 무거운 감정의 짐을 지고 그것을 남에게 투사하면 여정이 너무 힘들게 된다. 가벼운 즐거운 인생의 여정을 위해서는 무거운 감정의 쓰레기를 비워야 한다.

10. 화가 나면 잠이 안 온다. 섣불리 술이나 잠 오는 약을 먹게 되면 중독이 된다. 스트레스가 쌓이면 실제 뇌 속에 한 Melatonin이라는 요

소가 부족해진다고 한다. 약국에서 이 약을 사서 자기 전에 따뜻한 우유와 함께 먹으면 놀라운 효과를 가져올 수 있다.

11. 자신이 변해야 하는 목표를 세우고 그동안 미루어왔던 일을 하자. 제2외국어도 좋고 공부도 좋고 지역봉사나 사회봉사는 아주 자신을 고양시키는 활동이다. 봉사를 하다 보면 저절로 내 문제가 오히려 가벼워진다.

12. 마지막으로 단전호흡이나 심호흡을 저녁에 명상과 함께할 것. 심호흡과 함께 복부 장 마사지도 큰 효과를 가져온다. 그러려니 하고 살면서 지금 행복을 느끼려 하다 보면 행복이 바로 우리 눈앞에 있다. 어떤 처지에서도.

5-3 갈등은 긍정적으로 발전할 기회이다

내가 아는 시드니 사는 호주인 부부가 있다. 그분들은 사회적으로 모범적 가족으로 존경받을 만큼 부부 사이도 좋고 합리적이고 신앙심도 강하다. 자녀들도 잘 자랐다. 그중에 내가 아는 딸도 결혼하여 세 자녀를 키우며 행복한 결혼생활을 하는 듯 보였다. 그런데 어느 날 참 얌전하게 생겼던 딸이 부모와 의절(Disown)했다는 소문이 들렸다. 멜브런 사는 손자손녀에게 선물을 보내면 딸이 돌려보낼 정도로 관계가 악화되었다. 그 뒤 그 딸은 세 자녀를 두고 남편과도 이혼하여 브리스베인으로 이사해 다른 남자와 사는 것이 페이북에 올라온 것을 보고 충격받았다.

이렇게 인간관계의 갈등은 어느 나라 할 것 없이 있다. 호주 같은 사회는 더욱이 동양문화의 가족 유대 같은 게 없으니 이런 가족 간에도 의절이라는 극단적 선택을 하는 경우를 종종 본다. 나의 경우도 남편이 지적으로 수제이나 감정지수는 아주 낮아 참 힘든 인생을 꾸려왔다. 인간갈등은 인간관계 금이 간 것이고 가족, 이웃, 친구, 직장, 지역사회, 국가 간에도 늘 일어난다. 이 갈등은 결국 감정적 연결(Emotional Connections)이 떨어졌다는 말이다. 오늘날 한국인은 어느 나라보다도 물질적으로 풍요한 사회에 사나 얼마나 감정적으로 행복하고 사랑하고 사랑받는 관계를 유지하고 있느냐에는 의문이 간다. 현재 역사 이래 가장 위의 여러 측면에서 갈등이 심히고 혼동 속에 사는 시대가 없음을 모두 인정한다.

흔히 사람들은 갈등을 없어야 한다고 생각하는 데 문제가 있다. 갈등은 항상 있다는 것을 먼저 받아들이고 오히려 좋은 관계로 바꿀 중간적 기회와 긍정적 성장의 기회로 여겨야 한다. 그럼 문제는 갈등으로 생긴 병든 관계를 건강한 관계로 바꾸면 된다. 우선 건강한 관계란 무엇인가 생각해보자. 건강한 관계는 당사자가 바로 세 가지 측면에서 감정적 욕구를 충족하는 것이다.

첫째, 자신에게 감정적으로 주는 것이다(Giving yourself emotionally). 다시 말해 매일 육체적 민족을 위해 식사하듯 자신에게 감정적 운동을 하여 자신과 먼저 연결해야 한다(Nurturing yourself emotionally). 이것이 선행되지 않으면 다음 단계는 넘어가지 못한다. 즉 흔히 '자신을 사랑하라'는 뜻인데 이 말은 자신의 육체, 감정, 마음, 영혼을 고양시키는 자기 존중을 해야 한다는 뜻이다. 앞서 말한 여러방법 즉 너무 명성, 돈, 학벌 등으로 그 욕구를 대치하여 우월감을 가지는 것도 아니고 또 자기비하 열등감도 아닌 자신 그대로 약점, 장점을 알고 받아들이고 자신을 양육하는 일에 먼저 신경쓰라는 뜻이다. 운동을 규칙적으로 한다든지, 감정지수를 올리는 책을 읽는다든지 또는 명상 등 영적인 훈련을 하면서 나약한 자아(Fragile ego)를 강한 자아로 훈련하는 데 신경쓰라는 뜻이다.

　이렇게 하여 자신에 대해 기분이 좋다 보면 상대에게 쉽게 화도 내지 않고 상처도 받지 않아 대인관계에서 건강하고 진실된 감정적 연결(Strong and authentic emotional connections)을 할 기반을 닦게 된다. 또 내적으로 강하게 되어 자신에게 부드러워지고 본인 스스로에 감사, 존경, 당당함을 가지게 된다. 나는 늘 외모에 열등감을 가져왔다. 그러나 내가 다국적 국가에서 온 학생들을 가르치는 위치에 있으면서 나름대로 다 매력이 있다는 걸 발견하고 나도 내 나름 매력이 있겠다는 생각을 하게 되었다. 자기 가치를 알고 존중하게 되고 대인관계를 비교나 경쟁 질투에서 벗어나 보다 열린 마음으로 상처받을까 두려워하지 않고 따뜻한 마음을 갖는 것을 말한다.

　교민의 대부분이 기독교인들인데 왜 그리 상처받았다는 사람들이 그렇게 많은지 이해하기 어렵다. 그래서 교민들과 어울리지 않고 등 돌리며 혼자 지내는 사람들이 많다. 문자 그대로 기독교적으로 하나님의 DNA를 물려받은 자녀들이라는 말이 얼마나 우리의 가치를 올려주는가? 물론 상처주고 받고 하는 게 인간사이나 네 감정 처리하는 일부터 신경쓰다 보면(Mind own your own emotional business) 저절로 상대방에서 받지 못해 괴로운 감정적 욕구를 스스로 충족하게 된다.

　둘째, 상대에게 감정적으로 주는 것이다(Giving emotionally to others). 나의 박사학위 논문목적 중의 하나가 호주학생과 유학생의 영작에서 차이를 알아보는 것이다. 한마디 결론은 감정표현을 호주인은 훨씬 절제된 감정으로 자주하여 상대방을 설득시킨다는 것이 가장 큰 차이점이었다. 내 자신의 한국사람과 호주인과의 양쪽 경험에서도 한국인은 지도자를 포함해 아주 낮은 감정지수를 경험한다. 카톡방에서도 공감, 찬사, 감동, 감명, 칭찬, 인정 등이 거의 전무하고 자신들의 소식 올리기만 급급하다. 토론은 거의 없다. 있다 하면 상대방 공격 비난 등으로 해서 바로 갈등으로 비약한다. 인정하고 감사하고 사과하며 칭찬하는 습관을 기르며 맞장구를 쳐주는 것이 절대 부족하다.

셋째, 다른 사람으로부터 감정적 선물을 받는 것이다(Receiving emotional gifts from others). 앞의 두 가지가 선행되면 저절로 상대방으로부터 감정적인 응답이 온다. 감사, 승인, 따뜻한 용기, 격려 등이다. 우리는 이것에 늘 익숙하지 않다. 칭찬하면 있는 그대로 감사하게 받아들여야 한다. 수잔은 항상 옷을 잘 입어. 어찌 피부가 좋지 라고 호주 동료가 말한다. 그러면 나는 고맙다 감사하다는 대신 늘 변명하기 바쁘다. 아 이것은 우리 딸이 입던 옷이다. 아 이 옷은 아주 싸게 산 것이다. 아 난 정말 피부가 안 좋아요. 다른 한국여자에 비하면 김해 센바람을 어릴 때 맞아서 피부에 잡티가 엄청 많은데요. 이제 칭찬을 그대로 수용하고 받아들이는 연습을 그러나 특히 지도자는 상대방이 반응을 기대하면 안 되고 반응이 없어도 인정하고 받아들여야 한다.

이론적으로는 이 세 영역이 균형을 이루어야 진정한 연결고리가 형성되어(Genuine engagement) 행복한 삶이 된다. 즉 너무 한쪽으로만 치우치면 사람들과의 관계가 질식된다. 대체 사람들은 이런 감정적 계발에 신경쓰지 않고 너무 물질적으로 가진 것(Having), 성취욕(Doing) 또는 자기 즐기기(Being)에만 신경쓴다. 이런 것들은 감정적 욕구의 대치물이 될 수 없어 여전히 허하다. 다음 칼럼에는 좀 더 구체적으로 어떻게 감정적 연결을 하여 건강하고 행복한 관계를 만들지 알아보자. (참고: Peter Charlestron, Closer)

5-4 갈등을 어떻게 풀까?

가족 부부 부모 자식 나아가 이웃 지역 갈등으로 인해 많은 심리적 상처(Psychological wound)가 생기고 감정적 아픔(Emotional pain/scars)이 있다. 이런 상처와 아픔을 지고 감정적 지게(Emotional baggages)를 힘겹게 지고 가는 사람들이 대부분이다. 즉 이런 상처를 던져버리고 가볍게 하는 것이 바로 감정적 연결을 하게 되는 길이다. 힐링을 위해 스스로에게 먼저 포기하지 않는다는 약속을 해야 한다. 힐링은 노력과 대면을 겪게 된다. 힐링을 위해 다음의 세단계 원리를 제시한다.

첫째, 고통을 인정하고 과거를 재해석하라(Acknowledge your pain by reinterpreting the past).

많은 사람들은 자신이 상처가 불건강한 관계를 맺는 습관이 있다는 걸 모른다. 이 습관은 주로 부모나 주의 지인들로부터 물려받는다. 이 말은 관계에서 본인이 보이는 패턴이나 습관의 근원지를 찾는 것이다(Exploring the origins of habits). 남편은 말투가 너무 고약해 늘 상처를 주었다. 그 말투는 바로 시아버지가 시어머니에게 한 것이었다. 만약 우리가 부모에 대한 배우자에 대한 어떤 원망이 있어 괴롭다면 우리는 이미 대가를 지불한 거이니 과거를 돌아보지 말고 피해의식에서 벗어나 현재와 미래를 위한 긍정적 기여에 노력하라.

둘째, 사과하라(Apologise to yourself and others).

먼저 과거를 움켜쥐고 원망을 품었던 나를 용서하고 또 할 수 있으면 상대에게 사과하라. 결혼 내내 바람 핀 남편을 용서할 수 없는 여자들이 있다. 남편이 현재 돌아와 있어도 과거 속썩인 것이 올라와 참을 수 없다. 그러나 세월이 흐르면서 이게 바로 자신의 문제라는 것을 알아야 한다. 자신이 과거에 얽매여 늘 원망을 품고 있으니 관계가 좋을 수 없고 아내가 스스로 벽을 치고 있는 것이다.

셋째, 수용을 통해 재해석하라(Reinterpreting through acceptance).

과거의 나쁜 경험에 대한 부정적 해석이 바로 현재 우리를 괴롭히고 바로 사랑할 수 있는 것을 막는 것이다. 내 남편의 강한 책임감, 정직, 원칙적이며 순수한 많은 좋은 점을 무시하고 늘 독선적이고 언어폭력 등 매사 부정적 태도만 과대 확대하여 과거의 남편 모습에 얽매여 늘 내 불행을 남편 탓으로 돌렸다. 나스스로 힘든 감정의 짐을 지고 끙끙거린 것이다. 결국 과거를 떠나지못한 내가 바로 문제였음을 깨닫게 되었다.

넷째, 자신에 대해 책임져라(Taking greater responsibilty for self).

Karpman's Drama triangle에서 사람은 대인관계에서 누구나 세 가지 역할을 맞는다고 한다. 즉 희생자(Victim), 구조자(Rescuer), 검사(Prosecutor). 희생자라는 생각보다 승리자(Victor)라는 생각이 필요하다고 본다. 어떤 상황에서도 우리의 생각에 따라 승리자가 될 수 있다. 피해자라는 생각은 자신의 삶을 책임지지 않고 남이 경영하도록 맡긴다는 뜻이다. 갈등에서 화를 낸다면 내 삶의 운전대를 다른 사람이 마음대로 휘젓게 하라고 허용하는 것이라 마찬가지이다.

5-5 화가 나세요?

Ⅰ. 같은 시드니 교민사회 교회 소속의 카톡방, 어떤 사람의 초대에 느닷없이 한 사람이 떠난다. 그리고 다른 사람이 연이어 떠난다. 두 사람은 서로 싫어하는 사이다. 카톡을 떠나는 이유를 알아보니 어떻게 하나님을 믿고 사랑한다고 하면서 내가 아파서 죽을 지경이 됐을 때

위로 안부 한 번 안 했나? 그녀를 포함해 나를 찾아오지 않거나 안부를 묻지 않은 사람은 도저히 용서할 수가 없다고 했다. 친목모임을 한다는 초대를 받고 다시 울컥하는 심정이 돼 카톡을 떠나는 것으로 분리를 선언했다고나 할까. 그녀는 화가 많이 나 있었다.

이민자들을 만나면 한결같이 한국 사람은 말이 많아 한국 사람들의 모임에 잘 가지 않고 어울리지 않는다고 한다. 사소한 일로 오해가 생기고 잘해준다고 했는데 오히려 비난만 당하는 꼴이 돼 더 이상 어울리지 않기로 했다는 소리를 자주 듣는다. 또는 자신은 아무런 잘못도 하지 않았는데 상대방이 험담하고 헐뜯어 상처를 받았고, 그래서 괴롭고 심하게는 용서할 수 없고 미워하는 감정이 생긴다고 한다. 누구의 말을 들어도 공통점은 자신은 아무런 잘못을 한 적이 없는데 무고하게 당했다고 주장한다. 내가 가해자라고 말한 사람을 본 적이 없다. 내 경우도 내가 친절하게 한다고 한 것이 오히려 화근이 되고 상대방의 오해를 사서 왜 그 사람이 화가 났는지 이해가 잘되지 않는 경우가 더러 있었다. 이민 올 때부터 사귄 4명의 친구가 있었다. 그중에서도 2명이 사소한 돈 관계로 싸우다가 이제는 원수가 돼 완전히 타인처럼 멀어졌다. 서로 절대 용서할 수 없다고 쳐다보지도 않고 산다. 결혼식 때 서로 보려고 하지 않으니 여간 고역이 아니다.

한때는 부동산을 해서 돈도 많이 벌고 잘나갔는데 근래 중국 사람들 때문에 사업도 안 되고 집값이 많이 오르다 보니 사놓은 집도 없어 그동안 내가 무엇을 했느냐는 자괴감이 든다고 했다. 주위에 있는 사람들이 괜히 미워지기 시작하고 꼴도 보기 싫은 경험을 한다고 했다. 한국에서 박사학위를 받고 강사까지 한 사람이 있었다. 실력도 좋고 아는 것도 많다. 하지만 영어가 안되니 호주 사회에서 발붙이기 어려웠다. 호주 대학에 있는 한 교수에게 시간강사 자리를 의뢰했을 때 '어려

우니 아예 포기하시오'라는 충고를 받았다고 한다. 그 당시 영어공부를 하라고 했으면 지금은 다른 사람이 됐을 텐데…. 그 사람은 그 교수를 원망하고 있었으며 한국 사람과 거의 접촉하지 않고 산다.

한국 이민자들은 특히 정이 많고 외롭다 보니 단체를 만들어 속한다. 한국은 호주와 달리 소위 집단문화(Collective culture vs. Individualistic culture)에 속한다. 집단문화에 속한 사람들은 집단을 통해 행복을 창출한다. 그래서 조직을 만드는 것을 안 좋게 생각할 필요가 없다. 문제는 단체를 만들어 갈등을 일으켜 불행한 마음이 드는 것이다. 집단 이탈이 생기기도 한다. 어떤 단체든 조직이든 조직원 사이에 갈등이 없을 수 없다. 갈등이 없어야 한다고 생각하는 것이 문제다. 갈등이 없는 조직을 기대하는 그 조직원은 이미 문제를 일으킬 소지가 있다. 왜냐하면 자신과 반대되는 생각을 하는 사람들을 받아들이지 못하기 때문이다. 맞고 틀리는 명백한 이중잣대에 너무 집착해 상대는 틀리고 내가 옳다고 생각하는 것에 있다. '판단중지'가 아니고 판단을 하는 것이다. 그러나 사실은 서로의 의견이 다르다는 것이고, 상대방 입장에서 이해하려고 노력하면 문제가 훨씬 줄어든다.

그러므로 옳고 그르다 보다 틀린다는 생각으로 먼저 바꿀 필요가 있다. 먼저 인간은 누구나 어느 정도 선과 악, 미덕과 죄, 아름다움과 추함이라는 두 가지 상반된 것(Duality belief system)을 지니고 있다. 밤과 낮, 삶과 죽음처럼 항상 이런 상반된 이중적 역설적 유니트(Duality and paradoxical unity) 속에 살고 있다. 꽃은 자신이 아름답거나 추한 줄 모른다. 그냥 우주와 함께 조화를 이루며 단순히 존재하는 것이다. 스스로 아무런 판단을 하지 않는다. 인간이 예쁘다, 덜 예쁘다고 판단하는 것이다. 인간도 마찬가지로 이 같은 두 가지 양면이 있고 그것이 총체적으로 하나를 이룬다. 그러므로 갈등이 생기면 그것은 단합의 반쪽으로 그냥 있어야 한다고 받아들이고 억지로 없애려고 노력할 필요가 없다. 그것이 자연적이지 않다면 스스로 물러나게 돼 있다.

인간도 동물과 같아 자신의 경계를 침입하는 자를 싫어하는 본성(Territorial)이 있다. 그러나 한 단계 높은 사람(Higher awareness self)은 경계에 대한 집착을 버리고 다 받아들일 준비를 하는 사람이다(Having a mind that is open to everything but attached to nothing). 모든 것에 대한 집착을 버리고 열린 마음을 갖는 것은 평화를 얻는 가장 중요한 지름길이다. 그런 면에서 그러지 못하고 아집 속에 사로잡힌 자신을 용서하는 것이 진정한 용서의 첫걸음이다.

Ⅱ. 대개 인간관계에 갈등이 있는 경우 공통점은 화를 내고 남에게 비난을 돌리며 자신이 피해자라는 태도(Victim mentality)를 가지고 있다. 실제 이민 생활이 외로운 것은 같은 민족끼리도 믿지 못해서이다. 그리고 막연히 그 사람이 그렇게 했을 것으로 추측하거나 일반화하는데 오해가 생긴다. 즉 합리적이지 않고(Irrational thinking) 그릇된 생각과 믿음(Faulty thinking patterns)에서 온다. 대인관계에 관한 문제를 푸는 데 이러한 자신의 잘못된 생각이나 믿음을 파악하는 것(Recognizing/Discovering faulty thinking)이 문제 해결의 첫걸음이다. 부정적인 생각은 주로 자신이 불안한(Insecurity) 것에서 온다.

간단한 예를 들어 어떤 친구와 좋은 시간을 보낸 후 무슨 일에 대해 계획을 짠 후 그가 곧 연락한다고 해놓고 며칠째 연락이 없으면 상대방이 자신을 싫어하거나 마음이 돌아서거나 뭔가 화나서 자신을 멀리한다고 생각한다. 그래서 은근히 자신을 무시하는 것 같아서 화가 난다. 그 사람이 무슨 일이 있는지 생각하지 않고 아무런 근거 없이 혼자서 부정적으로 상상하고 사건을 확대하는 것이다.

Cognitive Behaviour Theraphy 상담이론에서 이런 오해를 바로 인지 부조화(Cognitive distortion)라 한다. 이 분야의 유명한 학자 David Burns는 'Feeling good' 그리고 'Feeling good together'라는 책에서 10가지 인간사의 오해를 구분해놓고 모든 대인관계의 갈등은 바로 자신의 인지 부조화에서 온다고 주장하고 있다.

이러한 그릇된 생각에는 흑백 논리(Black and white thinking-polarising)나 증거 없이 일반화(Generalization)하거나 성급하게 상상(Mindreading)하면서 나름대로 상상해서(Mind filtering) 부정적인 결론(Jumping to negative conclusions)을 내린다. 또한 남이 한 말을 개인적으로 받아들이거나(Personalisation) 비난하고(blame) 또 사태를 완전 과장되게 난리 친다(Catastrophizing). 즉 그 사람은 자신의 기준에서 일단 말한 약속을 지켜야 하고(Shouldness) 연락을 해야만 나를 존중하는 표시인데 연락을 하지 않는 것은 나를 무시하는 증거라고 생각한다(Mind reading).

그래서 나에게 신경 안 써준다고 비난하거나(Blaming) 나름대로 그는 나를 싫어해라고 상상하여(Mental filtering) 나쁜 사람이라고 단정 짓거나(Labelling) 헤어져야지라고 미래의 파국을 예상하기도(Predicting catastrophe) 한다. 즉 '그는 항상 이렇게 행동해(Generalisation)' 내가 얼마나 잘해주었는데 그럴 수가 있는가(Jumping to the negative conclusions), 우리의 관계는 이제 끝이야'라고 하거나 개인적(Personalization)으로 상상하거나 비교(Comparison)하기도 한다. '다른 사람에게는 안 그랬을 텐데 나에게만 그러다니, 이럴 수가, 나를 무엇으로 알고 있는 것일까'라고 생각해 결국 그 사람에게 연락이 왔을 때는 사유를 듣지 않고 화를 내게 된다. 이런 비슷한 일들이 늘상 일어난다.

이런 인지부조화는 전혀 증거나 사실에 기초를 두지 않는 부정적 생각이고 이것을 우리는 훈련시켜 우리의 정신건강을 개선시킬 수 있다고 본다(Cognitive distortions involve negative thinking patterns that aren't based on fact or reality. You can help change these thinking patterns to promote your mental well-being). 또는 명백히 문제가 있어 서로 사이가 틀어졌고 서로 화난 상황이다. 화나는 것은 자연스러운 인간의 감정이고 화가 가져오는 장점도 있다. 문제는 화를 자주 내거나 화를 오랫동안 길게 품고 있는 사람이라면 생각해볼 문제다. 이러한 인간관계에서 상대방이 화나게 하거나 열 받게 할 때 그것을 잘 처리하는 기술과 원리를 익히면 세상살이가 한결 수월할 것이다.

남이 뭐라고 하든지 상처를 받지 않는 훈련을 하고 화내지 않는 태도를 가지는 것은 행복한 삶을 추구하는 데 가장 중요한 태도라고 생각한다. 신심이 많던 나이가 많은지에 상관없이 개인이 스스로 따로 수행해 이뤄야 할 목표이다. 마치 닭이 서로 싸움하는 수준에서 독수리가 돼 창공에 올라 내려다보면 닭 무리가 독수리를 어떻게 할 수 없게 된다. 그것은 끊임없는 자신의 성찰과 수양에서 얻어지는 것이다. 나 자신도 직장과 가족관계에서 이런 많은 실수를 했다. 돌이켜보니 대부분 내 잘못된 생각에서 기인했고 열심히 그것을 극복하려고 노력한 결과 이제는 화나는 상황을 거의 잘 다스리게 됐다.

첫째, 혹시 자신의 잘못된 생각에서 비롯된 것이 아닌가 점검이 필요하다. 남에게 상처를 입었다는 피해의식을 갖고 남과 등을 지거나 친하게 지내던 사람과 절교를 하는 사람은 자신에게 화가 나 있는 것을 남에게 투사한다고 생각하면 거의 맞다. 다시 말해 어떤 이유로든 상대방에게 화가 나 있거나 서운하고 미운 감정이 있으면 그것은 본인이 스스로 미워하고 있다. 자신을 사랑하지 않다 보니 상대방을 사랑할 여유가 없고, 그런 마음이 전달되고 그런 일들에 휘말리게 된다. 즉 자신의 마음이 황폐해졌다는 것을 인식해야 한다. 내 마음이 정화

되지 않은 상태라는 깨달음이 있어야 한다. 설사 명백히 상대방의 잘못이어도 그런 사건 때문에 내 마음의 평화가 깨지고 미운 감정을 지속하면 내 문제가 된다. 즉 승리 의식(Victor mentality)을 가지기보다 피해 의식(Victim mentality)을 가지고 있다.

흔히 긍정적인 마음을 가지라는 말을 많이 들었을 것이다. 긍정적인 마음은 100% 상대방에게 가져야 한다. 이 말은 누구든지 창조주로부터 받은 강점과 약점이 있다. 한 창조주의 작품으로 상대방의 약점조차 아름다운 창조의 일부다. 그렇게 생각하면 약점을 가진 우리가 남의 약점을 생각지도 말고 보지도 않는 훈련을 해야 한다. 오로지 좋은 점만 보고 기회가 있으면 칭찬하라는 것이다. 또 긍정적인 태도는 내 약점과 장점을 잘 인식하고 이런 문제가 생기면 상대방을 비방하기 전에 내 약점이 무엇인지 먼저 인식하고 고치려고 하는 태도를 말한다. 다시 말해 본인이 아무리 잘못한 것이 없다는 생각이 들어도 뭔가 부족한 면이 있어서 그런 일에 휘말리게 된 것이다. 그러므로 이런 갈등을 통해 왜 상대방은 그렇게 생각하는지 상대 입장을 생각해보고 내가 개선할 점이 있는지 살펴볼 발전의 기회로 삼아야 한다.

학기 초에 에세이 쓰기 워크숍 시간표를 짜서 돌렸다. 내가 가르치는 에세이 영작이 주된 프로그램이지만 다른 소소한 기술, 즉 도서관 자료 찾기, 시간 관리 등도 포함했다. 컴퓨터 과목을 가르치는 한 여자 교수를 초빙해 학생들에게 컴퓨터 지식을 가르치는 시간을 2시간 배당했다. 빨간색으로 표시 나게 해 그 과목들을 담당한 사람들에게 돌리면서 자세히 확인해 혹시 문제가 있으면 나에게 보고하고 달력에 시간표를 적어놓으라고 했다. 그런데 두 번째 컴퓨터를 가르치는 워크숍을 둘러보니 교수가 없었다. 학생들도 적게 참석해 그냥 그 과목을 해산시켰다. 그 뒤 내 워크숍을 끝내고 복도를 지나는데 그 여교수가 앞에서 걸어가고 있었다. "마거릿, 오늘 수업에 안 보이던데 무슨 일이 있었어요? 다행히 학생이 적어 상관이 없었지만요." 나는 전혀 비난하는 투 없이 정중히 말했다. 그녀는 얼굴을 붉히면서 "아니, 나는 전혀 모르는 일인데…. 학생이 아무리 적어도 내가 가르칠 시간은 지켜야 하는데 네가 정확한 정보를 주지 않아서"라고 대답했다. 그러면서 "내가 볼 때 너는 의사소통을 너무 나쁘게 한다"고 나를 직접 비난했다. 나는 너무 당황스러웠다. 예전 같았으면 기분 나빠 같이 화냈을 것이다. 그 뒤 그 교수가 와서 "아, 이메일을 확인했는데 미처 내가 표시해 놓지 않아서 내 실수였다"고 사과했다. 나는 이미 그때 받은 상처를 치유한 상태였다. 다음 학기부터는 개인적으로도 다시 확인 메일을 보낼 것이라고 덧붙였다. 그 뒤 그 교수는 진심으로 미안해하는 것 같았고 우리는 여전히 잘 지내고 있다. 이 교수는 성급하게 자신의 잘못된 생각으로 근거 없이 나를 비난한 것이었다.

수행의 관점에서 긍정적으로 세상사를 보면 이 세상에서 나쁜 일은 절대 없다. 심지어 몹쓸 구설에 휘말려도 그런 시련(Adversity)을 통해 다른 사람의 처지를 더 이해하게 되고 자신이 더 성숙해지는 계기가 된다. 그러면 여기서 자신의 그릇된 생각이나 믿음(Beleif)이 가져오는 결과(Consequences)를 생각해보자. 그것을 ABC 테크닉이라고 한다. 화나는 상황이 발생하면 여기에 맞춰 생각을 정리(Thought monitoring form)해 적어보자. 즉 상황이나 사람 자체가 나를 화나게 한 것이 아니라 바로 거기에 대한 나의 믿음과 태도가 촉발돼 화가 난다.

둘째, 실제 본인이 아무 잘못한 것이 없는 데 비난을 당할 수 있다. 갈등이 두 사람 사이에서 일어나면 직접 상대와 대화로 풀어야 한다. 제삼자에게 건네 중재를 부탁하지도 말고 중재하지도 말아야 한다. 필요한 경우 법적 소송을 해도 된다.

보통 갈등은 삼자로부터 말을 건너 듣는 데서 일어난다. 예를 들어 어떤 사람이 당신에 대해 욕을 하고, 그 소리를 A라는 사람이 한다면 그 말이 사실인지 아닌지 A라는 사람에게 물어보면 손에 명세를 걸고 사실임을 알 수 있을 것이다. 그러면 사람들은 확인 전화를 하고 삼자대면을 해 상대를 추궁하게 된다. 인간사의 갈등의 틈은 여기서 벌어진다. 설사 용서를 받아내도 이미 한번 금이 간 인간관계는 원래대로 회복하기 힘들어진다. 말을 전하기 좋아하는 사람을 'Gossip mongler' 또는 'Busy body'라고 한다. 말을 전하는 사람은 대체로 멀리하는 것이 좋다.

셋째, 그래도 억울하다는 느낌이 들고 뒤통수를 맞았다는 사건이나 느낌이 있을 수 있다. 어떤 사람이 뒤에서 비판했으면 그것은 그 사람의 자유이고 그 사람의 문제이다. 본인이 그럴 만한 잘못을 한 것이 없다면 설사 억울해도 무시하고 넘어갈 일이다. 이는 마치 적군들이 전쟁에서 이기기 위해 주로 담을 통해 돌을 던지는 것과 같다. 혹시 다른 편의 상황을 점검해보고 싸움에 끌어들이기 위해서이다. 여기에 휘말린다면 나의 주체적 삶을 남에게 통제하도록 내버려 두는 것이다. 이 말은 나 자신의 인생에 책임지는 행동을 하지 않는다는 말이다. 그 속에서 분개하고 화를 낸다면 이것은 이제 내 문제가 되는 것이다. 내가 화를 냄으로써 잃는 정신적 손해는 막중하기 때문이다. 특히 상대는 흔히 화를 내게 한 줄도 모르고 있는데 화를 내는 사람은 그 사람의 문제이다. 상대를 미워하는 나만 괴로울 뿐이고 상대방은 피해를 준 것에 대해 모를 수 있고 또 아무런 변화도 없다. 그러므로 하루빨리 감정의 찌꺼기를 없애고 가볍게 하는 것이 좋다. 억울한 것은 시간이 흐르면 저절로 풀리게 돼 있고 하늘의 의지에 맡겨야 한다.

예를 들면 즐거운 출근길 계단을 천천히 내려가고 있을 때 뒤따라오던 호주 여성이 자신의 앞길을 방해한다고 욕하며 지나간다. 계단은 적당히 넓어서 그 여성은 나를 피해 갈 수 있는 공간이 충분히 있었다. 나도 욱하는 감정이 일시에 들지만 무시한다. 내가 맞붙어 화를 낼 것인지 넘어갈 것인지 두 가지 선택이 있다. 그 여성처럼 자신의 '쓰레기'를 많이 짊어지고 있고 누구에게나 던지고 다니는 사람이 많다. 이런 사람들과 시시비비를 따지면 내가 그 쓰레기를 받은 꼴이다. 받지 않으면 상대의 것이 되는 것이다.

기독교의 원리에서 보면 용서라고 할 수 있다. 용서의 대표적 지고라고 할 수 있는 아름다운 본보기는 예수 그리스도가 십자가에 달려 죽기 전에 그를 못 박은 병사들에게 한 행동이다. 병사들은 자신의 직업상 예수를 매달아야만 했다. 예수 그리스도는 저들이 하는 일을 모르니 용서해달라고 간청했다. 왜 용서를 해야 하느냐면 죄 없는 예수 그리스도가 이런 태도로 대속해 인간의 죄를 대신해 희생하며 돌아가셨기 때문에 인간들도 서로 용서를 해야 예수님의 속죄가 의미가 있게 된다. 왜냐하면 인간이 회개하고 용서하는 조건에서 속죄가 유효하다. 보통 사람들은 회개와 용서를 분리하는 경향이 있다. 용서는 주로 피해자가 가해자를 위해 너그럽게 용서한다는 뜻으로 받아들인다. 그런데 용서를 해야 한다면서도 잘 안되는 이유가 바로 회개가 따르지 않기 때문이다. 그래서 과거에 일어난 어떤 일에 대해서도 악감정을 갖지 말라는 뜻이다. 이런 감정적 집착은 행복한 인생의 여정을 방해하는 요소이다. 상대가 용서를 구하지 않아도 내가 스스로 집착한 것에 스스로 회개하고, 그런 나를 용서하는 것이다.

그다음 우선 어떤 이유로든 사이가 멀어졌다면 금방 억지로 화해할 필요가 없다. 상처의 정도에 따라 서로 정리하고 돌아볼 시간을 충분히 가지는 것이 좋다. 물론 언젠가는 화해해야 한다. 오랜 인연을 쉽게 끊는 사람은 어리석은 사람 중에 들어간다. 왜냐하면 대체로 그럴 만큼 절대 나쁜 사람은 별로 없다.

마지막으로 극소수이지만 몇 사람과는 완전히 멀리하는 것이 좋다. 다시 말해 실제 말을 만드는 사람들이 있다. 악의적 지속적 공개적 음해의 경우 법적소송으로 대응해야 한다. 예를 들어 어떤 사람이 해고로 직장을 사직하게 됐다. 그런데 그 사람이 게을러 쫓겨났다고 표현하는 사람이 있다. 이런 사람들은 소위 뒤에서 말하기 좋아한다. 단순한 사건들도 덧붙여서 부정적으로 전달한다. 이런 사람들과는 멀리하는 것이 좋고 인연을 끊는 것이 좋다. 왜냐하면 이런 사람들과 어울리면 불행한 일에 계속 휘말려 행복하지 않기 때문이다. 이런 사람들은 늘 자신의 불행으로 끌어드릴 사람들을 찾고 있다. 그런 사람과 시간을 낭비할 수 없다. 대충 이렇게 이민 사회에서 한국인들과의 대인관계를 정리하면 살아가는 것이 훨씬 수월해질 것이다.

5-6 이상(理想)이 이상(異常)하다

Ⅰ. 모국은 불법 탄핵 으로 소위 주사파들이 정치를 잡은 이후 좌우 갈등, 지역 간 갈등, 세대 간 그리고 가족 간의 갈등의 골이 지금처럼 깊은 적이 없다. 좌우를 떠나 대체로 한국인들은 어떻게 갈등을 풀어나갈지 모르는 것 같다. 이런 국가 갈등의 원인이 바로 좌파적 이념의 편향에서 기인한다. 이와 함께 이 갈등을 부추기는 것은 또한 한국사람들의 낮은 감정지수(Emotional intelligence)와 함께 소통기술의 부재에 있다고 생각한다. 소통문제에서 가장 중요한 당위성(Shouldness) 또는 완벽성(Perfectionism) 추구에 중점을 두고 갈등의 원인과 결과를 인지철학적, 사회 심리학적 고찰을 해보고 해결점을 생각해보고자 한다.

어느 나라이든 진보 보수의 두 양당은 존재한다. 호주에도 노동당과 자유당이 두 주요 양당이다. 이 두 정파는 한 국가가 균형 있게 발전하기 위한 양 날개로 꼭 필요하다. 좌파 즉 흔히 진보는 원래 인지철학적으로 프랑스의 철학자 데카르트의 합리론 이성주의에 기인한다. 우파는 영국의 존로크의 경험론이 보수의 기조가 되었다. 좌파의 이성론은 이상주의로 바로 '모든 것이 가능하다'는 전체주의적 믿음에서 온다. 종교적으론 무신론과 융합되었다. 즉 인간은 선하게 완전하게 창조되었고 완전한 세상과 인간이 존재한다고 믿는 것이 소위 진보주의의 기초가 되는 것이다. 이것은 개인 이성의 불완전함을 인정하고 현실과 경험을 중시하는 보수주의와 대립된다.

좌파적 이념이 정치화 한 것이 마르크시즘 공산사회주의이다. 이들은 이상세계 즉 생산수단의 사회화, 공정한 분배를 통한 복지국가 수립, 평등의 이 유토피안 드림을 이룰 수 있다고 믿는다. 공산사회주의는 바로 이론과 현실의 갭을 무시하고 끊임없이 이상적 국가를 추구하며 개인의 자유는 과정에서 그 목표를 향해 희생되어도 좋다고 생각한다. 즉 사회공학적으로 유토피아의 그런 이상적 국가 즉 정의, 민주, 평화를 자유를 유보하고 추구한다. 그리고 그 목표 달성을 위해 조직을 만들고 그 주어진 임무를 실행할 홍위병을 만들어 실험하면서 인간성을 상실하고 반인륜적 범죄를 저질러게 된다.

우리가 흔히 '공산주의는 나쁘다'는 명제는 엄밀히 잘못된 것이다. 공산주의 사상은 가장 훌륭한 의도로 제창된 것이다. 그 사상의 기조에서 인간의 자유의지를 뺀 것이 화근이었다. 더욱이 경험론적으로 공산주의자들이 저지른 행동과 그 결과는 완전 이념과는 반대 결과로 나왔다. 그래서 엄밀히 말하면 공산주의자들의 행동의 결과를 경험론적으로 보고 반대하는 것이다. 공산주의의 가장 나쁜 점은 인간이 신의 영역 하나님의 지위와 역할을 자처하는 오만이다. 인간은 누구나 부족하고 결함이 있음을 간과한다.

문제는 이 모든 것이 가능하다는 것을 입증하는 시도를 통해 근본악이 실제로 싹트고 존재하며 이 악은 인간들이 벌할 수도 용서할 수도 없을 정도로 치명적이라는 사실을 역사를 통해 인간은 경험적으로 겪었다. 좌파가 가지는 위험은 바로 혁명이라는 이름 하에 모든 것이 가능하다는 것을 제도화하는 과정에 인간성 말살이라는 것을 많은 사람들이 모르고 있다. 그것은 보통사람들은 나치 체제에서 살아남은 '인간의 조건'이라는 책으로 유명한 유대인 여자 학자 '한나 아렌트'가 말한 악의 평범성(The banality of evil)의 갭을 잘 모르기 때문이다. 6백만 유대인을 죽인 전범 아이히만을 잡고 보니 너무나 평범하고 좋은 아버지요, 시민이었던 것에 충격을 받아 쓴 말이다.

캄보디아 폴포트도 악의 평범성의 대표자이다. 그 잘생기고 훈남인 그자가 결국은 크메르루즈군을 통해 인구의 사분지 일을 아이들을 시켜 봉투를 씌워 부모를 살해하도록 만들어 벌판을 킬링필드로 만든 사람이다. 그래서 오스트리아 빈 출생의 영국 철학자 칼포퍼(Karl Raimund Popper)가 그의 대표작인 〈열린사회와 그 적들〉에서 '지상에 천국을 건설하겠다는 시도가 늘 지옥을 만들어 낸다'(The attempt to make heaven on earth invariably produces hell). 고 설파했다. 여기서 천국을 만들겠다는 시도는 흔히 공산주의 혁명이나 군사쿠데타를 지칭한다.

심리학적으론 이런 이상론을 바로 당위성(Shouldness or should statements)으로 연결할 수 있다. 우선 미국의 상담심리학자 Dr David Burns에 의하면 인간갈등이 모든 원인은 바로 10가지 자신이 잘못된 생각(Faulty thinking)에서 기인한다. 당위성이 바로 그중의 하나이다. 즉 무엇보다 당위성은 나의 기대와 가치를 상대방에게 적용하길 기대하며 이렇게 저렇게 해야 한다라고 강요하는 심리적 와전(Cognitive distortion)에서 갈등이 인다. 이 당위 이론에서 개인의 자유와 법치는 질식되고 국가가 개입되는 것이다. 공산주의국가는 공산주의가 추구하는 정의롭고 평등한 세상인 이상적 세상을 개인의 자유를 유보하여 강요한다. 이 결과는 바로 자유 없는 민주평등은 또 다른 불평등과 부패를 만들어왔다.

공산주의 체제로 죽임을 당한 사람이 약 1억명이라 한다. 1997년 프랑스에서 발간된 공산주의 흑서에 의하면 숙청 집단처형, 강제이주인한 피살자는 2천500만명, 중국은 문화혁명기간에 삼천만 명이, 소련은 스탈린 체제 하에 4천500백만명이, 베트남도 200백만 이상, 북한은 600백만이, 캄보디아는 인구의 삼분의 일인 2백5십만이 들판에서 강제노동하다 해골이 덮이는 나라로 변했다. 역사가 바로 이런 공산주의 폭력이론을 실현하려고 하는 과정에서 이념전쟁을 일으키고 무서운 결과를 만들었음을 보여준다. 이런 역사적 현실을 부인하는 사람이 현대에 아직도 존재한다는 것이 정말 믿기 어려운 현실이다.

공산주의는 대체로 두 가지로 볼 수 있다. 북유럽식 준사회복지국가이고 또 마르크시즘의 공산주의이다. 이제 역사가 이미 실패로 증명한 전체주의를 더 이상 실험하지 말아야 하고 이것이 바로 악의 본질임을 경험으로 배웠는데 우리나라만 역사를 거꾸로 가고 있다. 불행히도 우리나라는 현재 바로 막시즘적 공산주의를 믿는 PD계열의 계급평등파와 NL계열의 김일성 주체사상파(주사파)들이 장악했다는 것이다. 그러나 대부분 국민들은 바로 서구식 사회주의라고 믿고 위기의식을 느끼지 못하는 데 있다. '88만원 세대'의 저자 경제학자 우석훈 박사도 말하지 않았는가? 좋은 놈이 이상한 놈이 되고 또 나쁜 놈이 되는 걸 목격한다고…

Ⅱ. 이런 이상주의의 병폐는 어느 정파, 집단, 가족 개인 관계에서도 일어난다. 히틀러는 극우로 게르만의 우수혈통으로 이룬 세상을

꿈꾸는 당위성을 실현하다 육백만 유대인을 죽였다. 통일론에서도 극좌파의 당위성 즉 남북한 평화롭게 통일하여 외세 즉 미국과 일본을 물리치고 우리 민족끼리 자주자족하자는 주사파들의 이상론 즉 바로 이 shouldness 때문에 우리나라도 많은 사람들이 혼동되고 있다. 아내도 이상적 완벽한 남편을 바라다 이상한 사람으로 가족 내 갈등을 일으킨다. 이런 이상주의의 위험은 감사와 수용 대신 더 폐쇄적인 권위 전제주의로 협력과 동반자 대신 증오와 적 선택, 행복 대신 투쟁으로만 규정한다.

소위 보수우파 내에서도 이런 이상병이 번져있다. 이상적 지도자를 바라다가 탄핵을 하고 용서받지 못할 죄를 멀리서도 가까이서도 짓고 있다. 끊임없이 어떤 보수 지도자가 나와도 만족하지 못했다. 이상주의 완벽주의의 결점은 바로 이상과 현실 또는 원칙과 명분의 갭을 무시하고 타협하지 않는다는 점이다. 이들은 정치는 '최선이 아니라 차선의 행함이다'라는 것을 간과한다. 우파 내 이상주의자들은 최선을 외친다. 현실주의자들의 선함을 행하는 것은 이들이 보기에 최선이 아닐 뿐이다. 늘 방관자로 지켜보며 말만으로 최선을 추구하면서 일선에서 행동하는 우파 지도자들의 선함을 추구를 무시한다. 맘에 들지 않는다고 늘 불평한다. 정치는 현실 그 자체라는 인식이 없다. 최선을 외치는 자는 진보좌파와 똑같이 악함을 행하는 자들이다.

이 두 진영 다 한치도 앞을 나가지 못한다. 좌파들이 악을 행하는 것은 이미 의도가 잘못되었으나 우파 내에서 최선을 외치는 자들은 자신의 의도가 맞다고 믿으니 이들의 믿음은 현실을 옭아맬 폭력일 뿐이다. 정치는 똥통 같은 현실에서 하나의 꽃을 피우는 것이지 꽃밭 같은 현실에서 연꽃을 꺾는 게 아니다라는 말에 공감한다. 그래서 칼포퍼가 주장한 '추상적인 선을 실현하려고 하지 말고 구체적인 악을 제거하기 위해 노력하라'(Work for the elimination of concrete evils rather than for the realization of abstract goods)을 새겨들어야 할 것이다.

자유주의는 권위주의를 배격하는 데 한국의 자유 우익은 권위주의가 너무 심한 것이 문제가 아니었나 사료된다. 이념이 자유우익이 아니라 자유우익에 줄을 섰던 사람들이 실제로는 권위주의와 욕심으로 기득권에 천착했고 권위주의와 기득권 욕심이 결국은 좌파공산 세력에게 약점을 잡히는 결과를 초래했다고 보여진다. 그래서 이제는 바로 악의 평범성에 오는 현실과 이상의 괴리(乖離)를 꿰뚫을 수 있는 지적 사고를 해야 하고 우파 가치와 우파 사람들의 행동의 갭을 인지할 수 있어야 한다. 그렇지 않다면 당신 스스로 이 지구상에서 용서할 수 없는 일이 일어나도록 동조하거나 방관하는 위치에 서게 될 것이다.

5-7 내 영역 주장이 분열과 갈등의 원인

현재 모국은 철 지난 이데올로기 전쟁으로 나라가 좌우, 신구세대 간, 지역 간 갈등 속에 있어 한국호 배가 침몰 직전에 있다. 반자유 세력이 자유민주가치를 버리고 적폐청산이라는 이름으로 사회공산주의로 끌고 가려는 의도가 이제 명백히 드러났다. 젊은이들은 늙은이들을 수구꼴통 부르고 전라도와 반전라도로 갈라져 있다. 지도자들이 더 이런 갈등을 자신들의 정치적 이득을 위해 부추긴다. 역대 지도자가 무능하면 이런 국민들의 부정적 파괴심이 더 돌출하게 된다.

이런 갈등구조는 또 보수 내에서도 일어난다. 공동의 적을 끌어내린다고 소위 애국이라는 이름으로 수많은 시간과 정열을 쏟아부었으나 정작 적뿐만 아니라 아군에서도 날아오는 주위의 비난, 거짓, 야유 등의 화살을 받지 않은 사람이 없을 것이다. 다들 적보다 내부의 적과 싸우다 지쳐있다. 이런 현상은 삼국지에서 보다시피 어느 시대 어느 나라 사람들 어느 사건에도 있다. 또한 이것도 과거 전쟁 시절이나 일제 강점기 때 구국 환경에 비하면 아무것도 아니고 어떤 나라 집단에도 일어난다고 위로해본다.

실제 대치하고 있는 적보다 내부의 균열로 망하는 경우가 더 많다. 같은 편에서 당한 배반은 절망을 가져오고 이 절망은 바로 죽음에 이르는 병이라고 키에르케고르가 말했던가. 멀리 가룟유다의 배반을 들지 않아도 이 절망이 바로 우리를 좌절시키는 방해꾼의 일부임을 알면 다시 힘내어 포기 말고 옳다고 믿는 바를 꿋꿋이 해야 할 것이다. 왜 주사파보다 같은 우파들과의 갈등으로 주춤하고 좌절해야 할까? 서로 각사 영역에서 열심히 애국운동 하면 될 것을 서로 끌어내려 자멸을 자초할까? 그래서 이미 이승만 박사가 뭉치면 살고 흩어지면 죽는다라는 간단한 명언을 남겼다.

사회 심리학에서는 'Social Identity Theory'가 이 여러 갈등의 구조적 문제를 잘 설명해 준다. Tajfel(1979)은 이미 오래전에 In group (us) 이 Out group (them) 에 대해 자신들의 이미지를 향상시키기 위해 상대를 차별하려는 속성에서 이런 일이 일어난다고 한다. 즉 안 그룹이 자신의 영역을 지키기 위해 밖의 그룹의 부정적인 면을 파헤쳐 자신 이미지를 향상 시키려는 심리이다. 인간도 동물처럼 자신의 영역을 지키려 하고 그 영역이 침범당하는 것을 지극히 싫어하는 심리가 있다.

이런 내 영역 주장은 가족관계 지역사회 조직 나라 인종 간에 일어난다. 소위 여당은 야당을 또한 야당들 공화당, 미래당 한국당끼리 비방하고 그 당에 속한 사람끼리 싸우는 것 또는 같은 태극기 세력들이 자기 영역에서 단합 못 하는 것 이 모든 것이 바로 이 영역적 편견에서 시작된다고 본다. 이것을 필자는 경계심리(Territorial Psychology)로 부르고 싶다.

역사적으로도 인종차별에 기인한 독일 유대인 학살 류완다의 인종분쟁 유고슬라비아 사태 등이 여기에 속하고 공산주의 나라에서 벌어진 학살도 다 이 영역 지키기 심리에서 나온다. 간단한 예로 기찻간에 낯선 사람이 옆자리에 앉아도 우리는 내 자리를 무의식적으로 침범한다 생각하고 경계를 하게 된다.

동물 중에서 실제 사자보다 물소 떼에게 죽는 사람이 가장 많다고 한다. 물소 떼가 가장 자신의 영역을 침범하는 것을 싫어하는 동물이라고 한다. 서로 부정적 비방(3C: Criticism, Contention, Competition)으로 내 영역 쌓기에만 골몰하는 물소 떼 심리에서 현재 모든 갈등이 생긴다고 본다.

선진국일수록 비방이나 비판보다 긍정적 협력(3C: Coordination, Cooperation, Collaboration) 관계로 성숙된 집단 개인이 되어 이런 경계를 풀고 서로 상호교환과 협조를 하게 된다. 일찍이 교환을 하는 나라나 조직 개인은 서로 상호이미지를 높이기 위해 차이점보다 비슷함을 강조하며 부정적인 면이 아닌 긍정적인 면을 먼저 찾고 강조한다.

우리나라도 좌우파들도 이제 좀 유아적 내 밥그릇 챙기기 숟가락 얹기라는 내 영역 지키기 사고방식에서 벗어나 서로 수용하고 인정하고 감사하고 사과하여 원원하는 성숙한 모습을 보여주길 바란다. 이 영역 지키기는 같은 우파조직 단체에서도 일어나고 있다. 세운 목표는 옆에 두고 서로 명예 추구라며 공개적으로 비방하고 깎아내린다.

바둑의 원리처럼 내 영역을 잘 지키고 상대와 맞붙기보다 멀리 수를 보고 상대 비난에 골몰 말고 내 일에 충실하다 보면 항상 상대방 실수로 이기게 되어있다. 이것이 바로 전술한 Commitment and Acceptance Approach의 적용이다. 상담의 한 이론이지만 자신의 일에 열중하고 남의 영역에 간섭하지 말고 상대의 수고나 기여를 인정하라는 뜻이다. 모든 개인 단체 국가 갈등의 원인은 바로 상대가 우리와 적이고 틀리기 때문에 내가 간섭하여 꺾겠다는 시도를 하기 때문이다.

체제전복세력인 주사파는 자멸하게 되어있다. 자유민주세력이 자신들이 할 일만 각자 테두리에서 열심히 하면 된다. 좌우파 유튜버들 포함 혼자만 옳고 다른 사람 다 틀렸다는 태도로 서로 비난 비방 비평 좀 그만두고 자기 할 일만 하고 내 영역 넘어 팀워크를 하여 시로 수용하고 칭찬 격려 인정하는 문화를 만들자. 그러면 우리가 바라는 자유민주주의 승리가 성큼 눈앞에 와있을 것이다.

5-8 집단갈등은 어떻게 풀까?

전술했듯이 지난 6년간 카톡방을 통해서 많은 한국사람과 소통한 나의 경험과 호주인과 10년 이상 직장생활을 해온 나의 경험에 비교해서 한국사람은 정말 소통을 할 줄 모른다는 것을 절감했다. 그 삶의 교육 신앙과 상관없이 감정지수는 거의 빵점에 가까운 수준이라 말하고 싶다. 경제적으로는 세계 10대 선진국에 들어가나 상대방을 생각하지 않고 자신의 혼자 말만 한다는 뜻이다. 너무나 충격적인 일이다. 이에 다음과 같은 간단한 대화원리를 적용하면 훨씬 대인관계가 유연해지고 갈등이 줄어듦을 말하고 싶다.

요즘 상담심리학에서 수용과 인정(Commitment and Acceptance Therapy)이 갈등을 해소하는 방법으로 주목을 받고 있다. 나와 상대의 생각은 다른 관점이고 민주사회에서 다른 관점은 서로 인정해야 한다는 것. 'Shouldness' 즉 '세상이 이래야 한다'는 좌파적 유토피아는 오히려 디스토피아를 초래함을 역사를 통해 충분히 경험했고 지금도 하고 있다. 상대방 조직이나 단체가 이래야 저래야 해야 한다라고 강요하기보다 내 자신의 영역을 지키고 최선을 다하고 남이 하는 것에 간섭하지 않고 인정하고 수용한다. 집단의 공동 목표 달성을 위해 각자 모자이크 역할을 하는 것으로 이해하면 집단갈등은 많이 줄어든다. 민주는 사회, 정의 평등의 역할을 자유보수는 경제개발, 법치주의, 개인 자유 진실 등의 가치로 서로 상호보완 한다는 각도에서 정치적 사건이나 이슈에 대해 열린 마음을 가질 때 지금 우리나라가 당면한 갈등의 골을 줄일 수 있는 단추를 끼게 된다.

대통령부터 촛불만이 아니라 태극기 민심도 포용해야 한다. 그리고 진보 보수 모두 필요한 관점으로 수용하고 거기서 합의점을 찾아야 한다. 또한 우파 내에서도 비박 친박 모두 서로 각자 하는 영역을 인정해주고 대결이 아닌 보완관계로 보면 된다. 명분과 실리가 조화를 이루고 이론과 실제가 조화를 이루는 중도적 관점에서 항상 약간 불완전하고 상황을 감안하여 그럴 수 있겠다고 받아드리는 마음에서 단합이 나오고 협치가 나오고 시너지가 생긴다. 시급한 문제는 지금은 이 모든 갈등이 너무 심화되어 이제 자유민주세력이 위험을 받게 된 상황이다. 물론 현재 한국상황의 근본 문제는 극좌파들의 정치장악인 비정상 상태로 본다.

끝으로 이런 개인 사회 집단 갈등을 치유할 7가지 태도(7As)를 제안해 본다. 영어로 이것을 대화의 '7A Principles'이라고 부르고 싶다. 첫째 바로 상대방 또는 좌우파 내에서 다름을 ① 귀 기울여 주목하고 경청할 것 (Attention) ② 그 다음에 상대에 대한 애정을 가져야 한다(Affection). ③ 상대방의 다른 요구나 느낌 감정을 인정할 것(Acknowledgement) ④ 그리고 상대에 대해 본의 아니게 상처준 것에 사과를 해야한다(Apology) ⑤ 그리고 그 상대를 있는 그대로 수용해야 한다(Acceptance). ⑥ 그리고 상대방의 장점을 격려하고 지지해야 한다(Approval) ⑦그리고 상대방이 준 영향에 대해 부정적이든 긍정적이든 감사해야 한다(Appreciation).

상대방에게 'Shouldness' (이렇게 저렇게 행동해야 된다)를 강요하고 기대함에서 벗어나 한 걸음 물러서 서로 비난과 질책보다 7A원리 그리고 'I feel statements'를 적용한다면 집단과 개인간의 갈등은 현저히 줄어 들 것이다. (Peter Charlestron, Closer: 7 principles of connectness)

5-9 대통령과 상담문화 정착

박근혜 전 대통령에 대한 탄핵의 원인이었던 국정농단과 뇌물에 대한 조사가 6년간 계속되었으나 결국 최서원과 관련된 태블릿PC가 허구며 뇌물 하나 받지 않았다는 것만 밝혀지고 있다.

호주에 살고 있는 동포 입장에서 보면 증거인멸의 이유로 재판 전인 전 대통령을 감옥에 가두고 심리를 연장하는 것은 이해할 수 없는 일이다. 하지만 무엇보다 경악스러운 사실은 한 장애자의 인권을 보호하려고 호주라는 국가가 들이는 엄청난 복지비용을 보면서 박대통령 사건에 대한 심리적 고찰과 배려가 전무하다는 것이다.

감옥에 갇혔던 전직 대통령과 측근들에게 아직도 거짓뉴스와 인격살인을 저지르는 방송과 패널들, 사법부, 더욱이 인권변호사로 일한 대통령이 탄핵사건에 대해 벌이는 일들을 보면 좌우를 떠나 한 인간에 대한 최소한 예의마저 버린 것 같이 보인다.

필자는 정치적으로 탄핵을 한국역사 최악의 법치파괴라 보며 북한 중공 사주를 받은 체제전복세력들의 체제 전쟁이라 본다. 탄핵사태를 심리적인 관점에서 보면 박대통령은 지극히 피해자 입장에 있다. 그는 워낙 내공이 강해 견디고 있지만 보통사람은 이미 자살했을 만큼 치욕적이고 억울할 것이다. 우리 국민이 얼마나 박 전 대통령의 심리적 피폐를 이해할 수 있을까?

지금 그녀를 좋아하든 싫어하든 한 피해자를 보호하는 해결책을 내놓는 것이 바람직하다고 생각한다. 그 중에 필자는 상담문화의 정착을 들고 싶다.

심리학적 관점에서 박 전 대통령이 아버지의 공백을 최태민을 통해 메꾸고 최서원에게 많은 것을 의지했던 결과 이런 사태에 빌미를 주었다는 것에 일부 동의한다. 그렇지만 인격을 모독하는 언론의 무차별 포화를 받은 그에게 무엇보다 시급한 것은 상담이다.

알다시피 박대통령은 양친을 비운에 잃었다. 이것이 큰 상처가 되었을 것이다. 거기다 국사로 바빴던 아버지로부터 깊은 사랑을 받지 못했을 것이고 두 동생을 건사해야 했다. 장녀들은 나름대로 피해의식을 갖게 된다. 더욱이 어머니가 돌아가시고 나서 퍼스트레이디의 역할은 어린 그에게 너무 부담이었을 것이다. 뿐만 아니라 선거 중 당한 살인미수사건, 정치판의 권모술수, 돌아서면 배신하는 사람들을 보면서 측근에 대한 신의를 완전히 상실했을 것이다.

이런 정황을 보면 박 전 대통령은 재임 중에도 상담이 절실하게 필요했을 것이다. 박 전 대통령은 아마 피해자의식이 많이 지배했을 것이다. 어쩌면 우울증에 대인기피증 등도 예상된다. 때문에 그를 무조건 신뢰해주고 충성하고 인정해주는 최씨 일가에 자연히 기대었을 것 같다. 이런 불건강한 정신상태였다면 대통령 초기부터 전문 상담요원을 대통령에게 붙여주었어야 했다.

우리나라 사람들은 아직도 상담은 꼭 정신이 이상한 사람만이 받는다는 잘못된 고정관념이 있다. 그러나 호주에서는 직장 어디든지 상담원이 있다. 조직생활에서 문제가 생기면 직장에서 정한 전문가에게 상담받게 한다. 또 외부 정신신경의사 그리고 심리학자 등을 볼 수 있게 재정적으로 배려해준다. 다시 말해 힘들게 일을 시키면서도 한편 그 고통을 생각해서 숨통을 틔워준다. 상담은 정신건강 여부를 떠나 생활의 일부다.

필자가 48세에 호주 시드니대학에서 영어교육학으로 박사학위를 마치고 호주대학에 교편을 잡기 시작한 나이가 50세였다. 뒤늦은 나이에 엄격한 조직생활을 시작하면서 내가 저지른 사소한(?) 실수로 직장에서 쫓겨날 뻔한 일이 있었다.

6개월간 주말에도 그 사건을 떨쳐버리지 못하고 억울한 생각이 들어 자다가 벌떡 일어날 정도로 힘들었다. 그때 학교에서 추천한 기관에서 상담을 받고 또 따로 한 2년간 홈닥터가 정해주는 전문상담원에게 상담을 주기적으로 받았다. 나 같은 경우 상담까지 전공했기 때문에 상담받는다는 데 자존심이 허락하지 않았지만 상담을 꾸준히 받으면서 느낀 사실은 상담은 누구에게나 필요하다는 것이었다. 남이 잘못해서 일이 벌어져도 이걸 어떻게 대처할 것인가? 내가 잘못이 있어도 왜 내가 잘못하고 또 그걸 계기로 어떻게 발전할 수 있을까를 명백히 알게 되었다. 나의 약점과 장점도 무엇인가도 잘 알게 되었다.

나는 한국을 떠난 지 20년이 넘어 한국에 얼마나 상담문화가 정착해 있는지 모른다. 그러나 스트레스가 많이 있는 조직 어느 곳이나 전문상담원을 배치해 고용자들이 항상 상담을 받는 문화가 정착되기를 기대해본다.

특히 권모술수가 난무하는 정치판이나 감옥소 등에 전문 상담소를 부설로 설치하는 것도 이런 사태의 재발을 방지하는 해결책이 될 것으로 생각된다. 이유야 어쨌든 지금 박 전 대통령 심정은 억울하고 원통해서 스트레스가 쌓여 거의 자살하고 싶은 충동이 있을 것이다. 왜 국민들이 그렇게 화났는지도 객관적으로 인정하기 힘들 것이다. 대통령을 비롯한 지도자격에 있는 사람들은 특히 수시로 상담을 받아 건강하고 객관적이며 합리적인 정신으로 일할 수 있는 제도적 장치를 지금이라도 마련하기 바란다.

피난길에서 (母子-2)

오진국
5.1cm x 53cm(15호F) 혼합재료

6장
여성에 대한 사랑으로

내가 여성이라서인지 나는 여성들이 걸어온 인생길에 관심이 많다. 모국은 여성 상위문화가 자리잡혀 여성전용차량이 주차장에 지정된 것을 보고 깜짝 놀랐다. 그러나 60·70대 여성들은 여전히 남성위주의 문화에서 살아온 굴곡진 삶의 행적을 볼 수있다.

모국이 이렇게 성장하게 된 것도 행주치마 두른 여성들의 희생과 봉사가 있었기에 가능하다고 생각한다. 먼 독일에서 간호원으로 일하고, 여성 스스로 머리를 잘라 가발을 만들어 수출하고 대식구의 자녀들을 힘들게 키워온 위대한 한국의 여성들을 존경한다. 물론 고개 숙인 남성들의 무한한 희생과 노고도 기억할 것이다.

이 장은 내가 만난 호주와 한국의 보통 여자들이 겪은 상처투성이 인생을 소개하고자 한다.

6-1 눈물의 미학

어린 시절 우리 집 바로 옆집에 '옥분'이라는 처녀가 살고 있었다. 지금도 그 이름이 기억나는 것으로 봐서 어지간히 내 가슴 깊이 박힌 사람 중의 한 사람인 것 같다. 초가 타며 눈물로 태워 주위를 밝히듯이 눈물이라면 그 처자가 더 많이 흘렸을지 내가 더 많이 흘렸을지 모르지만 눈물의 종류는 다름에 틀림 없다.

그 처녀는 아침 식사 후 설거지가 다 끝나고 집안일도 다 끝나갈 쯤 여자들이 이제 조금 허리 펴고 쉴 점심시간 조금 못 되는 그 시간쯤이면 어김없이 흐느껴 울곤 했다. 처음에는 조금 소리 죽여 울다가 시간이 흐를수록 통곡하는 소리로 바뀌어 꼭 귀신 영화에 나오는 느낌으로 바뀔 즈음이면 멈추곤 했다. 그러다 저녁 지을 때쯤 우물가에서 만나 눈치를 볼라치면 언제 울었냐는 듯이 긴 머리칼을 쓸어 올리며 배시시 웃곤 했다. 하루는 새해 보름이 되어 우리 조무래기들은 조리를 들고 집집마다 잡곡밥을 얻으러 다녔다. 그날도 마침 그 처녀가 한바탕 울고 난 직후여서 우리는 은근히 걱정하면서 그 집에 갔다. 그런데 어느새 그 처자는 우리를 반갑게 맞이하며 어느 집 못지않게 잡곡밥을 조리가 터지도록 준 기억이 나는 것으로 봐서 우는 것만 빼고는 어느 정상인과 하나도 다름이 없었다. 동네 사람들은 노처녀 시집을 못 가서 그런다는 등 옥분이는 미쳤다라고 수군거렸다. 지금 돌이켜보면 우울증 환자인 것 같다.

또 하나 우리 집에 자주 오던 한국 유학생 남학생은 한국에서 대학을 두 번이나 떨어져 고민하다 울릉공대학으로 유학 와서 고생 끝에 대학에 입학할 수 있었고 영어도 꽤 유창하게 잘하며 그 즐기던 술, 담배도 끊고 착실해진 성공적인 유학 생활을 이끌어낸 사람 중의 하나이다. 그 남학생은 들어오면서 "아이고 아줌마 슬퍼서 죽겠네" 하면서 코를 훌쩍거린다. 그러면 나는 "아니 부모가 학비 꼬박꼬박 넉넉히 줘. 원하던 대학에 들어가. 무슨 고민이 있어서 그러나."라며 배불러서 하는 소리겠지 하고 처음에 대수롭지 않게 응수했다. 그러나 그 남학생은 심각한 표정으로 슬퍼서 심장이 늘 울려 강의 듣기도 힘들고 자기가 참고 앉아 있으면 심장이 울어 옆에 앉은 여학생에게 전이되어 그 여학생이 훌쩍거린다는 것이다.

이 두 사람의 눈물의 의미는 공통점도 있고 차이점도 있다. 먼저, 공통점은 두 사람 다 뭔가 욕구 좌절상태에 있다는 것이다. 이유가 뭐든 자아 상실감을 느끼고 있다는 것이다. 그래서 눈물로써 감정의 정화를 가져오게 되고 그럼으로써 지극히 정상인으로서 다시 생활할 활력을 얻는다.

다음, 차이점은 한 사람은 여성으로서 그 당시(그때만 해도 옛날이었다. 거의 30년 전 일이니) 억압된 사회구조적 분위기에서 집안에 갇혀 늘 반복되는 일상 속에서 찢어지는 가난과 함께 아무런 변화도 희망도 없이 정절만 강요된 채 지내야 했던 좌절감이고, 남학생은 개화되고 복잡한 현대 생활을 영위하면서 억압된 부모에게서도 해방되고 입학시험에서도 해방된 자유의 분위기를 마음껏 누릴 수 있는 환경 속에서 선택할 주관적 자유의지의 부족과 학업 스트레스에서 오는 방황이다.

어쨌건 눈물을 흘린다는 것은 지극히 자연스러운 억압된 감정의 발산의 방법이고 정신건강에 매우 유익하다. 요즘 같이 복잡한 현대 사회를 살아가면서 받는 많은 정신적 스트레스를 울음으로써 해소하는 것도 괜찮다고 생각한다. 호주에 온 이후 근래 나이가 들면서 나는 부쩍 결혼 초와는 다른 종류의 눈물이 많아진 것 같다. 그런 현상이 좋은 것인지 나쁜 것인지 모르지만 어쨌거나 내 자신을 돌아보는 기회를 많이 가져다주는 것은 사실인 것 같다. 나이가 들수록 인품이 성숙해져 누구에게나 관대해 져야 하는데 남편에게 더 짜증과 화를 버럭 내는 것 같고 영어가 좀 된답시고 호주인과 부딪힐 때마다 참지 못하고 돌아서서 후회하지 말자는 식으로 하고 싶은 말을 다 내뱉어 버려 혹시 한국인의 아니 아시아인의 인상을 흐리게 하는 것은 아닌가 생각되기도 한다. 한편은 어떤 종류의 눈물이든 눈물을 흘리는 그 순간 차제는 순수한 자아로 돌아가기 때문에 그만큼 내가 순수하게 되었나 하는 생각이 들고 또 참는 것이 정신건강에 별로 좋을 게 없다는 위안을 해보기도 한다.

신은 인간만이 눈물을 흘리도록 축복을 준 것만은 사실이며 나의 경우 눈물을 바가지로 넘치도록 흘리지 않았다면 지금의 나를 지탱하고 있었을까 하는 의구심이 든다. 25년 넘도록 달리는 기차길 평행선만큼이나 다른 남편과 만나 지지고 뽁으면서 살아온 결혼생활, 모든 이민자들이 다 그렇지만, 영어 한마디 못한 상태에서 39세 나이에 처음 랭귀지스쿨에서 시작하여 대학에서 에세이 쓰는 강의를 하기까지 내가 돌아서서 흘려야 했던 때론 마르고 때론 질펀한 눈물들…. 간밤에 주르륵 내리던 비 그치고 시리도록 파랗게 갠 호주의 가을 아침 하늘을 쳐다보니 주책없이 또 콧등이 찡해 옴을 느낀다.

6-2 상처 난 여인들

따끈한 유황온천탕에 몸을 깊숙이 밀어 넣는다. 오천 미터 지하에서 올라온 뜨거운 물에 들어가자 몸과 마음이 미역줄기처럼 풀린다. 상처받은 여인의 내면 온도는 몇 도나 될까? 버려진 여인처럼 황량한 시골 온천마을인 라이트닝리지(Lightening Ridge)에 도착하자 떠오른 생각이다. 이곳은 시드니에서 12시간 차로 떨어진 척박한 오지, 온천과 함께 블랙오팔로도 유명세를 타기 시작한 곳이다. 여행이 몰고 온 자유와 따끈한 감동이 내 안으로부터 용해되어 나온다. 하늘에는 어릴 때 본 만큼이나 많은 별들이 총총 보인다. 혀끝에 닿는 유황의 냄새가 지난밤 온도에 따라 색깔이 달라진다는 별을 불러낸다. 붉은 별은 섭씨 삼천도, 파랗게 깜박이는 별은 만도라고 한다. 여인들의 상처 또한 별의 온도처럼 파랗게 또는 붉게 가슴속에서 점멸하고 있겠지. 호주인 일색인 노천 남녀공동탕의 풍광을 훑어본다. 저만치서 호주인 남자 두 명이 옥신각신 욕설을 하며 싸운다. 온몸에 문신을 한 남자가 탕을 박차며 나간다. 아 그들도 싸우는구나!.

오랜만에 탄 시골로 달리는 기차에서 본 오지의 초겨울의 시골은 한국과 거의 다르지 않다. 다만 그렇게 화려하게 단풍으로 수를 놓진 않아도 내륙이어서인지 '오렌지'를 지날 때쯤은 제법 울긋불긋 한두 이파리가 하마 지는 단풍나무도 있었다. 껍질이 벗겨지는 감트리(Gum tree 유클립트스) 만이 세월에 지쳐 드러누워 힘겹게 버티며 군데군데 서 있다. 다섯 명의 여자들은 오랜만에 기차를 타서인지 다들 육십이 넘은 얼굴에도 한껏 상기되어 소위 번개 소풍에 수다를 떨고 있다. 아는 친구의 권유로 직장에서 그리고 한국인집단에서 오는 스트레스를 풀고 싶어서 나도 여행에 참여했다. 떠나는 날 생떼 같은 비바람이 몰아쳐 호주에 산 이래 밤새 내내 퍼붓는 비를 보기는 처음이었다. 비바람 사이로 나타난 새벽기차를 타니 대부분이 낯선 동반객들이다.

얼추 60, 70대의 한국여자들이 얼마나 상처투성이의 삶을 살아왔는지 깊이 깨닫는 데는 얼마 시간이 흐르지 않아서였다. 이혼은 이미 낡은 훈장처럼 걸려있는 상태고 이혼은 안 해도 소위 졸혼(결혼을 졸업)한 여자들이다. 이혼한 여자들 모두 남편의 외도였고 그것은 여자로서 가장 감당하기 힘든 십자가임을 그녀들을 통해 깨달았다. 외도한 남편들은 자신의 죄를 정당화하기 위해 오히려 혼외정사라는 누명을 씌우고 아이들마저 배반하게 만들고 뺏어 갔다. 법이 발달한 호주에서 십년간 끌어온 법정 소송 끝에 쥐꼬리만 한 재산만 던져주고… 그런 세월에 깊은 상처의 골로 남아 수시로 밤새 울어 눈이 퉁퉁 부은 여자. 70대 이혼당한 할머니, 할머니이기엔 너무 젊다. 기골이 세게 생겼는데 남편의 신체폭력을 20년간 참고 그것도 가정폭력신고가 가장 잘된 호주에서 살면서 참고 살아온 것이 믿기지 않는다. 남편이 같이 다니던 교회 회원과 눈맞아 이혼을 청구했을 때 흔쾌히 해주었다고 했다. 마지막 헤어지던 날 그동안 참은 고통을 화산용암 쏟듯이 남편의 얼굴에 퍼부었다. 그 죄로 경찰서까지 끌려갔다 풀려난 그녀는 공사판을 뛰며 생활을 꾸려야 했다. 그녀들 다 한때는 근사한 저택에 남자 사랑을 받으며 살고 싶은 꿈이 있었을 것이다. 이혼당하여 혼자 생계를 꾸리는 상상은 한 번도 해보지 않았을 것이다. 블랙오팔처럼 가치를 인정받으며 살리라 생각했을 것이다.

오팔을 캐는 곳을 보여주는 지하 벙크 가게에서 오팔이 생성되는 설명을 들으면서 또 한 여자를 떠올린다. 블랙오팔만큼 고혹적이고 화려하게 생긴 또 한 여자. 스스로 '상큼한여자'라 소개하며 밝은 분홍빛 연지만큼 미소도 환하다. 그녀가 주절주절 늘어놓은 상처들… 성형외과 의사이며 잘생긴 남편은 허구헌날 바람을 피웠다. 안방에까지 끌어들이며… 그렇게 앞에서 이쁜 여자가 뒤로 보면 할머니같이 구부정한 자태를 이해할 수 없었다. 그날도 남편은 들어오지 않았다. 먹지 못하던 술을 먹은 뒤 베란다에서 실성한 그녀. 다행히 트럭에 쌓아놓은 모래 위에 떨어져 그나마 일년 병원 신세를 지낸 것을 목숨 잃지 않은 것으로 위로를 해야 했다.

그녀는 시드니로 와서 애들 뒷바라지하며 건강한 남편이 이제는 공식적으로 바람피우도록 선처해준다고 할 때 잠깐 고운 눈매가 파르르 떨었다. 한때는 남편이 없으면 죽을 것처럼 사랑했고 또한 그가 없으면 정말 행복할 것 같다는 생각을 했다는 그녀. 또 하나의 70대 여인. 시드니 와 안 해본 일이 없었다. 청소에서 신발공장까지 정말 억척같이 두 딸을 사립학교 보내려고 버는 모든 돈 다 자녀교육에 쓸어 넣었다. 마침 차린 가방가게가 잘되어 미친 듯이 돈 버는 데 열중했다. 기대처럼 딸들은 잘 성장했고 원하는 의대에 들어가게 되었다. 그런 어느 날 찾아온 마지막 선고, 목숨을 걸고 건강회복에 힘써 지금은 요가를 가르치는 선생으로 활동하고 있다. 남편과는 애초부터 코드가 맞지 않아 자식이 이어주는 줄에 매달려 산다고 했다. 그 상처의 깊이와 각각 다르게 표현되었지만 상처받은 여인들의 가슴에 끓는 아픔의 온도는 별반 달라 보이지 않았다.

모두가 눈을 감고 있다. 돌아온 과거를 굽이굽이 회상하듯 그런 나름의 믿음을 불러내듯, 너무 뜨겁지도 않은 온천물에서 가슴 높이만큼만 담그고 찬 머리로 생각에 잠긴다. 때론 삶을 놓아버리고 싶은 만큼 힘들었다고 기차에서 고백하던 그녀들이 지금은 옹기종이 모여앉아 비늘같이 붙어있는 상처들을 하나둘 온천물에 녹여낸다. 상처들 때문에 화도 내고 몰상식한 행동도 하고 가까운 이들에게 문제를 투사하겠지. 상처투성이의 한국여성들. 오지에 와서도 더욱 덧난 상처를 미처 삭이지 못해 핥듯이 온천물을 적시고 있다. 온천수는 어떤 부인병도 낫게 하는 특효가 있다고 한다. 온천물은 한 곳에서 나오고 다른 쪽으로 흘러나갔다 다시 끊임없이 새 물로 돌아왔다.

그 물흐름으로 여자 모두의 상처도 뗏물이 되어 두둥실 흘러갔다. 서로의 상처, 크고 작든 다 자기에게 힘들었던 상처, 누구라도 갖고 있던 인생이라는 여행길, 이민자로 허덕이며 살려다 얻은 상처들… 상처를 건드린다고 아우성치기보다 이제는 서로가 상처를 안아주듯 가만히 서로 기대어 있다.

'아 너도 그런 삶을 살았구나' 공감이 일어나고 공유가 되고 공명이 일어나며 너, 나가 우리로 묶여진다. 그들이 진정 원하는 것은 뭘까? 그들의 아픔을 따뜻한 눈길로 바라보고 경청하고 공감해주고 가치를 알아주는 것일 텐데… 이제 초연하게 보낼 수 있다. 누구도 상처가 있고 아무도 상처를 주지 않았음을 깨닫기 때문이다. 이제는 조금씩 아문다. 돌아가는 기차의 차창으로 보니 늙어 드러누워 보이던 감트리 나무가 이제 오히려 벗겨진 껍질로 인해서 거친 비바람과 변화무쌍한 사계절의 날씨에도 단단하게 서 있어 보인다. 시드니에 폭풍이 몰아쳤다고 한다. 여자들은 용케도 폭풍을 피했고 이제 폭풍이 불어도 끄떡없을 것이다. 돌아가는 날은 맑고 상큼한 공기와 드높고 푸른 하늘에 밝게 떠오른 태양을 기대해도 좋을 것 같다.

6-3 수영장의 눈물

할머니가 아들 이야기를 꺼낸 것은 내가 그녀를 수영장에서 두 번째 만났을 때였다. 아무려면 누구라도 마음속 깊이 숨겨 놓았던 그 큰 아픔을 선뜻 처음 만난 사람을 붙잡고 늘어놓기가 쉽지 않을 것이다. 아니면 그녀 말대로 소설을 써도 몇 권을 쓸 수 있는 얘기를 털어놓을 수 있는 곳이 수영장이란 곳에서는 아니라고 생각을 했을지도 모른다. 그도 저도 아니라면 박복하고 척박했던 자신의 남루한 얘기를 처음 보는 사람에게 털어놓기가 민망해서였을까.

"내 아들 대신에 딸을 데려간 것 같아 더욱 불쌍하고 잊어지지가 않네."

그 첫마디를 듣는 순간, 신기하게도 그것이 무엇을 말하는지 직감적으로 내 마음에 꽂혀왔다. 이제까지 그녀를 괴롭혔던 것이 무엇이었는지를 알 수 있었다. 할머니는 두 자식 중 하나를 잃었던 것을 숙명으로 생각했고, 그렇게 했던 것이 그나마 오늘까지 당신의 삶을 지탱할 수 있었던 것이라, 믿고 있었다. 그러나 아들을 '담보'로 딸을 보냈다는 것이 그녀를 견디기 힘들게 했을 것이다. '누가'가 아닌 '누구 대신'이라는 그 말이 뼈를 깎는 아픔이 되었던 것이다. 목숨이란 것을 과연 누가 누구를 대신할 수 있단 말인가. 한낱 신체의 장기도 아니고. 그리고 만약 내가 그 상황이었다면 어떻게 했을까. 그녀나 나나 똑같이 아들 하나에 딸 둘을 가진 엄마가 아닌가. 세상에 아들이 하나든 둘이든 또 딸이든 아들이든…. 나는 마음이 끝없이 착잡해져 왔다.

처음 그녀를 만난 날은 화창한 토요일이었다. 내가 살고 있는 시드니 근교의 주택가에는 벚꽃, 진달래, 목련들이 화려한 봄을 단장하고 있었다. 수영장의 물속으로 막 들어가려고 하는데 한 여자가 나를 힐끔 쳐다보았다. 내가 본 그녀는 아주 늙지도 그렇다고 그다지 젊지도 않은 이제 막 늙어 가는 여자였다. 나는 한국 사람임을 직감적으로 알았다. 내 직감은 그동안 대부분 들어맞았다. 웃을 때 눈가의 주름은 확연했지만 아직 할머니라고 하기에는 볼 주위가 팽팽했다. 내가 물어본 그녀의 나이는 육십삼 세라고 했다.

우리는 오랫동안 만나온 사이처럼 물속을 같이 걸었다. 반 바퀴를 돌고 있을 때쯤 우리는 딸 둘 아들 하나를 둔 공통점이 있다는 것을 알게 되었다. 그것이 그녀가 입을 열 수 있는 용기가 됐을까. 그녀는 깊숙이 포개 놓았던 가슴의 상처들을 내게 꺼내놓기 시작했다. 그러나 그녀의 얘기는 두서가 없었다.

"영감이 오십셋이란 젊은 나이에 위암으로 앞서갈 때만 해도 슬픔은 견딜 만했다우. 삼 년 전 위암으로 떠난 막내딸에 비하면…"

할머니는 손수건을 펼치듯 울 준비를 했다.
"어린 나이에 결혼을 하고 아이 셋을 낳았지. 그 세월 속엔 가족이란 울타리가 사는 것을 지켜 주었다우. 그러나 산다는 것이… 어느 날 딸을 먼저 보내면서… 한 삼년 동안 정신도 놓고 미친 것처럼 살았다우."

얘기하면서 할머니는 그때를 돌이키자 울음이 수돗물처럼 콸콸 터져 나왔다. 다행히 주위에 사람들이 없었다. 마침 방학이라 평소에 시끌벅적하던 수영장이 오늘따라 조용했다. 멀리 보이는 수영장의 맞은편에서 부옇게 낀 물안개가 주변을 흐리고 있었다.

"일 년간 병원에서 방사선 치료하고 있는 딸을 지켜보는 시간이 내게 가장 고통스러웠던 시간이었다우. 내 피가 바싹싹 말라 들어갔지요. 딸도 처음에는 늦게 결혼하여 팔년 만에 낳은 딸자식을 홀로 남기고 자신이 암에 걸린 것을 안 받아들이려고 했어요. 그러다 시간이 차츰 흐르면서 서서히 마음의 준비도 하고, 나중엔 죽음을 준비할 수 있는 시간을 가질 수 있었던 것을 감사하게까지 생각한다고 했다우. 그런데… 그런데 죽기… 하루 전날 내게 삼천만원짜리 적금 통장을 쥐어 주었다우. 딸은 자신이 죽을 것을 알았던것 같아… 흑… 흑…"

한번 울음이 터지자 그녀는 꺼억꺼억 울기 시작했다. 두 여자가 부둥켜안고 울면서 흘리는 눈물의 용량으로 갑자기 수영장 물이 펑펑 흘러넘쳤다. 그러나 정작 내가 흘린 눈물은 할머니의 슬픔을 위로하려고 흘린 눈물은 아니었다. 내가 할머니의 딸을 만나봤던 것도 아니고 또 사진으로라도 본 적이 있는 것은 아니었지만, 또 한낱 인간인 내가 쉽게 설명을 할 수 있는 문제도 아니었지만, 그 누군가를 대신해서 죽었던 한 여인을 향한 눈물이었다. 내가 여자여서 그런 것만은 아니다. 그것은 우리 세대가 겪었던 아픔이 층층이 쌓인 한을 위한 내 눈물이었다. 증조외할머니가 외할머니를 낳고 외할머니가 어머니를 낳고 어머니가 나를 낳았고 나는 두 딸을 낳았다. 낳고 낳는 속에서도 아들인가 딸인가…, 내가 선택하지 않았지만 분명히 남자와 다르게 살 수밖에 없었던 내 선조의 여인들을 향하여 나는 울어 주어야 한다는 생각이 들었다. 그러나 그때 나는 할머니와 함께 있었고 그 시간만은 그녀의 편이 되어 주어야 한다는 숙제 같은 부담에서 또한 벗어 날 수가 없었다.

"영감과 내가 못 배운 것이 한이 되어 뼈 빠지게 노동해서 번 돈으로 자식들은 대학공부 다 시켰다우. 시집가서 인제 잘 사나 싶더니…"

그렇지 않아도 물속의 나트륨으로 벌겋던 그녀의 눈이 더 붉어졌다. 내 목에서는 생리 때나 뭉치는 생혈이 맺힌 듯 목구멍이 꽉 막혀왔다. 문득, 어디선가 보았던 희미한 한 장의 그림이 떠올랐다. 한 손엔 보따리를 들고 자식에게 줄 음식을 머리에 이고 시골 기찻길을 지칠 줄도 모르고 걸어가는 아낙의 뒷모습, 모질게 불어오는 차가운 바람에 휘날리는 검정 치맛자락을 한 손으로 감아쥐고 흰 저고리가 여자의 가는 허리와 함께 휘청거려도… 내게 그 제목을 붙이라면 '가장 슬픈 무제'라고 할 것이다. 무조건 헌신하는 '어머니' 그 아름다운 단어와 함께 그리고 그 그림 속의 여인과 함께.

내가 어떻게 하여야 할머니가 슬픈 기억 속을 벗어날 수 있을까, 나는 머리를 굴렸다. 문득 어제 읽은 '중국의 고전'이란 책의 내용이 생각났다.

'중국의 어느 마을에 자식을 앞세운 엄마가 그 슬픔을 이길 길이 없어 유명한 도사를 찾아갔다. 그 도사는 사람들의 모든 소망을 들어준다고 소문이 나 있었다. 도사가 시키는 대로만 하면 자식을 다시 살릴 수 있는 길이 있다는 말에 도사가 시키는 대로 하겠다고 약속을 했다. 도사는 그녀에게 전국 방방곡곡을 돌며 죽은 사람이 한 사람도 없는 집을 찾아내 도장을 받아 오면 네 자식을 내가 살려주겠다고 했다. 그 엄마는 자식을 살릴 수 있다는 생각에 전국 방방곡곡을 돌며 집과 집을 방문했다. 그러나 그녀는 죽음을 겪지 않은 집을 끝내 한 집도 찾지 못했다. 자식을 잃은 집이 혼자가 아니라는 것을 알게 된 그녀는 얼마간 스스로 슬픔을 위로받을 수 있었다.'

나는 할머니에게 이 얘기를 들려주면서 왠지 서글픈 생각이 들었다. 과연 이러한 내 얘기가 그녀를 얼마나 위로할 수 있단 말인가. 그러나 허망한 내 심정과는 달리 할머니의 울음은 얼마간 진정이 되었다.

문득 생각을 해보니 할머니를 슬픔에 빠뜨린 것이 내 탓이란 생각이 들었다. 할머니도 나도 얼마 동안 말이 없었다. 말 없는 그녀를 바라보자 나는 다시 그녀의 슬픔이 마치 내 책임이라고 된 것처럼 불안해졌다. 마치 과제를 떠안은 사람처럼 나는 할머니를 향해 다시 위로의 말을 나도 모르게 꺼내고 있었다.

"우리 둘째 언니는 둘째 아들을 잃었답니다. 멀쩡하게 잘 키워 놓은 자식이 어느 날부터 교회를 다니기 시작했어요. 그때 이미 우울증과 정신분열증에 걸려 있었다는 말은 나중에 언니에게 들었답니다. 종교에 미쳐서 살쾡이처럼 전국을 돌아다니다 어느 날 기도원에서 한 여자를 만나 같이 살림을 살았답니다. 그 여자와의 사이에 아이를 둘씩이나 낳았지요. 그런데 결국은 정신분열증이 도져서 농약을 마시고 자살을 했답니다."

"그러게요, 쯧쯧 이야기를 들으니 그 둘째 언니가 얼마나 가슴이 아팠을까? 하나님도 무심하시지…."

나는 그녀가 내 얘기에 관심을 보이자 나 스스로 나를 부추기고 있었다.

"또 한 내 친구는 직장에 다닐 동안 꼬박꼬박 건강 검진도 하고 건강에 무척 신경을 썼지만 어느 날 갑자기 통증이 있어 병원에 갔더니 임파선 4기 진단이 내렸지 뭡니까. 임파선이 이미 온몸에 퍼져서… 의사 말로 너무 늦었다고, 희망이 없다는 진단 결과가 났다지 뭡니까. 지금까지도 그 독한 방사선 치료를 받느라 사투를 벌이고 있습니다만…."

왜 내가 이렇게 많은 말을 하고 있는가? 이런 얘기가 할머니의 가슴에 묻은 딸을 향한 슬픔에 무슨 위로가 된단 말인가, 나는 갑자기 다시 허탈해졌다. 그러나 할머니는 꼭 내가 아니라 하더라도 누군가에게 자신의 가슴에 뭉친 말을 뱉을 상대가 필요하리라, 아들 얘기를 꺼낸 걸 보면 말이다.

"장가간 아들내외에게 아기가 생기지 않았어요. 그 날, 나는 아들이 아기가 없는 것이 몹시 안타까워 꽃에 물을 주면서 마음속으로 기원을 하고 있는데 전화벨이 그날따라 야단스럽게 울렸어요. 호주에 가 사는 며느리가 아들이 병원에 입원을 했다고 연락을 했어요. 바로 호주로 달려갔지요. 그 날 딸의 간호를 오후에 가야 했는데 그것도 까마득하게 잊어버렸지요. 아들이 갑자기 얼굴이 노랗게 변하고 열이 40도까지 올라 부랴부랴 병원에 갔더니 쓸개 암 4기 진단을 받고 응급실에 있었어요. 내가 도착하고 약 두 시간 만에 수술에 들어갔지요. 수술하는 의사는 살아날 확률은 30%밖에 없다고 말했어요. 그 순간 나는 하늘이 노랬어요. 나는 의사를 붙잡고 살려 달라고 매달렸어요. 이 애미더러 죽으라면 당장 이 자리서 죽을 테니 아들만을 살려 달라고 눈물과 콧물이 범벅이 되어 매달렸지요. 그리고 나는 쓰러졌소. 그때 정신이 몽롱한 가운데서도 기도를 했습니다. 하나님을 향하여 미친 사람처럼 생각나는 대로 하나님께 매달렸지요. 그때 나는 제 정신이 아니었다우."

나는 할머니의 그때 모습이 눈앞에 선하게 보이는 것만 같았다.

그러나 할머니는 그때 할머니만이 알고 있는, 이 세상의 누구도 모를 비밀이 깃든 기도를 했다는 것을 나는 직감했다. 신과의 약속이었던 그것을 나는 감히 물어볼 수 없었다. 인간인 나로서는 물어봐서는 안 되는 금단의 일일 터였다.

"열두 시간의 수술 끝에 아들이 기적처럼 살았다우. 아들은 그 후 골프도 칠 정도로 건강이 회복되었어요."

그 말을 할 때 할머니는 소리 내어 웃었다. 그러나 잠시 후 그녀의 눈가에 근원을 알 길 없는 그림자가 어른거렸다. 아들을 살려 주면 딸을 데려가도 좋다고 기도했던 그 순간을 기억하느라 그녀의 얼굴이 어두워졌을까. 나는 혼자 알 수 없는 그 의문을 나름대로 가늠해 보았다.

"아들이 그 후 인공수정으로 손녀를 낳았다우. 손녀가 얼마나 이쁜지, 손녀를 보면서 딸에 대한 슬픔을 많이 잊었다우. 손녀는 딸의 어릴 때와 똑같았다우. 눈이며 코며 입술에 있는 점까지… 심지어는 그 작고 오동통한 손까지 꼭 딸하고 같았어요. 그때 그녀의 눈동자가 속절없이 흔들리는 것이 보였다. 아들이 살아나는 것을 보고 한국으로 돌아와 딸의 임종을 지켰지요. 그리고 다시 호주 아들네로 와서 여지껏 살고 있네요. 그때 딸에게 받은 돈은 아들에게 주었다우."

신은 죽은 딸 대신 이쁜 손녀를 안겨 주셨는지 모른다. 하나의 별이 떨어지듯 딸을 거둬간 신은 초롱한 새벽별 같은 손녀를 딸 '대신' 보내 주었을 것이다. 얘기가 길어질수록 내 마음은 점점 가벼워지고 있었다. 잠깐 가볍게 피안의 세계로 날아가는 자신을 상상해 보았다.

"저도 임파선 결핵에 걸려서 죽다가 살았어요. 약 일 년 반 약 먹고 나아지긴 했지만요."

얼마간 수영장을 같이 걸으면서 나눈 얘기 탓일까, 그녀의 얼굴은 많이 밝아져 있었다.

"한국은 자주 가세요?"
나는 대화의 분위기를 다른 곳으로 돌려 보고 싶었다.

"아니요, 한국은 가기도 싫고 생각하기조차 싫다우."

나는 이해가 갔다. 그녀는 딸을 잃었던 그곳을 생각하고 싶지 않으리라. 남편 또한 잃지 않았는가.

호주는 그래도 사형선고나 다름없는 진단을 받았던 아들이 살아난 곳이 아닌가. 할머니는 며느리와 사이가 좋았다. 그리고 며느리를 착하다고 자랑하면서도 필리핀에 사는 딸이 멀리 있는 것이 안타깝다고 했다.

"오늘을 좋은 사람을 만나서 행복했습니다."

"저도 좋은 시간이었습니다. 다음 주에 또 만나요."

"그런데 할머니"

나는 그녀의 등에 대고 불렀다. 그녀가 가던 길을 멈추고 등을 길게 돌려 나를 쳐다봤다. 나는 몇 발짝 그녀에게로 다가갔다. 그리고 그녀의 두 손을 내 두 손안에 끌어모아 잡았다. 수수깡 대 같은 그녀의 손마디가 내 손안에서 안도의 숨을 뱉었다.

"할머니, 그 기도는 할머니의 잘못이 아닙니다. 저도, 아니 저라면 할머니보다 더 대 놓고 그렇게 기도했을 겁니다."

순간 그녀의 눈이 심하게 흔들렸다. 아주 짧은 순간 그녀의 영혼이 피안을 돌아오는 것을 나는 감지할 수 있었다. 찰나의 순간이었지만 영혼이라고 하는 그것이 알 수 없는 세계를 돌아서 제자리로 왔을 것이다.

"…, 애…, 애…미가 할 짓은 아니었지요."

"그것은 할머니의 잘못이 아닙니다. 이 세상에 여자로 태어난, 그리고 자식을 가진 것이… 사람의 생명을 일찍 데리고 가는… 우리의 살고 죽는 일까지도 우리의 뜻대로 할 수 없는 그 알 수 없는 일일 뿐입니다."

우리는 다시 부둥켜안고 울기 시작했다. 이번엔 진정 할머니를 위하여 나는 울었다. 지나간 할머니의 그 어떤 애환도 깃털이 되어 저 영원의 세계로 다 날아가라, 나는 그렇게 읊조렸다.

"다음 주에 꼭 다시 만나요."

빠르게 인사하였다. 나는 축축한 눈가를 손등으로 훔치며 세차게 몸을 돌렸다.

"예, 예, 그래야지요."

내 등 뒤에서 그녀의 젖은 목소리가 들렸다.

오늘 할머니를 만나 나눈 대화들로 머릿속이 혼란스러웠다. 운전을 하는 동안 그 말들이 주행속도로 따라와 내 심장 속에서 심술궂은 봄 회오리바람이 되어 불었다. 나도 모르게 울고 있었다. 그 슬픔 속으로 신경림의 '갈대'라는 시가 떠올랐다.

    언제부턴가 갈대는 속으로
    조용히 울고 있었다.
    그런 어느 날이었을 것이다.
    갈대는 제목이 조용히 흔들리고 있다는 것을 알았다.
    바람도 달빛도 아닌 것
    갈대는 저를 흔드는 것이
    제 조용한 눈물이란 걸
    까맣게 몰랐다
    산다는 것은 속으로 이렇게
    조용히 울고 있는 것이란 걸
    몰랐다.

할머니, 인생은 때로 조용히 우는 것이에요. 그러다 보면 또 웃는 날도 오고요. 암에 걸렸던 고 최인호 님이 말했듯이 살다 보면 눈물도 한갓 호사스러운 사치이며 딸에 대한 그리움도 중독된 쾌락이 되고요. 그냥 살다 보면 오늘 날씨처럼 눈부시게 화창한 날도 있고요. 붉은 솔나무 꽃이 만개하여 한껏 흐드러지게 하늘거리듯 할머니 인생도 그런 봄날이 올 것이에요. 따지고 보면 우리의 인생은 신이 내려준 정원에 심은 찬란한 꽃들이라고… 할머니의 정원에는 할머니의 숙명 때문에 남보다 더 아름다운 꽃들이 활짝 필 겁니다. 오늘 시드니의 정원 여기 저기 화려하게 핀 봄꽃들처럼요.

6-4 로빈과 전혜린

검은 옷만을 입고 그 당시에 대학생 가운데 담배를 피우고 독일의 슈바빙거리의 자유를 노래하던 천재적 광기에 번뜩이는 독문학가 전혜린을 기억하는 사람은 아직도 많을 것이다. 가을이 다가오면 열흘 간씩 방문을 걸어 잠그고 침잠했던 그녀의 내적 영혼의 고뇌는 당시 시대적 부조리와 여성이라는 사회적 역할의 틀에 밀려 기대되는 행동들에 엄청난 자아 부조리와 그에 따른 절망을 느꼈으리라. 그러나 사랑하는 어린 딸을 뒤로한 채 미스터리한 자살극으로 인생을 마치게 만든 그녀를 그 당시에는 잘 이해할 수 없었다. 다만 그녀의 글만 보면 주눅이 들고 그녀 나름대로 부조리와 부딪치며 살려 했던 피투성이 같은 삶을 나는 감히 흉내라도 낼 용기조차 없다는 생각을 해 왔었다.

Robyn Davidson이라는 호주에서 유명한 여성 지도자이자 소설가를 볼 때마다 나는 한국적 상황에서 그려진 전혜린의 삶과 오지에서 그려진 그녀의 삶을 비교하게 한다. Robyn은 1950년 퀸스랜드에서 태어나 대학에서 생물학, 음악, 일본어, 철학을 공부했다. 그녀가 쓴 tracks이라는 소설은 지금 소련의 어느 책방에서도 구할 수 있을 만큼 유명하게 되었는데 그 소설은 그녀가 호주의 오지 '알리스 스프링'이라는 곳에서 에브리진에게 낙타 길들이는 법을 배우고 나서 1700 마일에 이르는 사막을 혼자 건너면서 일어난 일들을 쓴 자전적 경험에 기초한 소설이다. Basso라는 곳에서 그 여행을 위한 준비로 몇 달을 보냈다. 알리스 스프링 북쪽에서 150마일을 낙타와 함께 시범 여행을 마친 뒤 세계에서 가장 오래된 Macdonnel Ranges라는 산을 지나 병에 걸려 지쳐 쓰러진 낙타를 에브리진 부족의 도움을 받아 maka라 불리는 송충이로 식사를 때우며 여행을 떠난 지 8개월만에 처음으로 보는 바다에 흥분한 채 낙타를 타고 오는 그녀의 환희에 찬 모습의 그림과 함께 그녀의 경험을 읽을 수 있는 책이다.

그 책에서 그녀는 보통인으로서 상상할 수 없는 모험을 한 이유에 대해 한 비평가는 이렇게 쓰고 있다. Her voyage opened tracks to the discovery of self as well as the profound beauty and nobility of a threatened land and its indigenous people. Read as an adventure story as a search for self, as a travelogue. 즉 그녀의 여행은 자아 발견뿐만 아니라 위협받아 온 땅과 그곳 원주민의 고매함과 심오한 미를 발견하는 길을 연 것이다.

그녀는 자신이 사막을 건너야만 했다는 것을 알고 있었다. 꿈의 색깔은 지극히 아름다웠고 생생했다. 그 꿈은 그녀를 변하게 했고 그녀에 대한 삶을 변화시켰다. 사막에서 그녀는 혼자였고 물도 없었고 그녀는 멀리 떨어져 있었다. 그녀는 만약에 그녀가 사막을 건넌다면 그녀는 짐을 벗는 것(Shed burdens)이라는 것을 알고 있었다.

그녀의 짊은 무엇을 의미하는 것일까, 그 백인들에게 당했던 에브리진들의 박해와 고통을 백인인 그녀가 실제 그들과 어울림으로써 그들의 아름다움을 총체적으로 보상할 한 방법의 몸부림일까? 여자가 감히 여자이기 때문에 주어진 성의 역할 기대에 대한 사회의 통념적 편견에 대한 도전적, 반항적 아니면 개인의 실존적 자아를 찾기 위한 현실적 자아 표출일까. 철저히 고독하고 고통스런 자신의 모습 속의 영혼의 몸부림에서일까? 아니면 창조주가 부여한 여자이기 때문에 짊어져야 하는 원리에 대한 속죄의 표현일까? 그 뒤에도 그녀는 인디아의 길고 긴 험난한 사막을 혼자 건넜다. 자신과의 싸움이었고 자연과의 싸움이었고 기존과 인위의 구속의 틀에서 벗어나기 위한 진정한 자아를 위한 개인의 싸움이었다.

딸 하나만 두었다는 공통점 말고도 전혜린과 Robyn은 공통점이 많았다. 진정한 자유를 찾아 부딪치려 노력했던 그들의 용기는 모든 성의 구속과 사회의 구속을 벗어난 전혜린은 동양에서 서양 미의 반합을, 로빈은 서양에서 동양과 에브리진의 미의 반합을 다른 시대와 장소에서 각각 추구했다는 작은 차이점밖에 없었다. 그녀들은 동, 서양의 부조리와 동, 서양의 미를 동시에 알고 있었다. 다만 전혜린은 그녀의 짐을 벗으려다 부딪혀 끝내 풍선 터지듯 터져 버려 그 끝이 물거품으로 사라졌다면 로빈은 결국은 그녀의 짐을 벗어 던져 자아 발견과 자아 해방의 꿈을 실현하였다. 라디오 대담에서 자주 나와 청중들을 글씨 솜씨 못지않은 말솜씨로 유머와 재치를 쓰며 웃기는 그녀는 분명히 개척 여인 중의 하나로서 외로움을 잘도 승화시켰다.

호주 개척의 여인들이라는 책을 보면 석기 시대 에브리진 여자였던 Elkim을 비롯해서 근래 이민자 출신의 거리의 여성을 위해 최초로 복지사업을 시도했던 Caroline에 이르기까지 호주 여성들이 어떻게 기존의 정부 관리, 고용자, 심지어 같은 종교 지도자 친구들의 반대와 무관심 등의 어려움을 극복하고 호주라는 사회를 이룩하는데 협력해 왔는가를 알 수 있다. 그 책의 서문에는 To the first, the lonely ones who made the paths we follow라는 글이 쓰여 있다. 예를 들어 시드니 서쪽에 호주에 오는 사람이면 반드시 들리는 관광지로 유명한 짙은 에메랄드빛 같은 카펫트를 깔아놓은 것 같은 끝없는 푸른 산인 블루 마운틴이란 곳이 있다. Ann Small이라는 여성은 세 살 된 아이를 안고 끝없이 펼쳐진 그 산을 가로질러 농장과 길을 터도록 만든 최초의 백인여성이었다. 그녀의 이름은 Small이었지만 실제 그녀는 큰 인물이었다.

로빈은 그녀보다 더 큰 개척의 인물이었다. 여자이기 이전에 인간으로 엄청난 인위적 본능적 억압과 구속의 틀을 과감히 극복하고 던져

완전히 자유로운 그녀, 그리고 그 자유를 얻기 위해 상상할 수 없는 용기와 노력을 퍼부었던 그녀, 지독히 외로웠기 때문에 여유롭게 웃을 수 있는 그녀의 짐벗기 작업을 보면 나의 짐벗기 작업은 무엇일까 생각게 하며 여성이기 이전 인간의 승리라는 느낌을 갖게 한다. 우리가 편하게 따라갈 수 있도록 길을 닦아논 최초의 외로운 자들, 개척자들 로빈은 명백히 이런 호주 개척 여성 가운데 현대 시대를 사는 여성으로서 그 위치를 차지하고 있음에 틀림없다.

6-5 웃음을 잃어버린 여자

"수잔 요새 무슨 일이 있어? 얼굴이 너무 우울해 보여"

아침에 출근하여 책상에 앉자마자 같이 일하는 나의 매니저 '안젤라'가 걱정된 표정으로 묻는다. 안젤라는 독일에서 온 여자인데 나보다 한 열 살이 많은 할머니이다.

"아니 나 요즘처럼 행복한 적 없는데 왜 그렇게 보일까?"

그제서야 내가 웃음을 최근에 잃은 얼굴을 하고 다닌 걸 인정하게 되었다.

새학기 시작되어 어김없이 딸 아들과 같은 학생들 앞에 서게 되었다. 신입생 오리엔테이션 동안 각국에서 온 학생들이 나를 쳐다본다.

"자, 아카데믹 영작쓰기 워크숍을 소개하기 전에 인생의 멘토로서 한마디 하겠습니다. 제가 말하는 세 가지를 지키면 성공적으로 공부를 마치고 또 그 뒤 성공적 삶을 살 수 있어요. 첫째, 자세를 똑바로 할 것. 내가 말하자 마자 구부려 앉았던 학생들이 허리를 편다. 둘째, 호주라는 낯선 나라에 왔으니 어려움이 많고 일이 잘 안되면 남이나 상황을 비난하기 쉬운데 그러기 전에 이런 도전을 매사에 발전의 기회로 삼고 긍정적으로 생각할 것. 셋째, 얼굴에 미소를 띠울 것. 웃을 이유가 있어서가 아니라 웃을 이유가 없기 때문에 항상 미소를 띠는 거예요. 그럼 세상이 너희들에게 웃어줄 거예요. 주위 사람과 상황 조건들은 항상 당신들의 웃음을 걷어가게 하는 일이 일어나죠. 호주라는 나라에 새로 왔으니 더욱 그런 일이 많을 거예요. 얼굴에 미소를 띤다는 건 이런 상황에도 불구하고 모든 것을 포용하고 마음을 연다는 뜻이에요."

그런데 정작 모범을 보여야 할 내가 웃을 수 없다. 억지로 웃으려니 오히려 얼굴이 헐크처럼 일그러진 느낌이다. 난감하여 어색한 표정으로 "사랑하는 학생들 제가 웃지 못한 이유가…" 학생들은 키들 거린다.

나는 옛날부터 코 양쪽으로 볼살이 불룩하게 너무 많은 게 항상 콤플렉스였다. 우리 식구들과 친척들 대부분 모두 코 옆에 붙은 살이 공통적이었다. 호주에 오니 에브리진이라는 호주원주민의 양 볼에 붙은 살이 어쩜 나도 에브리진처럼 원시적으로 생겼다고 생각했다. 나이도 환갑이 다되고 또 학생들 앞에 서는 입장이 되니 외모에 신경쓰지 않을 수 없다. 축 처진 볼살에 주름이 여기저기 입가에 지면서 언제부터인가 내 또래의 얼굴을 자세히 보며 깜짝 놀라는 버릇이 생겼다. 그러면서 설마 나는 저렇게 늙어 보이지는 않겠지 하는 스스로의 착각과 위로 속에 살게 되었다.

그러다 지인으로부터 보톡스를 맞아보는 게 어떠냐는 권유가 들어왔다. 나는 절대 보톡스는 맞지 않는다고 거부하였다. 마사지나 한번씩 하고 주름 없애는 화장품이나 돈을 아끼지 않았다. 보톡스는 늙어 살이 빠지는 사람에게 주는 주사로만 알았다. 안 그래도 보톡스 맞아 얼굴이 그렇게 통통하느냐고 보는 사람마다 묻는데 보톡스를 맞다니. 그런데 살을 빼는 보톡스가 있다는 것이었다. 나는 귀가 번쩍 뜨였다. "아니 보톡스로 살을 빼기도 한다고? 그러면 나의 통통한 볼살을 뺄 수 있겠네?" 남들은 나의 통통한 볼살이 얼마나 장점인데 빼려고 하나 말렸지만 튀어난 광대뼈에 붙은 볼살이 사진 찍을 때마다 너무 보기 싫어 나의 유일한 소원은 조그마한 갸름한 얼굴을 갖는 것이었다.

"그래 그럼 한번 해볼까?" 정말 주위에 보톡스 안 하는 여자가 없고 또 아무도 했다고 고백하는 하는 사람을 한 번도 보지 못했다. 세계 유럽통계 여자 미모 일순위가 한국이라는 보고를 본 적이 있다. 그건 외모지상주의의 당연한 결과일 것이다. 한번은 마사지하러 갔다 일하는 워크홀로 온 삼십대 초반의 젊은 아가씨가 있었다. 그녀도 보톡스를 했고 자기주위의 모든 친구들이 지방흡입인가하는 보톡스를 했다는 것이었다. 나는 충격을 받았다. 아니 왜 젊은이들이 보톡스를 할까 너무 궁금했다. 나는 보톡스를 허가 없이 해주는 여자에게 코 주위에 보톡스를 세 방 맞게 되었다. 효과는 놀랄 만큼 좋았다. 팔자주름도 더불어 없어지고 볼살도 빠지고 얼굴도 한결 작아 보였다.

그런데 어찌 된 영문인지 그 다음날 주말이 되어 암환우들 봉사하느라 기차 타고 가면서 거울로 내 얼굴을 보게 되었다. 그런데 한쪽 입가가 올라가면서 입이 삐뚤어지고 있었다. 나는 틀림없이 구안와사가 오는 것 같아 가는 행선지를 바꾸어 스트라스필드 기차역에서 후딱 내려 한약방에 가서 미리 침을 맞으려는 참이었다. 내 이야기를 듣고 소개해 준 친구가 헐레벌떡 달려와 보더니 구안와사는 아닌 것 같다고 했다. 그래서 그냥 시간을 두고 보기로 하였다. 그 뒤 인터넷을 뒤져 이런 보톡스의 부작

용을 찾아봐도 별수가 없고 시간이 해결해준다는 것이다. 난 난감했다. 더욱이 웃을 수가 없고 억지로 웃으면 우는 모습이 되었다. 웃을 때 보이는 하얀이는 도저히 보이지 않고 억지로 양손으로 당겨야 겨우 윗니가 보일까말까 했다. 아무리 한껏 웃어도 눈가에 미소는 걸리지 않았다.

새 학기가 곧 시작될 텐데. 아무리 못생겨도 웃는 것이 가장 아름다운데 주름살과 볼살을 없애려다 이렇게 소중한 큰 미소를 잃게 되다니… 아무리 후회해도 소용이 없는 것이었다. 학교에서 직원들이 '수잔에게 요새 무슨 일이 있어?'라고 안젤라에게 물었다고 한다. 나는 안젤라에게 결국 이실직고를 했다. 그녀도 아주 젊었을 때 얼굴 전체를 당기는 수술을 했다고 한다. 그 뒤 자신도 얼굴을 움직이지도 못하고 웃을 수 없었던 일이 있었으니 시간이 해결해주니 기다리라고 위로를 했다.

언젠가 한 번 한국 텔레비젼을 보니 한 웃음 강사가 주부를 상대로 강의를 하고 있었다. 그런데 그 강사가 아무리 웃겨도 대부분의 주부들이 웃지를 못하는 것이었다. 바로 보톡스를 많이 맞았기 때문이었다. 내가 바로 그 청중처럼 웃지 못하는 여자가 되어 있었다. "학생들 얼굴에 미소를 띠는 것 바로 내가 당신을 수용하고 대화할 자세기 되어 있는 열린 마음을 표현하는 거예요. 자세를 똑바로 하는 것은 육체적 건강함을, 긍정적 생각은 심리적 당당함을, 미소를 띠는 것은 높은 감정지수(Emotional intelligence)를 표현하는 거예요. 나는 얼그러진 표정으로 억지로 입을 열었다. 더 큰 문제는 영어발음도 제대로 되지 않았다. 입조차 크게 벌릴 수가 없었다. 아마 코 옆의 근육을 너무 빼다 보니 윗입술이 내려 안으면서 도톰하던 윗입술도 없어져 얇아졌는지 입이 족제비처럼 오물거렸다. "사람은 실수를 통해서 배울 수 있는 거예요. 다시는 저처럼 보톡스 하지 마세요". 학생들은 나의 솔직한 고백이 우스운지 까르르 웃기 시작한다.

요사이 나의 기도는 웃음을 되찾게 해달라는 것이다. 내가 예전처럼 웃을 수 있다면 내 얼굴이 어떻게 보이던 미소로 인해 아무리 눈가에 주름이 져도 아무 상관을 하지 않을 것 같다. 동물과 사람의 차이는 바로 미소를 띠는 것인데 미소는 얼굴의 꽃인데 있는 그대로 자연스럽게 미소만 잃지 않는다면 다 이쁜 여자인 것을… 하나님 나에게 미소의 선물을 다시 주소서… 그러면 어떤 불행에도 미소를 잃지 않을 거예요. 오늘도 어김없이 거울을 보며 '아에이오우' 운동을 하면서 억지로 양쪽 입가를 당기며 아침을 맞는다.

6-6 인연을 소중히

연말연시나 새해가 다가오면 주위의 고마운 사람들에게 인사를 하고 고마움을 표시하게 된다. 특히 친하다고 생각한 사람들과 사소한 오해로 또는 뚜렷한 이유없이 관계가 소원하게 되어 서먹해지는 경우 연말이나 정초가 먼저 화해를 청하고 오해를 푸는 좋은 기회가 되기도 한다. 세월이 변하고 모든 것이 변하듯 인간관계도 변하게 마련이다. 현대는 여러 변화에 적응하여 빨리 대처하는 사람이 살아남게 된다. 그러나 대인관계만큼은 변하지 않은 것이 미덕이 아닐까 생각한다. 그래서 이런 변하는 인간관계에 의기소침한 감정이 자꾸 드는 것은 나이가 들어가면서 더욱 옹졸해지는 탓일까. 옛날에는 억지로라도 잘 지내보려고 애를 쓰기도 했지만 지금은 몇 번 애쓰다가 상대방에서 반응이 없으면 그냥 쉽게 포기하여 다시 인연을 연결시키고 싶은 그럴 기분이 나지 않을 때 인간성 상실의 한 단면을 보는 것 같아 나 자신에 대해 서글퍼지기도 한다. 십년을 넘게 알아온 지기인데 나는 변하지 않았는데 본인은 최선을 다해 예의를 지키려고 노력한 것 같은데 상대방이 별 반응이 없을 때 지는 석양에 나그네가 느끼는 쓸쓸한 심정처럼 서글퍼진다.

인연이라는 단어, 영어로 번역하기도 힘든, 기껏해야 Destined relationships 정도로밖에 표현할 수밖에 없는 이 아름다운 동양적 인간관계를 잘 표현하는 이 언어를 소중히 여긴다면 어제 오늘 만난 사람들이 아닌 오래 알고 지낸 사람들은 상대방이 조금 서운하게 대했더라도 서로 인사를 먼저 하는 사람들이 인연의 참 의미를 실천하는 사람들이 아닐까.

오래 알았던 사람들끼리 오해가 생기는 경우 한쪽의 문제라기보다는 상호적이다. 크게 실수를 했거나 본의 아니게 실수를 했거나이다. 크게 실수를 한 경우는 오히려 만회하기가 쉽다. 그러나 부부 싸움의 경우처럼 대체로 사소한 것에는 오해가 있을 수 있다. 그런데 그 오해라는 것이 분명한 이유가 있을 때도 있으나 따지고 보면 별 이유 없이 생기는 경우가 많다. 그리고 분명한 선이 없기 때문에 오히려 오래 갈 수가 있다. 대화로도 풀리지 않는 미묘한 느낌을 서로 느끼기 때문이다. 즉 상대방이 나의 감정을 상하게 했다고 생각한다. 그래서 논리적으로는 크게 잘못을 한 것이 없다. 다만 상대가 화나게 되었다(Get offended). 다시 말해 인간관계에서는 논리적, 정신적, 심리적, 차원에서 그 고리가 연결되기보다는 감정적 차원에서 그 관계가 영향을 받기 쉽다.

화를 내게 하는 사람도 문제지만 사소한 오해에서 생기는 경우 화를 내는 사람보다 감정을 상했다고 느끼는 사람도 문제일 수 있다. 그러나 어떤 오해건 그 근원은 크게 두 가지 대인관계 요소에서 기인한다. 즉 힘 또는 신분의 차이(Power/Status) 그리고 친밀도(Intimacy/Contact/Solidarity)이다. 전자의 경우 흔히 '네가 알면 얼마나 안다고', '얼마나 잘 산다고', '나이도 어린것이', '나이 먹으면 다냐?' 이 경우 지위, 부, 학력, 나이, 출신 등의 차이에서 오는 경우가 많다. 후자의 경우 '네가 나를 언제 봤다고', '힘껏 해주었더니 고작', '내가 얼마나 잘해주었는데', 그리고 두 가지가 섞여 있는 경우도 많다. '너가 감히 나를 충고 하는 거냐…, 건방지게…' 결국은 사람을 무시했다고 여기거나 또는 나의 기대만큼 상대가 진실로 나를 대하지 않는다고 느끼게 된다. 그래서 뒤통수를 맞았다는 느낌을 가질 수 있게 된다. 상대방의 감정을 상하게 하는 사람도 조심해야 하지만 상대가 나의 감정을 상하게 했다고 느끼는 경우도 문제다. 후자의 경우 선택을 할 수 있다. 그런데 상처받지 않는 선택을 하는 것은 얼마나 자신을 사랑하느냐에 있다.

우리는 늘 '상대방을 내 몸같이 사랑하라'고만 배워 왔다. 그러나 대인관계는 서로 의존하는 관계이다(Interdependent). Erick Fromm이 사랑의 기술(The Art of Loving)에서 자신을 사랑하는 것의 중요성을 강조한 것처럼 자신을 사랑하지 않는 사람은 상대를 사랑할 수 없다. 자신을 사랑하는 사람은 쉽게 상처를 받지 않는다. 그리고 열린 마음을 갖고 있고 포용력이 있다. 미리 짐작하거나 상상하여 결론을 내리지 않고 사유를 먼저 들으려는 '듣는 기술'을 갖고 있다. 상대를 인정하고 상대방의 좋은 점만 생각한다. 좋은 점만 보는 연습을 하는 사람은 몹쓸 사람이 아닌 한 인간이 아름다워 보인다. 그리고 덧붙여 이런 대인관계의 연약함으로 인해 불필요하게 소비해야 하는 에너지를 줄이기 위해 좋은 사람을(Good company) 사귀라고 권했다.

얼마 전에 필자도 아는 사람에게 글을 보냈는데 그 사람은 무심한 답장을 보냈다. 그래서 본인이 흥분하는 것만큼 대단하게 생각지 않고 감사하지 않는 것 같아 상처를 받는 느낌을 갖게 되는 것을 보고 본인 스스로 깜짝 놀라게 되었다. 그리고 대화를 통해 본인이 얼마나 쓸데없이 민감하게 반응하는가를(Oversensitive/Overreactive) 느낄 수 있는 좋은 기회였다. 결국 상처를 쉽게 받고 돌아서는 사람은 한 인간이라는 소중한 자산을 잃게 된다. 어떤 인간이든 인간은 소중하다. 인간을 잃으면 모든 것을 잃게 된다는 말이 있다. 나이 들수록 오래된 인연이 소중해지고, 그리고 그것을 인식하고 지키려고 노력하는 사람 그리고 먼저 손을 내미는 사람이 아름다워 보인다. 그리고 그런 사람이 소위 좋은 사람들이 아닐까.

그러나 나이가 들수록 인연도 바람처럼 왔다 갔다 하는 것 같다. 그래서 굳이 안 될 인연은 정리하고 가슴 아파할 것 없이 흐르는 강물처럼 내버려 두는 것도 좋다고 생각해본다. 결국 만날 귀한 인연이라면 바다에서 또 만날 것이다. 올해는 낡은 옷장 정리하듯 떠나간 인연 보내고 또 잃어버린 귀한 인연들은 그 고리를 찾기 위해 나 자신을 사랑하는 기술을 먼저 익혀 볼까 한다.

7장
늦깎이 사회운동가로서
여성인권에 대한 열정과 사랑으로

　박근혜 전 대통령에 불법 졸속 탄핵을 한 세력은 바로 좌우합작 자유민주체제 전복 세력이었다. 돌이켜보니 불법탄핵을 감추려 지난 5년간 5번의 선거를 불법으로 저질러 영구히 자신들의 죄를 묻으려 했다.

　그 죄는 아직도 온전히 밝혀지지 않고 저들은 부정선거 의혹조차 부인하거나 음모론으로 치부하고 침묵하고 있다. 이런 과정에서 얼마나 말도 안 되는 언어폭력, 거짓말로 덮어씌우기, 잔인하게 가혹하게 인격살해를 해왔는지 아직도 생생하다. 나는 애초부터 분명히 알고 있었다. 국왕인 루이 16세와 왕비 마리 앙투와네트를 단두대에 올린 프랑스혁명의 군중들이 단두대를 만든 로베르 피에르도 똑같이 단두대에 처형될 것이라는 것을… 이제 돌이켜보면 탄핵은 중국을 업고 주사파들의 자유민주주의 체제의 전복이었다. 또한 거기에 함께 동조하고 부화뇌동한 우리 국민들이 대다수였기에 탄핵의 책임은 누구에게 어쩌면 어느 여성 대통령이 되어도 일어날 국민 수준이었다. 문제는 지금도 안 바뀌고 그 패턴이 그대로 상대만 바뀌어 일어난다는데 있다. 탄핵은 정치적 왕따 또는 살인으로 어느 개인, 집단에도 국가에도 일어난다. 그 당시 박근혜 탄핵에 대한 나의 스텐스, 즉 졸속적 과정과 법치파괴의 불법은 지금도 변함이 없다.

　극좌파들은 그렇다 치고 같은 편에서 당한 배신감은 얼마나 컸을까? 또한 이들이 자신들의 배신을 정당화하려 부풀린 거짓의 산에 홀딱 넘어가는 사람들은 무엇인가? 4% 국민만이 온전히 판단할 수 있었나? 참으로 기가 막힐 집단 지성마비요 대중 선동조작의 결과였다.

특히 여성사회학적으로 혼자 사는 여성에 대한 가부장적 남성위주의 문화에서 더욱 그녀에 가혹한 매질을 한 것이리라. 그녀의 인권침해에 맞서 지난 5년간 애국활동을 시작한 나도 그녀만큼은 아니더라도 충분히 억울한 심정을 이해할 만큼 마음의 고통을 겪었다. 지나고 보니 박통만한 지도자도 없고 그녀만한 지도력, 인품, 정치외교력을 가진 자도 없다.

애국활동을 한 모든 이들이 다 겪겠지만 박통의 고통을 함께 이해하게 되고 나누게 된 것이다. 물론 그녀의 십자가보다 훨씬 작지만 조롱과 거짓, 허위사실유포에 지쳐 더 나가고 싶지 않을 때도 그녀를 생각하며 함께 짐을 나누는 심정으로 지금껏 힘들게 걸어왔다.
그녀가 침묵으로 선동된 대중의 채찍과 질타 거짓의 큰 산을 묵묵히 다 안고 감으로 위대한 그녀의 부활을 본다. 누가 뭐라 해도 박통은 나의 애국 길의 멘토이고 스승이다.

이런 역사적 변곡점이 결국 용서, 화해, 우리개인의 성찰을 일깨우는 하늘의 뜻임을 깨닫는 시간이었다. 이제 그리움은 아무에게나 생기지 않는다는 것 또한 나도 알게 되었다. 그럼에도 새로 알게 된 많은 귀하고 선한 인연들과 손잡고 힘든 애국의 여정을 함께 끝까지 가려한다. 국내외 체제 전복세력들이 씌운 오염된 그녀의 명예회복과 함께 자유공화국의 완성을 볼 때까지…

이 장은 내가 지난 6년간 이런 불법에 저항해서 싸워온 사회활동가의 역할을 틈틈이 쓴 글들을 모아보았다.

7-1 **탄핵과 여성비하**

호주에 이민온 지 25년도 넘게 되던 해 모국에서 여성이 최초의 대통령이 되었다는 소식이 날아왔다. 아! 모국도 경제 성장만큼 정치적 후진성도 벗어나 다른 나라처럼 여성이 대통령이 될 정도로 민도가 높아졌구나라고 기뻐했다. 그러나 마음속으론 남존여비사상이 아직도 깊숙이 자리 잡고 있는 한국남성위주의 문화에서그녀가 살아남을지 내심 불안했다. 그 불안이 현실이 되어 모두가 그녀를 떠난 자리에 나 혼자 뒤늦게 그녀를 위해 이리저리 뛰며 울고 다녔다. 그런 나에게 또 한 번 내 주위의 사람들은 작은 탄핵의 폭탄을 던지는 것을 보고 박통의 탄핵을 여성비하와 질투 심리학적 관점에서 생각하게 되었다.

박통이 당선되기 훨씬 오래전에 아시다시피 세계 선진국과 후진국에서 여성이 대통령이 나 총리가 된 나라들이 많았다. 예를 들어, 영국에서 테레사 메이, 독일에서 앙겔라 메르켈, 뉴질랜드에서는 저신다 아던 총리가 1980년생으로 최연소 총리로 당선되었다. 더욱이 후진국에서조차 여성이 대통령이나 총리가 된 사람들도 많았다. 아르헨티나에서 세계최초의 여성대통령 이사벨 페론이 1931년에 당선된 이후 크리스티나 페르난데스(62년생)가 2011년 재선에 성공하여 세계 최초로 부부가 대통령으로 선출되었다. 브라질 지우마호세프(47년생), 칠레에서는 미첼바첼레트(51년생)가 최초의 여성 대통령으로 선출되었다. 아프리카 대륙의 라이베리아에서도 엘런존슨 설리프(38년생)와 공산국가인 크로아티아에서도 그라바르키타로비치(68년생)가 첫 여성 대통령이 되었다.

나는 박근혜 탄핵사태를 보면서 사회저명칼럼니스트들이 아무도 탄핵을 여성사회학적으로 해석하는 사람이 없었다는 사실이 늘 이상

했다. 탄핵을 여성차별이라는 관점에서 보는 것은 바로 자신들이 시대에 뒤졌다는 치부를 드러내는 것 같아 일부러 깊이 숨기고 말하지 않는지도 몰랐다. 52년생 박근혜의 탄핵은 여성차별적 사고와 지도자 끌어내리기, '질투' 또는 '쌤통심리' 때문이다. 먼저 여성 대통령도 한국 여자라는 굴레에서 벗어나진 못한다고 감히 보는 이유는 바로 실제 탄핵과정에서의 증거와 나의 객관적 경험에서 확신한다. 여성을 바라보는 시선이 바뀌었다 해도 박통이 당선된 당시만도 여성에 대한 억압프레임이 사회기저에 깔려있었다고 본다. 최순실이라는 한 무식한 여자를 멀리하지 못해 공사를 구별하지 못한다고 덮어 씌웠다. 그 뒤 최순실의 아바타로 굴레 씌워 무능하다고 했다. 그 뒤 또 그 당시 여성에게 가장 치명적인 최태민과의 관계와 청와대 비아그라 소지, 정윤회와의 불륜, 섹스동영상 등 부도덕 성문란의 가짜뉴스를 양산했다. 온 사람들이 집단최면에 걸려 집단지성의 마비가 일어나며 5% 빼고 그녀에게 마구 돌을 던졌다.

이혼율이 세계 1위로 오를 만큼 여성권위가 신장되었는데도 소위 한국페미니스트들은 어디로 숨었는지 박근혜의 탄핵에 침묵했었다. 아니, 조금 똑똑한 여성들은 한술 더 떠 방송에 나와 앞서 그녀를 비하하고 깔아뭉겠다. 한국남성들은 박통 편이건 아니건 박근혜라는 여자를 배반하며 무참히 짓밟기 시작했다. 그 당시는 아직도 남편이 추운 겨울밤에 아내에게 담배 사오라고 툭 던지고 아내가 그냥 내일 아침까지 참으라고 하면 그 자리서 고함을 치며 여자가 남편 말을 안 듣는다고 억지로 사오게 내모는 그런 세대였다. 대부분의 관객은 또 남의 일인 양 탄핵의 돌팔매를 멀찍이 보며 침묵하는 방관자로서 있었다.

박통의 인권침해에 경악하여 호주에서 애국단체를 만들고 직장과 가정에 위협이 올 정도까지 소위 애국이라는 이름으로 뛰고 난 3년 후

명예롭게 퇴진하였다. 그러나 새로운 팀들은 6일 동안 일만 하고 다니는 나를 그냥두지 않았다. 다시 자신들의 무능을 여자라는 굴레의 작은 탄핵거물을 계속 던지고 있었다. 나와 별 일면식도 관계도 없는 남자들과 여자들에게서 세상에서 태어나서 가장 심한 폭언과 욕설을 듣는 탄핵이 나에게도 일어나고 있었다. 내가 남자였으면 박통이 남편이 있는 사람이었으면 그런 일이 일어났을까 생각해 본다.

'쌤통심리'를 연구한 저자 리처드 H. 스미스 미국 켄터키대 심리학 교수는 '쌤통심리'는 인간의 자연스러운 감정이자 진화의 산물이라고 말한다. 우파를 대변하는 박통의 불행이 좌파에게 '실질적 반사이득'을 가져다주었다. 문제는 좌파든 우파든 사람들은 자신이 질투를 느낀다는 것을 인정하고 싶어 하지 않고 자신의 감정을 숨기기 위해 질투를 혐오나 증오, 분노라는 이름으로 포장한다. 더욱이 이렇게 '혐오'의 가면을 쓴 질투는 정의로움까지 앞세운다. "박정희 대통령 아버지 덕에 청와대에서 잘살면서 시민들의 고통과 어려움을 모르고 자랐으니 좀 당해봐야 해" 같은 식이다.

또 하나 탄핵의 질투심리는 바로 노예근성에서 온다고 본다. 우리 민족의 40%는 노비였다는 설이 있다. 노비는 왕에 대해 두가지 양극적 심리를 나타낸다. 하나는 맹목적 복종이다. 또 하나의 양극은 소위 왕따(왕을 따돌린다) 현상이다. 부족시대에 힘빠진 족장들의 간을 빼서 부하들이 나눠먹는 심리이다. 박통이 힘있을 때 따르다 힘이 빠지니 배신하는 자들이 바로 이 노비근성의 심리에서 나왔다고 본다.

나는 박통이 잘 나갈때는 솔직히 무관심했고 불행이 시작될 때부터 열심히 그녀를 옹호하며 '공감과 연민'으로 지지했다. 그러나 대부분의 한국사람들은 다 이 질투심리학에서 벗어나지 못했다. 박통이 왜 잘못이 없겠는가? 그러나 탄핵까지 몰고 간 책임은 져야하고 그것은 불법이고 졸속이라는 나의 생각은 처음이나 지금이나 변함없다.

동양에서는 차이잉원(56년생)이 최초의 미혼여성으로 대만 총통이 되었다. 방글라데시의 셰이크하시나총리(47년생)가 2009년 재집권하여 아직 총리 직을 이어가고 있다. 나와 같은 대학에서 근무하는 방글라데시에서 온 교수가 그 총리를 자랑할 때마다 부럽기도 하며 모국의 박근혜의 처지와 비교하게 된다. 그녀들 중 박근혜처럼 당한 여성 대통령이나 총리는 없다. 내가 볼 때 박근혜는 그녀들 못지않은 군계임에도 불구하고 탄핵을 당한 걸 보면 모국은 여성을 대통령으로 받아들일 준비가 안 된 수준이라면 나만의 생각일까?.

오랜만에 정원에 나가보니 얼마 전에 옮겨 심은 복숭아나무에 눈이 현란할 정도로 아름다운 짙은 분홍색 꽃이 피어나고 있었다. 차가운 잔인한 겨울을 견뎌낸 질투의 여신이 승화하여 따뜻한 희망의 봄기운으로 나를 공감, 공명, 공유의 손길로 감싸고 있었다. 박통도 그렇게 화려하게 부활하는 날이 올 것이라 믿는다.

7-2 탄핵과 부활

호주에 와서 보니 부활절이 큰 명절이다. 부활절(Resurrection)은 죽었던 사람이 되살아나 다시 생명을 얻고 쓸모가 있게 되고 존재하게 된다는 뜻이다(The act or fact of bringing someone back to life, existence or use). 부활절의 기원은 기독교에서 예수그리스도가 신성모독이라는 죄로 십자가에 못 박혀 죽었다 다시 무덤을 깨고 삼일 만에 부활한 기적 같은 사실을 기리는 데서 시작된다. 그 당시 유대인지도자들 특히 서기관과 판사들의 주도로 군중들의 죽여라는 손가락질에 할 수 없이 빌라도왕은 예수를 죽게 내버려 둔다. 항변 하나하지 않고 묵묵히 골고다언덕을 올라가서면서 온갖 조롱을 당하였다. 손발에 못이 박혀 십자가에 매달려졌고 예수는 온몸 구멍마다 피 흘리는 가장 잔인한 극형으로 죽어갔다. 그러나 그는 다시 살아나 지금까지 기독교인 그리고 전 인류에게 용서의 기적, 사후의 희망을 주는 가장 존경받는 인물이 되었다.

어떤 독자는 항변할지 모르나 나는 애초 박근혜 전 대통령(박통)에 대한 탄핵이 일어나면서 감옥에 갈 때까지 예수님이 받은 탄핵과 참 비슷하다는 느낌을 받았다. 나는 80년대 대학시절 땐 나름 민주화운동에 참여한 사람이었다. 호주에 와서 살기 바빠 박통을 비롯하여 한국정치에 무관하게 살다 탄핵사건이 터지면서 두서너 달 밤새가며 연구를 하게 되었다. 그러나 아무리 그녀가 죄를 지었기로 우리 국민이 국모인 박통을 왜 그렇게 미워하는지 이해할 수 없었다. 방송이나 매스콤에서 패널들 포함 대통령과 그 측근에게 저지르는 인권침해, 사생활 침해, 인격모독, 언어폭력에 나는 너무 충격을 받았다. 잘잘못이 있으면 법에 따라 가리면 될 것을… 더욱이 여성지도자들이 더욱 박통에 대한 저주와 멸시를 퍼부었다. 표창원의 그림사건이 있기 전까지도 대부분의 여성들은 침묵하고 있었기에 같은 여자로 그리고 국민의 한사람으로 의분을 느꼈다. 온갖 거짓 의혹과 조롱에도 이상하게 박통은 대꾸 하나 하지 않고 침묵하는 것도 이해할 수 없었다. 잘못했다는 사과를 해도 군중들은 진정성이 없다고 비난했고 그 환란에 미소를 띠어도 비난했고 자세를 곳곳이 걸어도 머리를 내리쳐라고 비난했다. 감옥소에 보내고 나서까지도 패널들은 성적희롱에 가까운 대담을 하고 있었다.

손유민이라는 한이대 대학생이 석사논문으로 북한학을 연구하다

학교 열람실에서 북한의 노동신문에 발표된 박근혜 사태를 폭로한 기사를 보고 나서야 나는 우리국민과 방송들이 박통에 대한 미움의 진원을 알게 되고 이해하게 되었다. 북한노동신문에 (예: 2016년 노동신문 3월 16일) 박근혜 대통령의 탄핵을 예견한 걸 내 눈으로 읽게 되었다. 그 학생은 북한 의도대로 대한민국이 돌아가는 대로 너무나 충격을 받았다고 SNS에 폭로하였다. 노동신문의 헤드라인에는 박통을 일컬어 '세월호 때 7시간동안 몰래 옷 갈아입고 외도질', '박근혜 역적 패당이 어떻게 한국을 망쳤나', '붉은 마녀', '온 국민을 잡아먹을 마귀년', '독재자의 딸', '천하에 보기 드문 저능아 닭그네', '박근혜 년 그녀가 갈 곳은 지옥뿐이다', '뻐근혜', '늙은 마녀 박근혜', '낯짝에 온총 살기가 뻗힌 박근혜년을 그냥 누었다가는 대한민국이 그대로 망한다'. 등이 포함되어 있었다. 북한의 이런 선동에 우리국민들이 모르고 아무런 대책이 없이 따라가는 현실이 더 경악스럽다는 그 학생의 주장에 십분 동감하게 되었다.

인생을 살면서 누구든지 작든 크든 탄핵(Impeachment)을 당한다. 내가 학교에서 자그마한 실수로 괘씸죄에 걸려 탄핵당할 때도 스트레스로 육개월을 잠을 못 잤는데 박통은 오직하겠는가. 중죄를 지은 범인도 변명할 부분이 있는데 감옥에 가면서 해명을 하나 하지 않고 '내가 모든 것을 안고 간다. 진실은 언젠가는 밝혀진다.'는 단 한마디만 하고 순순히 들어가는 그녀를 이해할 수 없었다. 하긴 나도 '모든 것은 순리대로 풀릴 거라'는 한마디만 학장에게 던졌다. 내가 지난 2월 태극기 집회를 이끌 때 나의 정치적 색깔로 소위 한인 지식인에 속한다는 사람들이 내 지인 주위에 퍼트리는 나에 대한 인권침해 모독적 행위를 보게 되었다. 그때 나는 대중의 무자비한 인격살인에도 박통이 어떻게 품위를 잘 지키고 초연했는지를 이해하게 되었다. 그런 사람들이 보며 나는 이상하게 분노가 생기기 않았다. 아니 분노를 느낄 필요가 없었다. 남이 뭐라 하던 탄핵과정에 취한 그녀의 태도를 보면서 그녀의 잘잘못을 떠나 한 여자 한 인간 박근혜를 존경하게 되었음을 고백하고 싶다. 그녀가 가진 내공이 얼마나 단단하며 인생의 길을 멀리까지 높이까지 내다볼 줄 아는 혜안을 가진 사람이라는 것을 느꼈다.

인생의 탄핵은 그 크기가 클수록 부활도 화려하다. 박통이 이런 큰 탄핵을 당한 것은 그녀가 그런 큰 시련을 견딜만한 능력이 있기에 주어진 것이라 생각한다. 그녀가 탄핵과정에서 군중들이 던지는 돌에 묵묵히 맞고 감옥에 간 것을 보며 이런 생각을 하는 것은 바로 그녀자체를 옹호해서가 아니라 그녀가 내 나라의 국모였고 민중민주주의를 대적한 자유민주주의의 상징이기 때문이리라. 그녀가 죽음으로 바로 모든 부정과적폐를 거름처럼 묻어 잔인한 사월을 견디고 피는 청초하고 고고한 목련처럼 자유민주주의가 온전히 부활할 계기를 만들 것을 기원해본다.

7-3 침묵하는 다수가 두렵다

다문화 국가인 호주에 20년 이상 이민자로 살면서 한국을 객관적으로 볼 때 특히 최순실 게이트가 터질 때부터 나는 다음의 다섯 가지 생각이 들었다. 우리나라사람들은 간섭을 많이 하고 부정적이다. 대부분의 교민은 척박한 오지에서 적응하느라 바쁘고 또 호주인 대부분은 겉보기와 달리 자기 살기 바빠서인지 남의 일이나 사건에 별로 신경쓰지 않는다. 누가 무슨 옷을 입든 어떻게 하든 별 간섭을 하지 않는다. 호주는 수상이 세 번이 바뀌는 정치적 폭풍이 몰아쳐도 국민들은 별 상관하지 않는다. 내가 겪은바 우리나라 사람들은 다른 나라 사람에 비해 간섭하고 이슈화하기 좋아하고 부정적이다.

둘째는 참 잘사는 것 같은데 늘 힘들다고 한다. 한국을 방문해도 늘 돈이 없다하면서도 새 차를 바꾸고 빚을 내어서라도 거창하게 혼수를 장만하는 걸 보고 놀랐다. 호주 사는 이민자들 모두 한국인들은 옷 모양에서 얼굴까지 세련되어 아주 잘살게 보인다고 그 비결이 무엇이냐 묻는다. 세계경제 10등이 되었는데도 늘 상대적 빈곤을 느끼고 만족하지 않는다. 카톡에 그렇게 행복하자 감사하자는 메시지가 돌아다녀도 실제 실천하는 사람은 별로 없는 것 같다.

셋째는 다른 나라사람에 비해 감정적이다. 감정적인 사람들은 여러 가지 인지학적으로 오도된 생각을(Cognitive distorted thinking) 하기 쉽다. 즉 사건을 전체 맥락이나 상황을 감안해서 논리적으로 보지 않고 그 자체를 과대확장하거나(Magnification) 성급히 결론 내고(Jumping to the conclusion) 흑백논리로만 사건을 본다(All or nothing thinking). 그리고 자신들의 분노를 쏟아 부을 대상을 찾게 된다(Scapegoating). 영작을 가르치면서 동서양의 문화적 차이가 어떻게 다르게 글쓰기에 적용되는 것을 연구한 필자는 호주인의 논리는 철저한 증거에 의거한 검증이 있어나 동양인은 감정적으로 호소한다.

넷째는 언론이 객관적이지 않고 상당히 주관적이다. 현대 저널리즘의 생리상 경쟁적으로 보도를 만들고 일반대중들이 쉽게 정보를 얻게 된다. 그러나 그 보도가 편중되어 여론몰이를 하구나 느낀다. 한국은 인터넷보급이 호주보다 훨씬 앞선 수준이다. 그 인터넷에서 무차별 만들어내는 인신공격과 사생활침해는 거의 상상을 초월할 정도다. 더욱이 요즘은 공조 저널리즘(Gonzo Journalism)의 팽배로 누구나 자신의 주관적인 관점으로 기사를 내보내기도 하고 얼마든지 사건을 조작할 수 있다고 한다. 언론이 여론몰이를 하고 심지어 광우병사태처럼 집단오류를 가능케 하고 대중독재까지 이끈다는 느낌이 든다. 트럼프를 지지했던 미국사람들은 여론에 나타나지 않았고 특히 7% 트럼프

지지했던 한국여론조사는 나중 한국방송이 오류를 범했다는 것을 대표적으로 말해준다. 자유민주주위라는 국가에 사는 잇점이자 그것이 현대 사회의 인간성파멸을 극명히 보여주는 경우이기도 하다.

마지막으로 한국인은 모두가 정치적이라는 느낌을 받는다. 모두가 눈치보기 바쁘다. 정치인들은 국민 눈치보고 당내에서도 눈치보고 행동하고 검찰도 눈치보고 국민들도 보도에 눈치를 본다. 방송도 눈치보고 편성한다. 이리저리 이득에 따라 편승한다(Jumping on the bandwagon). 주로 인텔리라 자처하는 사람들도 시류에 따라 내는 목소리대로 대중들은 따라간다. 그러나 나의 경험으로 분명한 사실은 어떤 사태든 진실은 시간이 흐르면 저절로 떠오르게 된다. 그래서 침묵하는 다수는 진중하다. 남의 말에 휩쓸리지 않는다. 보도에 들뜨지도 않는다. 나름대로 양쪽의 의견을 고찰하고 상황을 감안하여 총체적으로 사태를 주시한다. 여러 각도에서 사건의 본질을 파악하고 극단으로 지우치는 말을 하지 않는다. 걱정을 하지만 일이 잘될 것이라 낙관한다. 자신도 사태의 책임을 느끼고 반성하며 손가락질 먼저 하기보다 문제를 해결하는데 초점을 준다. 좋은 현상은 아직도 많은 대다수의 한국인이 침묵하고 있다는 것이다. 이 침묵하는 자의 힘이 실제 더 무섭다.

7-4 왜 다를까? -표창원의 박통 누드전시회

더불어민주당 표창원 의원이 주도하여 연 좌측 화가들의 그림전시회에 '더러운 잠'이라는 주제 하에 박대통령의 누드 풍자화가 국회회관에서 전시된 사건이 일만 파장으로 번져 다시 한 번 우리나라를 뒤집고 있다. 프랑스의 화가 에두 아르 마네의 창녀 올랭피아를 차용하여 원작의 주인공을 이구영이라는 화가가 박근혜 대통령과 최순실로 합성한 그림이다. 어떤 이들은 이것은 표현의 자유일 뿐이라고 주장하고 또 다른 측은 이것은 여성을 모독하는 여성 성희롱이요 너무나 유치한 저질이라고 주장한다.

 필자는 이 양 측의 시시비비를 토론하고 싶지 않다. 다만 이 사건 말고도 최서원 사태가 일어나면서 보인 양 측의 반응과 해석이 너무도 달라 늘 의아해질 뿐이다. 주로 좌파 쪽의 사람들은 세월호 300명을 죽인 거에 비하면 아무것도 아니다. 또 그냥 누드작품에 불과하고 여성을 전혀 비하하지 않는데 뭘 그러냐는 반응도 있다. 한편 우파 쪽의 사람들은 이것은 너무 지나치다. 수세에 몰린 대통령을 이렇게 폄하하니 표의원은 이 논란의 책임을 지라고 주장하며 폭력으로 그림을 파손했다. 우리사회는 지금 이렇게 좌파 vs. 우파 즉 촛불 vs. 태극기 양극화로 치닫고 있다.

 사건이 났을 때 이것이 옳나 그른 것인가를 판단하는 윤리적 기준은 많지만 크게 네 가지 이다. 하나는 원칙 (Kant theory/Deontology) 이고 또 하나는 상대적 상황(Utilitarianism)이다. 간단히 요약하면 전자는 결과에 상관없이 절대적 원칙적 기준에서 사태를 판단하고 후자는 결과론적으로 여러 가지 상황을 고려하여 상대적으로 판단하는 것이다. 간단한 예를 들어 전자는 어떤 경우든 거짓말 하는 것은 절대 나쁘다고 보고 후자는 경우에 따라 많은 사람을 결국 구조할 수 있으면 거짓말을 (White lies)을 할 수 있다고 보는 견지이다.

 그 다음 여론(Public Opinipn)이 큰 영향을 미친다. 박통이 탄핵당할 만큼 잘못을 안해도 96% 의 여론이 탄핵해야 한다고 하면 거기에 따라 정치적 결정이 이루어진다. 따라서 여론조작을 통해 집단 지성 마비를 일으키기도 한다.

 마지막으로 그 사람의 얼마나 미덕(Virtue)을 갖고 있느냐이다.

윤리적 판단을 할 때 법적이냐(Legal) 도덕적(Moral)이냐, 두 가지 요소를 감안한다. 그래서 결국 두 다른 관점의 장단점을 감안하여 사태를 분석하게 된다. 사실 둘 다 틀린 것은 아니고 다른 관점이다. 전자는 공의를 중시하고 후자는 자비를 중시한다고 볼 수 있다.

순수 촛불참가자들은 아마 최순실 사태를 통해 우리의 고질적 정경유착에 따른 부패와 친인척 비리(Nepotism)를 청산하여 더 공정하고 공평한 사회로 만들자는 취지였다. 그래서 박통과 주위 사람들이 법을 어기고 또 비도덕적인 점을 잡아 많은 분노를 느꼈다. 아마 태극기 쪽은 박통이 잘못이 별로 없고 있어도 상대적으로 다른 정치가에 비해 사소하고 또 나라를 위해 선의로 했다고 보는 견지이다. 여기서 아마 서양식교육을 받은 젊은이들은 전자의 기준을 연세와 경험이 많은 분들은 후자견지를 갖기 쉽다. 그림에 대해서도 전자 측은 예술의 자유는 어떤 경우에도 보호받아야한다는 시각이고 후자는 여러 상황을 감안할 때 의도적인 인격모독이고 순수예술의 한계를 넘어간 것이라고 생각하는 것이다.

본인은 원칙적으로는 좌파우파 나누고 싶지도 않고 이런 두 다른 견해가 서로 정반합의 원리로 결국 나라발전에 기원하는 목표는 같다고 본다. 여기서 문제는 촛불의 관점은 우리나라의 특수상황이 없다면 순수라는 조건하에서 오히려 민주국가로 한걸음 다가가게 할 것이다. 그러나 촛불의 방향은 북한 위협을 감안하고 또 극좌파들이 조종하고 또 정치적인 의도가 개입되면서 순수의 본질을 잃고 국익에 오히려 위험한 길을 선택하는 것 같다. 즉 불순세력이 끼어들고 정치가들이 이 사태를 이용하고 매체는 왜곡 편파 보도하여 사건을 객관적으로 총체적으로 보지 못하게 만드는 것 같다. 결국 이런 경향은 박정권을 세상에서 가장극악한 정권이라 타도해야한다는 북한을 부추기는 위험이 있을 수 있다. 이석기를 석방하고 중고등학생이 나와 혁명을 완수해야한다는 문구 등을 볼 때 그 증거가 확실하다. 더욱이 국회 검찰 특검 모두 뚜렷한 증거 없이 성급히 결론을 내어놓고 짜맞추는 식의 재판을 하는 느낌이 든다. 태극기는 일부 극우들이 있다 해도 결국 애국이 목표이니 나라를 지키자는 대의명분은 있는 것 같다.

필자가 보기엔 문제의 본질을 파악할 때 상대적 상황 즉 무엇을, 어떻게, 언제, 어디서에서, 누구를, 어떤 의도였는지를 감안하는 것은 중요하다고 생각한다. 이렇게 합성한 작품이 과연 예술성이 있는가 하는 것이고 그 작가의 의도도 정부의 블랙리스트 화가들의 전시였기 때문에 박대통령을 폄하하려는 의도가 명백히 있다는 것이다. 세월호 사건에 주사바늘을 나체로 비스듬히 누워있는 대통령 시중을 들고 있는 최순실 등의 내용도 보면 그렇다. 헌재에서 탄핵소추를 심리하는 와중에 일어나는 상황에 이 그림이 전시되었다는 것이다. 전시의 장소의 문제도 있다. 이구영이라는 화가가 순수하게 어떤 여자의 누드를 그렸다면 왜 그것이 문제가 되겠는가? 그렇다고 또 폭력으로 그림을 파손하는 것도 불법이라 생각한다.

모든 이런 논리를 떠나더라도 나라를 위해 일한 지도자 박대통령을 불법으로 몰아붙이고 단두대에 세우며 밧줄로 묶어 사약을 마시게 하고 대통령이 성행위하는 그림을 전시하고 또 최근 이런 그림을 전시하는 것은 너무나 비도덕적이요 인격말살이요 지나친 여성모독이라 생각된다. 그런 면에서 한 인간 여자 박통에게 분노와 조롱으로 욕설과 폭력으로 난무하고 또 극우들이 폭언으로 받아치는 댓글은 바로 우리 국민이 경제수준은 10등으로 올랐지만 문화수준은 아직도 멀다는 생각이 든다. 아무리 심해도 윗사람을 존중하는 선에서 잘잘못을 공정하게 평가하고 결국나라의 번영과 안전을 지키는 선에서 새해에는 차분하게 절제된 감정으로 도덕성 헌법적 기준에서 판단하기를 바라본다.

7-5 워마드, 페르소나 가면을 벗고 당당히 행진하라!

최근 애국당 태극기 집회에 '워마드'라는 한국의 페미니스트로 구성된 이삼십대 젊은 여성들이 합류해 문재인 퇴진을 외치며 격렬하게 데모하는 것을 보았다.

그들의 구호도 '헌법에서 자유삭제 하는 문재인은 퇴진하라', '여적죄를 저지른 문재인 사형' 등 오히려 태극기 세력보다 더 강도 높은 구호를 외쳐, 최근 일어난 반문연대 분위기를 띠우며 많은 우파들의 지지를 받고 있다. '여성들이 명령한다. 박근혜를 복귀하라', '달이 지고 '혜'가 뜬다'라는 구호로 불법탄핵을 외쳐 많은 공감을 자아내고 있다. 그렇게 합리적이고 당당하고 정의에 불타는 여성들이 자신들이 하는 말이 옳다면 왜 복면이나 가면을 쓰고 나왔는지 나는 조금 이상한 느낌이 든다.

호주에 살면서 '워마드'라는 단체 이름을 들은 것은 한 서너 달 전이다. 한 워마드 소속 한국여성이 호주에 워킹홀리데이로 속여 와서 경찰관인 호주가족의 보모로 살면서 그 자녀들의 사진과 영상을 마구 찍어 성폭행했다고 자랑하며(실제 성폭행한 것은 아니라고 밝혀짐) 워마트 사이트에 올린 사건이 있었다. 그 동영상을 본 네티즌이 호주경찰에 신고하여 아동학대 관련 영상 소지 무단배포죄로 체포된 사건이다.

'호주국자'라는 아이디어를 쓴 이 여자는 동영상 주인이 자신이 아니라고 부인하며 항소 재판비를 호소해서 300백만을 모았고 워마드 단체는 오히려 한국남자들이 조작해서 올린 동영상이라며 호주경찰과 연방정부에 영어로 편지를 호소하는 글까지 올려 국제적 망신까지 시킨 사건을 통해서 워마드를 알게 되었다. 물론 워마드는 나름 여성 권리를 찾는 대의로 조직된 단체일 것이다.

불과 일년반 전 최순실 사태 이후 박 전 대통령 탄핵 즈음에 인터넷과 공영방송에서 발표된 허위보도와 거짓 조작 등으로 여성 대통령에 대한 무수한 인권침해, 사생활 침해, 그리고 무자비한 언어폭력이 난무했던 것이 엊그제 같다. 단두대에 그녀의 목을 베고 어린아이들로 하여금 벤 목을 공차기까지 하게 했으며 상여까지 운반하는 퍼포먼스에 경악하며 내가 워마드를 애타게 찾아도 없었다. 오히려 더 침을 뱉거나 침묵하는 소위 배운 한국여성들만 있었다.

이념의 차이를 넘어 세계 유일하게 여성부장관이 있고 여성대학이 존재하는 한국에는 페미니스트는 왜 활동하지 않을까 하는 의구심을 가진 기억이 있다.

표창원 사건이 나고 성희롱까지 할 때 겨우 몇 명 여성단체들이 들고 일어났으나 희미해진 걸로 생각한다. 워마드는 그동안 어디 숨어있었나?

왜 그때 당당히 일어나지 않았는가?

호주에서 겨우 몇 여성들 중심으로 서슬이 퍼런 그 시절에 그녀의 잘잘못을 떠나 이런 인격살인은 경제대국이 된 문화대한민국에서 있을 수 없는 인권유린이라고 외치면서 호소문을 쓰면서 한 애국 단체를 조직하게 되었다.

그 대가로 받은 주위에서 던지는 돌 세례와 비난은 나를 참으로 많이 아프게 했다. 나와 친분이 깊던 전직 신문사사장은 공개적으로 '아침마당에까지 나가고 8년간 신문칼럼을 쓰고 호주대학에서 강의하며 쌓아온 시드니사회에서 명성을 하루아침에 무너뜨렸다'고 나를 비난했다.

그는 나를 '거짓말쟁이 박근혜 무당 때문에 호주한인사회를 양분시키는 같은 종류의 거짓말쟁이'라고 비방하였고 '너희 자녀들이 대대손손 저주를 받을 것'이란 폭력적 메일을 시드니 온 사방에 퍼뜨리고 다녀도 나는 지금까지 침묵으로 일관해왔다.

나는 이 글을 워마드의 태극기 참여로 일어나고 반문연대에 찬물을 끼얹은 마음으로 쓰고 싶은 의도는 추호도 없다. 오히려 반자유와 불법, 부정, 위선, 그리고 인권 무시로 일관하는 문재인정부의 실체를 뒤늦게나마 깨닫고 대항하는 그들에게 박수를 보내고 싶다. 그러나 당신들이 쓴 심리적 육체적 페르소나 가면이 있다면 벗어 주길 원한다.

당신들이 페르소나의 화려한 가면을 쓰고 문재인 퇴진을 외치는 슬로건 뒤에 숨긴 진짜 그림자를 대면하길 바란다. 인격의 가면인 페르소나와 그로 인해 억눌린 감정의 그림자의 거리가 멀수록 사실 당신들의 마음은 깊은 고민에 빠질 것임을 알고 있기 때문이다. 카프카의 '변신'처럼 그대들이 스스로 아픈 그림자와 용기 있게 대화함으로써 당신들이 '그림자의 치유'를 경험하길 바란다.

가면 속에 숨겨진 그림자가 없다면 박근혜 복권을 외치기 전에 세월호 사건 동안 일어났던 온갖 인격 폭력적 선동과 악담을 퍼부은 것에 먼저 사과하라. 박근혜 얼굴성형에 2000억을 썼다고 오보하는 여성정치 대표부터 사과하라고 압박하라.

박근혜를 650명의 처녀들을 죽여 피로 목욕한 악녀로 유명한 헝가리의 살인자 왕비 '바토리 에르제베트'로 비유한 유튜브 유포자 등을 찾아 고소부터 하라. 근거 없이 의혹만으로 여성 지도자에 대해 수많은 무차별적 비민주적 비인간적 폭로를 한 SNS 보도자를 추적하여 처벌하라고 촉구하라.

대통령과 최순실에 관련된 근거 없는 인권침해와 언어폭력을 한 정치지도자들 검찰 경찰을 엄중히 가려 처벌하라고 촉구하길 원한다.

그대들이 진정으로 가면을 쓸 이유가 없다면 이런 여성인권 침해와 개선에 대한 성명서라도 발표하라.

당신들이 진정으로 여성의 권익과 인권에 관심 있는 합리적인 페미니스트라 자처한다면 특정 정파를 떠나 한 여성 이전에 인간으로 인권을 보호받는 결의를 하고 즉시 입법화 할 수 있도록 강력히 촉구하라.

태극기집회에 나와 함께 문재인 퇴진을 외치는 그대들의 가면 속에 감춰진 또 다른 의도가 없다면 당당하게 페르소나 가면을 벗고 외치라. 우리가 촛불세력의 주역 중의 하나였고 박근혜를 단두대로 처형한 주역이었다. 그러나 늦게라도 문재인과 김정은이가 의도하는 실체를 깨달아 구국의 심정으로 문재인을 단두대에 처형하는데 동참하려 나왔다고 선언하라. 그대들이 진정한 변신을 하여 구국을 위해 나온 행주치마 여성 구국부대이기를 간절히 바라는 마음에서 한마디 거들어본다.

7-6 마녀사냥, 그 실체는 누구인가

필자는 지난 5년 정치적 변곡점에서 세 명의 유명 정치인이나 관련자를 타깃으로 놀라운 집단 마녀사냥식 캔슬(Cancel culture) 사태와 정치 탄핵을 보게 되었다.

첫째의 경우가 박근혜 전 대통령의 탄핵과정에서 드러난 대중의 집단 광기적 린치였다. 그녀에 대한 온갖 성관계 루머, 인격살인, 언어폭력 사태를 보면서 정치와 전혀 상관없이 이민자로 열심히 살던 나를 정치에 관심을 갖게 만들었고 사회운동가로 내몰게 되었다. 박근혜 모형을 장대에 매달고 장사행렬을 하며 순진한 아이들을 시켜 목 잘린 머리 공을 차고 짓밟게 하는 등 극단적 증오로 가학 하게 만들었다. 이 잔인한 정치적 폭력(Political bully)을 사주한 보이지 않는 이들이 누굴까 궁금하며 경악했다. 그때까지만 해도 이 악마의 실체를 알지 못했다. 이 현대 사회에서 그녀를 심지어 '역사속의 악녀'로 불리는 여자들과 비유하는 대중들의 집단광기에 충격을 받았다. 그녀를 피의 백작으로 불리며 1568명의 처녀를 죽여 피로 목욕했다는 16세기 헝가리 귀족 에르제베트 바토리로 비유하거나 프랑스 왕 루이 16세의 왕비로 프랑스혁명에서 단두대로 사라진 사치로 유명한 마리 앙투아네트 여왕으로 비유했다.

이런 마녀사냥식 정치몰이는 한국뿐만 아니라 미국대선에서도 남성을 상대로 일어나는 것을 나는 멀리 호주에서 목격했다. 호주 신문 방송에서 조차 앵무새같이 바이든이 당선되기 전부터 그가 대통령임을 기정사실화하고 반복적으로 선동 방송하였다.

알고 보니 미국 45대 트럼프 대통령트럼프가 재임하자마자 이미 러시아 스캔들로 집요하게 힐러리 민주당 세력들이 탄핵하려했고 1.6 의사당 사태를 빌미로 임기 열흘도 남지 않은 그를 마녀사냥 하며 탄핵하려했다. 지금은 이 모든 것이 뮐러 특검 그리고 최근 듀람 특검을 통해 오히려 민주당 힐러리 쪽의 완전 가짜뉴스와 조작임이 드러나게 되었다.

그동안 트럼프에 씌워진 '또라이' '미치광이' 오명은 가장 지식인인 우리나라 동아일보 김순덕 기자마저도 바이든 어천가를 부르고 야당 인사마저 그를 국제적으로 기괴한 인물로 오해할 만큼 대중들을 세뇌시켰다. 최근에 나는 김건희 사태를 보면서 그런 비슷한 느낌을 받았다. 김건희 여사는 경기대학교 서양화를 전공 후 숙명여대 대학원 미술학 석사 그리고 국민대 테크노디자인 전문대학원박사학위까지 받은 전문 예술가이다. 그리고 현재는 코바나 콘텐트를 운영하는 성공적 사업가이다.

위의 학력에서 사소한 프로필에 과장은 있을 것이나 큰 틀의 학력은 사실이고 그동안 쥴리 사건 등과 학력위조 의혹들이 대부분 가짜뉴스임이 드러났다.

위의 세 사건을 보면서 다음의 정치 왕따인 탄핵과정의 공통점을 발견한다.

첫째, 세 분을 무능자 타락자 부패자로 낙인찍고 프레임화 한다는 것이다. 그러나 사실은 객관적으로도 유능한 사람들이다. 박근혜는 무능한 닭대가리, 트럼프는 또라이, 김건희 여사는 쥴리 창녀로 폄훼시켰다. 국제적으로도 손색없는 훌륭한 지도자적 업적과 자질을 갖고 있고 실제 기여해 온 분들이다. 김건희 여사도 학력적으로 미술계에서 사업가로 성공한 뛰어난 분이다. 뒤에 숨어서 이런 가짜뉴스를 조작하는 자들은 한국미국 할 것 없이 극좌 민주당 세력이고 이들은 글로벌 기득권세력과 연합한 중국공산당과 국제 코민테른 세력들이다.

둘째, 이런 낙인을 애초 선점하여 지속적 조작으로 대중을 세뇌시킨다는 것이다. 사실과 진실을 밝히기 전에 의혹단계로 괴소문부터 퍼뜨리고 그 뒤에는 공식사과조차 제대로 하지 않고 책임을 지지 않는 태도이다. 이런 사람들은 바로 방송 신문 미디어에 관련된 자들로 조작의 총대를 멘다는 사실이다.

세 번째, 이런 대중의 선동과 조작에 선한 대중들은 집단 지성마비를 일으키고 마구 그들을 캔슬시키는 캔슬문화를 여론의 이름으로 휘두른다.
최근 미국에서 페이스북의 CEO 마크 쥬그버그가 ABC 방송기자였던 존 스토셀(John Stoss: Investigate Journalist)에게 기소되어 법정에 서게 되었다. 쥬그버그는 팩트체크는 가짜이고 좌파의 이념의 확대할 전술의 한 의견일 뿐이라고 시인했다. 사실 존은 좌우를 떠나서 산림경영을 보호하는 기술을 심층 분석한 비디오를 올렸을 뿐인데 빅텍이 검열하면서 좌파들의 기후 온난화 환경문제를 반박하는 걸로 오해한 것이다. 그런데 빅텍 페이스북이 이를 가짜뉴스로 분류하여 이기자 페이스북 내용을 삭제한 것에 화가 난 이 기자가 페이스북을 기소하였다.

네 번째, 이런 공산주의적 좌의 선동과 조작 과정에는 반드시 내부의 적 즉 트로이 목마가 등장한다. 즉 우파라고 주장하는 사람들의 내부의 적을 이용한다. 박통의 경우 탄핵 동조자들이고 트럼프의 경우 리노(RINO: Republicans in Name Only)라 불리는 부시계 네오콘 세력들이다. 김건희 경우 국힘 내 일부 부정선거의혹 부인 세력들이다.

다섯 번째, 순진한 대중들은 이미 선동되어 이런 자기 주군들을 좌우 떠나 끌어내린다. 이런 왕따(Ostracism: 왕을 따돌리는 현상)은 바로 과거 계급사회 때 노예신분이 많던 한국인들의 주인에 대한 반란 심리의 발휘이다. 즉 이 심리는 또 다른 양극단 지나친 지도자에 대한 맹종심리 즉 '빠'(Freak)로 나타나는 것이다.

여섯 번째, 또한 이것은 정치적 해석 이전 한 여자에 대한 인권 침해이다. 여성인권에 목소리 높던 수많은 여성단체들은 좌우 정치 색깔로 침묵하며 고소해한다. 소위 같은 여성들이 벽화에 쥴리 접대부 이미지를 올리고 끈질기게 괴롭혀도 여태껏 침묵하며 방관자 역할을 하는 것이다.
필자도 사실 김건희 사태는 본인의 과실도 어느 정도 있고 또 대장동과 부정선거를 호도하려는 사건의 본질을 알기에 끼어들지 않으려고 했다. 그러나 개인 잘잘못을 떠나 한 개인 여성에 대해 무지막지한 인권침해 그리고 여성들의 침묵을 보면서 아직도 이런 탄핵의 프레임이 작동하는 데 경악하여 이글을 쓰기로 했다.

이런 탄핵 현상을 왜 일으킬까? 놀랍게도 부정선거를 자행해서라도 자유민주주의를 파괴하려는 무한해체 전체공산주의 세력들이다. 미국에서는 중국공산당과 연합한 극좌 민주당 과 글로버리스트 빅텍 월 가세력들이 부정선거를 해서 트럼프를 끌어내렸다.

한국은 북한과 중공의 지시를 받는 586 주사파 세력들이 그 주역이다. 이것은 의혹이 아니고 드루킹 사건, 울산선거 사건으로 드러났다. 특히 4.15 6.28재검으로 명백히 드러났다. 이런 불법탄핵을 하다 보니 그 범죄를 덮기 위해 부정선거를 자행하게 되었고 부정선거 위해 중국 우한에서 파우치 박사 등의 기금 기부로 '섀도우 실험실'을 만들어 코비드가 발생했다는 것이 둥징웨이 중국 간첩의 실토로 드러났.

김건희 여사 사건도 큰 틀에서 이런 탄핵의 패턴에 희생자가 된 것으로 보인다. 왜 민주당은 윤석열이 검찰총장 채용할 때는 김건희 박사에 대한 캔슬이 없다가 지금 일어나는 것만 보아도 민주당의 조작과 선동임이 드러난다.

필자는 좌우 여야를 편드는 사람도 아니고 아닌 자유민주 법치주의 시장경제를 옹호하는 평범한 중립적 시민이다. 김건희 여사는 사과할 일이 있으면 하고 큰 틀에서 당당하게 맞서길 바란다. 이런 자들의 속성은 약하게 보일수록 더 잔인하게 괴롭힌다(Political bully). 가짜뉴스 터뜨린 사람 명백히 응징하고 떳떳하게 나서서 본인의 재능을 살리고 후보자 부인으로 역할을 당당히 해주길 바란다.

8장
모국의 정치에 대한 열정과 사랑으로

나는 정치 전문가가 아니다. 다만 호주에 오래 산 이민자로 익힌 정의 평등 민주 사고와 나의 상식과 합리적 관점에서 탄핵 이후 모국에서 일어나는 일이 너무나 비상식적이고 반지성적이라 보였다. 이장은 지난 탄핵 이후 모국의 정치에서 일어나는 큰 사건에 대해 내가 쓴 정치칼럼을 모은 것이다. 나는 정치가 너무나 우리 일상에 바로 영향을 미치는 중요한 일이라 참 재미있다고 본다. 또한 정치는 실제 흔히 말하듯 가장 더러운 게임인 것이다. 따라서 정치에 관여하는 사람은 가장 바보라는 말을 한다. 그럼에도 아주 소수가 특히 여성 지도자들이 대신 부정, 부패, 불의에 나서지 않기 때문에 할 수 없이 나는 내 속에 잠재된 사회정의에 대한 불길을 끄집어내지 않을 수 없다고 본다.

이 장에 쓴 글들은 물론 과거의 정치적 사건에 대한 나의 소고를 모은 글이나 여전히 현재에도 생각해본 이슈이다. 현재는 강물에 돌 던지는 심정의 작은 파장이나 이것이 모이면 큰 정의의 파도를 일으키는 날이 반드시 올 거라 희망을 걸어본다.

8-1 정치에 초월한 국민

금년 이월 한국을 방문했을 때는 국회의원 선거를 앞둔 시기여서인가? TV에서나 사람들이 모인 곳이면 정치가 온통 총 관심사처럼 보였다. 선거철이 아니더라도 우리나라 국민들은 정치이야기가 대화의 중심인 것은 사실인 것 같다.

호주에 살면서 느낀 점은 호주인은 정치에 덜 신경 쓰고 선거도 너무나 조용히 치러진다는 점이다. 막말로 원하기만 하면 정치가는 아무나 될 수 있고 실제 아무나 한다. '폴린핸슨'은 피시와 칩스라는 가게를 운영하던, 고등학교밖에 나오지 않은 평범한 아줌마다. 그녀가 호주정계를 흔들 만큼 영향력을 미치는 정치가가 될 수 있는 분위기를 봐도 그렇다. 정치가가 된다고 우리나라처럼 엄청난 특권이 주어지는 것도 아니고 봉사하는 일이라 그런 것 같다. 수상도 자주 바뀐다. 지난 오년 간 네 명의 수상이 바꼈다. 노동당의 캐빈 러드에서 줄리아드 길야드로, 그 뒤 자유당으로 정부가 바뀐 뒤로 삼년 임기도 채우지 못하고 토니 에봇에서 또 지금의 말콤 텀블에 이르렀다. 말콤 정부조차 조기총선을 하나마나 설왕설래이다. 즉 수상이란 직책에 그렇게 연연하지도 않고 언제든지 물러나기도 한다. 이렇게 수상이 자주 바뀌어도 호주정부와 경제는 건재하고 그래서인지 국민들은 초연하다. 이런 분위기는 누가 하든 상대적으로 정치지도자를 신뢰하는 경향이 있어서 만들어지는 것 같다.

캔버라의 국회의사당에가 보면 역대 총 수상의 초상화를 걸어놓고 그들의 업적과 인물에 존경심을 표현한다. 특히 호주에서는 멘지, 휘틀람, 프레이즈 등의 수상을, 호주에서는 세 키 큰 양귀비(Three Tall Poppies)라고 부르며 다른 장기집권 수상들 즉 폴 키팅 존 하워드 등도 키 큰 양귀비 대열에 놓을 것이냐 아니냐를 가끔씩 논한다. 세 명의 키 큰 양귀비 정치가들은 문자 그대로 거만하고 독단적이고 도도한 카리스마가 있지만 결국 국민들의 추앙을 받고 있다. 국민들은 그들이 사심 없이 국민을 위해 열심히 일한 것을 알기 때문이다.

미국에서도 대통령에 대한 국민들의 일반적 정서는 비슷한 것 같다. 미국 사우스다코타에 위치한 러시모산(Mount Rushmore)에는 워싱턴, 제퍼슨, 루즈벨트, 링컨 등 네 명의 전직 대통령의 얼굴을 새겨 놓았다. 단단한 화강암으로 된 바위산을 1927년부터 1941년까지 14년 동안 깎아 얼굴이 18미터, 코 길이가 6미터로 조각하여 전설 속의 큰 바위 얼굴의 거인처럼 보인다. 그 당시 백만 달러라는 거금을 들여 만들었다. 미국인들은 그 산을 방문하면서 그들의 자부심을 일깨우며 지금 그들이 누리는 행복과 자유를 전직 대통령들의 업적에 돌리며 기억한다. 다른 역대 대통령들이 얼굴 하나 더 새길 공간에 묻히기 위해 러시모 병을 앓는다고 한다.

이에 비해 한국은 지금까지 대통령이나 국회의원을 비롯해 지도자는 어떻게 해야 한다는 칼럼이나 그 지도자를 비판하는 내용들로 점철되어 있다. 영화 '내부자'에서 한 신문의 편집국장이 '어차피 국민들은 개돼지니까 그렇게 신경 쓸 게 없고 개 짖듯 짖다가 스스로 조용해질 거다'는 대사가 나온다. 이 대사를 빌어 '이지성'이라는 작가가 쓴 '리딩으로 리더하라'는 책에서 바로 국민이 개돼지 취급을 받지 않으려면 독서를 통해 일제 주입식 교육에서 벗어나 비평적인 사고를 가져야 한다고 주장했다. 영화라 극단적으로 묘사했겠지만 그 말은 오히려 역설적으로 정치가나 지도자를 비하하는 말로도 들린다. 반대로 국민들이 국회의원 기념촬영이라는 사진에서 그들을 개로 비유하고 또 국회의원이 어린 남자 애 'X'도 모르냐는 글이 돌아

다닌 적이 있다. 농담으로 받아들이지만 이런 국회의원을 모욕하는 글들에서 국민들은 자신들이 뽑아놓은 지도자를 비하하며 고소해하는 정서를 엿보게 된다. 언론의 자유라는 명목으로 지도자들에 무기명으로 마구 부정적인 댓글을 달아 깎아내리는 국민들의 수준도 그 비판받을 정치가의 수준을 넘지 못함을 느낀다. 마치 옛날 족장시대에 족장을 선출해놓고 바로 그를 반대하는 사람들과 결탁하여 족장을 죽여 그의 간을 빼 내어 먹으며 고소해하는 그런 부족들의 사고가 아직 국민들에 남아있는 것은 아닌지. 차라리 공조 저널리즘(Gonzo Journalism)이 팽배한 문화에서 자기의 주관적 댓글을 다는 사람들의 이름은 적어도 표시한다.

훌륭한 지도자의 공통점 하나가 어려운 경제적, 사회적, 정치적 상황에도 긍정적 비전으로 먼 미래를 보고 국민을 이끄는 것이다. 그렇다면 국민은 시간을 두고 그분들을 판단해야 한다. 또 역대대통령이나 정치지도자들의 비리, 잘못된 점을 몰라서가 아니라 어느 정도 잘한 면 또한 인정하고 존경하며 자부심을 가져야하지 않을까? 물론 여기서 말하는 사람들은 진정한 정치가(Politician/stateman)이고 정상배(Businessmen with political affiliations)나 정치 깡패(Political hoodlums)를 일컫는 것은 아니다.

즉 긍정을 바탕에 깔고 비판하면 혁신이 일어나나 부정을 바탕에 깔고 비판하면 파괴만 일어난다는 법륜스님의 말을 동감한다. 외국에서 본 한국이 이만큼 발전한 것에는 뭐라 해도 지도자들의 희생과 노력이 있었을 것이다. 이승만 대통령을 친일파 독재자로 일방적으로 치부하고 있지 않는가? 박정희 대통령은 쿠데타를 일으키고 독재를 하다 말년에 성폭행을 한 대통령으로 너무 부정적 물감으로 보지 않는가? 김대중 노무현 대통령을 북한에 동조한 좌파 종북의 지도자로 밀어붙일 수 있을까? 오히려 국민들이 문제 아닌 것을 이슈화하고 지도자가 걷는 길에 도움을 주기는커녕 그들이 힘들게 가는 길을 더 고독하게 만든 것은 아닌지.

흔히 비평은 부정적이고 나쁜 점만 파헤치는 것으로 안다. 그러나 진정한 비평은 잘한 것 못한 것, 그리고 상황을 고려하여 중간선상 등 다각도로 균형 있게 평가하는 능력을 일컫는다. 비난만 하는 사람을 자세히 보면 자신의 자존감이 없는 사람들로 그런 사람들에게서는 남의 업적에 대한 칭찬이나 객관적인 평가를 기대할 수 없다. 이제는 우리가 뽑은 역사의 우리 대통령들을 좀 자랑스럽게 여길 수 있는 국민들의 여유 성숙한 마음을 가질 필요가 있지 않을까? 좌파 우파라는 이분법적 사고방식에서 벗어나 우리 역대 대통령을 다각적인 관점에서 우리의 특수상황을 감안하여 객관적으로 평가할 시점에 오지 않았나.

링컨 대통령의 연설문에서처럼 내가 국가를 위해 무엇을 해줄까 하는 생각에서 비판하는 국민이 얼마나 될까? 한인을 위해 아무런 봉사도 않으면서 말로만 비평하는 교민들, 문제 아닌 것을 문제화시켜 분란을 일으키는 일부 사람들, 이런 분들의 행동을 보면서 멀리 정치판까지 갈 것 없이 이들을 지도자 자리에 앉히면 똑같은 실망스러운 행동을 하지 않을까? 국민과 정치지도자가 서로 개로 취급하는 수준에서 벗어나 존중할 때, 또 약점이 다소 있어도 좋은 지도자로 만들어가면서 국민은 정치에서 초연해 질수 있을 것이다. 이제 왈가불가 정치를 초월하여 국민각자 자신의 영역을 지키며 국가를 위해 할 수 있는 일만 묵묵히 하는 태도가 필요하지 않을까. 또 우리 국민 스스로 지도자에 대한 존경심을 조금은 가질 정도의 여유와 성숙함을 갖출 때가 아닌가, 선거철이 다가오면 생각해본다.

8-2 호랑이 등에 탄 선거

지금 한국에는 다섯 명의 대통령 후보들이 치열한 선거전에 들어갔다. 호주에 사는 시민으로 한국에서 일어나는 대선을 보면서 우선 '이건 아닌데'라는 생각이 든다. 나의 성격상 결정을 빨리 하고 그 결정을 곧 실행하는 편인데도 이번선거를 보면 왜 이렇게 서둘러 대선을 치러야하는지 어리둥절한 것은 나만의 생각일까? 호주에 오래 살아 꼼꼼히 따지고 돌다리도 두들기듯 느긋한(Laidback) 문화에 내가 그동안 너무 익숙해서일까? 그래서 나에게 선택하라면 선거 자체를 거부하고 싶은 게 솔직한 심정이다.

모든 대선주자들은 나름대로 훌륭하다. 그러나 유권자로 또 대권주자에 대해 검색해야하고 그러자면 부정적 평가가 필요하다. 우리나라 지도자의 요건은 사람마다 다르겠지만 내가 생각할 때는 국민의 당면욕구를 만족시켜주는 자가 되어야 할 것이다. 첫째 안전에 대한 욕구이다. 우리나라의 현재 특수상황을 감안해서 외교, 안보와 통일관이 투철하고 그 정책에 일관적이어야 한다. 둘째 더 잘살고 싶은 경제와 복지의 두 마리 토끼의 욕구를 잘 조정하는 능력이 있어야 할 것이다. 나름대로 경제에 대한 비전을 가지면서 빈부격차가 없는 복지국가를 지향해야할 것이다. 셋째 정의롭고 공정한 사회에 대한 염원이다. 정경유착의 부정부패를 없애고 친인척비리 촌지들이 사라진 깨끗한 사회를 염원한다. 넷째, 이것들을 이루기 위한 협상, 소통능력이 뛰어나 갈등관계를 화해로 푸는 대화능력이 있어야한다. 우리나라는 지금 양분화되어 있다. 그 근본원인이 바로 대화소통 기술의 부재이다. 다섯째 정견에 대한 뚜렷한 소신이 있고 때론 대세도 거를 수 있는 용기가 있어야 한다. 여섯째 솔직하고 정직해야한다. 정치가도 실수할 수 있다. 완벽한 사람은 없다. 그러면 실수를 인정하고 반성하는 겸손함이 있으면 된다. 일곱째 사람들의 마음을 읽는 따뜻한 배려심 포용력이 있어야 한다.

우선 문재인 후보와 안철수는 '자유통일'이 아닌 '평화통일'을 주장하는 진보파로서 나름의 관점은 있으나 현재 한국 상황 즉 북한이 미사일을 쏘고 핵을 개발하는 상황에서 사드 배치에 대한 비일관적 태도는 국민을 불안하게 만든다. 그리고 북한을 형제로 생각하느냐 적으로 여기느냐는 이념에 따라 다르지만 우리법에 엄연히 적이라 명시되어 있는데도 우리의 주적이라 말하지 못하는 사람은 대통령으로 기본자질에 의심이 간다. 나는 극우파들이 안보를 빌미로 민주주의를 유보하고 좌파 빨갱이라는 소리를 섣불리 하는 것을 싫어했었다. 그런 한편 문재인의 이런 태도와 '송민선 회고록'에 보이는 그의 사상에 너무 충격을 받았다. 그 당시 우리나라가 북한인권 문제 상정에 기권을 결정했다는 것도 너무 놀라웠고 또 그것을 국정원장과 비서실장이었던 문재인이 북한에게 상의해보고 결정했다는 주장 또 그것을 기억이 안 난다라고 발뺌하는 태도를 보면서 대통령후보로서 기준에 미달이구나 하는 것을 몸소 느끼게 되었다. 북한을 동조하든 않든 북한 인권탄합은 그 당시 심각한 수준이었고 정파와 상관없이 우리가 앞서서 해결하도록 도와야하는데 북한의 눈치 때문에 기권을 했다면 정말 문제가 이미 그때부터 많았었다는 것을 이제야 느낀다.

그 다음 '민중민주주의'냐 '자유민주주의'를 신봉하느냐에 다르지만 나는 한때 80년대 민중민주주의를 신봉하던 사람이었다. 그때는 민주화가 절실했고 빈부차가 극심하여 민중민주주의의 기치가 설득력이 있었다. 그러나 30년이 지나면서 북한은 말할 것도 없고 소련 구라파 중국 등 민중민주주의는 실패한 것을 목격하게 되었다. 호주에 와서 정부의 기업들에 대한 Social Corporate Responsibility(SCR)를 통해 경제개발과 복지를 잘 병행하는걸 보면서 결국 경제의 틀은 자본주의 사장에다 복지를 겸해야지 민중민주주의에서 주장하듯 자유시장 체제를 무시하고 부의 평등을 이루려한다면 결국 남미, 이탈리아, 그리스 같은 나라처럼 실패한다는 것을 경험했다.

민중민주주의가 우리에게 가장 호소력이 있는 것은 바로 부패가 없는 서로 더불어 잘사는 공평한 사회를 만드는 것일 것이다. 대통령 탄핵이 일어난 한 근본원인도 바로 박근혜정부의 국민에 대한 이런 기대가 무너졌기 때문이다. 자유민주주의 체제가 가지기 쉬운 결함이다. 그러나 아이러니한 것은 중국, 베트남 등에서 온 이민자들에게 왜 중국을 싫어하나 물으면 물론 자유가 없다는 것 그다음으로 부정부패가 많아서라고 한다. 나는 처음엔 이해가 안 갔다. 중국은 공산국가인데 어느 나라보다 더 깨끗하고 공정해야 하지 않나. 그러나 실제 당에 줄을 선 사람들만 호의호식하고 서민들은 가난에 허덕이고 부정부패가 너무 많다는 것이었다.

소통능력은 가장 중요한 자질인데 어느 후보도 제대로 갖추어진 것 같지 않다. 설득하기 위해 어떻게 대화해야 하는가에 기본적인 토론실력이 거의 전무하다. 그다음 세 가지 요소는 후보 개인적 성품에 관한 것이다. 국민들은 정치가에 대해 완벽하기를 바란다. 정치가도 사람이라 과거에 실수하기도 한다. 또 그 상황에서는 어쩔 수 없이 그렇게 할 수밖에 없을 것이다. 다만 솔직히 잘못을 인정하고 개선하겠다는 겸손을 보이면 된다. 발뺌하거나 둘러대거나 하면 오히려 국민들은 실망한다.

위의 기준은 내 나름의 기준이니 다른 사람들의 기준은 다를 것이라고 본다. 이 기준에서 나는 우파 좌파를 떠나 대한민국 국민으로 오히려 구관이 명관이라는 느낌을 떨쳐버릴 수 없는 게 솔직한 나의 심정이다. 시민권자라 투표권한도 없지만 이번 대선정국은 법치국가로 대통령을 뽑는다는 자부심보다 모든 것이 누군가가 덮은 가리개로 호랑이 등에 업혀 어디로 끌려가는지 모르고 달리는 불안하고 불편한 마음으로 바라보는 것이 나의 솔직한 심정이다.

8-3 도덕, 상식과 정의에 기준한 새 정부를 바란다

내 앞엔 마이클 샌들(Michael Sandel)이 지은 '왜 도덕인가'(Why Morality)와 '정의란 무엇인가'(Justice)라는 두 책이 놓여있다. 하버드대 최연소 대학교수가 쓴 이 두 책은 일찍이 한국사회에 정의, 공정 논쟁을 촉발시켰다. 호주에 사는 이민자로 한국에서 새로 선출된 대통령을 보며 도덕, 상식과 정의라는 세 명제를 새삼 고뇌하고 생각해 본다.

이번에 선출된 문재인 대통령은 정의롭고 평등한 사회, 그리고 개인적 자유보다 공동 선을 중시하는 좌파적 기조로 당선되었다. 헬조선에 산다고 생각한 젊은 층들과 어느 특정지역의 거의 몰표에 가까운 지지로 그동안 정경유착으로 불의가 만연하고 빈부차가 극심한 불평등한 세상을 적폐 청산하여 바꿔보고 싶은 국민의 염원으로 당선되었다.

사회가 정의로운지 묻는 것은 국민들이 소중히 여기는 것, 이를테면, 소득과 부, 의무와 권리, 권력과 기회, 공직과 영광을 어떻게 분배하는지 묻는 것이다. 이전까지 정부는 경제부흥 때문에 이것들에 제대로 관심을 갖지 못해왔다. 샌들에 의하면 정의를 이해하는 세 가지 방식이 있다. 행복, 자유, 미덕이다. 즉 정의는 바로 최대 다수의 최대 행복을 극대화하고 개인의 자유를 존중하며 미덕을 기르는 행위를 의미한다. 그래서 먼저 다수 국민들의 행복을 극대화하기 위해서는 자유경제 체제에 의해 경제적 풍요가 우선 일어나야한다. 그다음 정의롭기 위해서는 바로 개인의 권리를 강조하는 언론, 종교의 자유 등을 허용하여야 한다. 이는 바로 보편적 인권을 존중하는 것이다. 남의 인권을 침해하고 살인하게 내버려두면 정의로운 사회가 아니다. 마지막으로 정의는 미덕과 도덕을 지켜 좋은 삶과 밀접히 연관되어야 한다고 본다. 정치이념이 다르다고 비도덕적으로 상대를 비난하고 도덕을 법으로 규정한다는 발상은 자칫 강압적인 상황을 불러올 수 있다. 정의로운 사회라면 비방, 중상, 폭력 등 부정적 견해나 행동보다 미덕, 칭찬, 존중 등 긍정적인 태도를 가져야 한다. 샌들은 정치적 도덕을 강조하며 도덕 윤리적 기반을 잃은 정치야말로 국가와 국민의 공공선에 해악을 끼치는 가장 무서운 적이라고 설파한다. 정치인의 교묘한 얼버무림과 거짓말은 용서되어서는 안 된다.

위의 '샌들'의 정의로운 사회의 세 기준에서 보면 세계역사가 이미 경험했듯이 좌파적 가치를 둔 정부는 적폐 청산을 주장하면서도 상당히 자가당착에 빠지기 쉽다. 이미 번갯불에 콩볶아 먹듯이 새정부를 출범시키고 출범하자마자 그 많은 현안 중에 서둘러 국민토론 없이 국정교과서를 폐지하고 정윤회 사건부터 재조사하려고하는 새정부가 과연 앞서 기술한 정의와 도덕에 가치를 둔 지극히 상식적인 정부인가 의구심이 들게 하는 것은 나만의 생각일까? 새정부가 진정 구호대로 정의롭고 상식적이며 도덕적인 정부가 되기 위해서는 국정농단사건뿐 아니라 선거기간 동안 터진 많은 의혹 즉 세월호의 의도적 인양지연과 관련된 언론 압박, 아들 문재용의 취업 특혜, 노무현 가족 비자금, 송민선 사건 등에도 60%의 지지하지 않은 국민들에게 명백히 시시비비를 가려주어야 한다. 호주에서 본 한국의 최근 SBS 사건은 새정부가 들어서기 전에 이미 언론의 자유와 객관적 보도가 말살되었다는 충격적인 방송사태라고 본다.

끝으로 국민들은 당파를 떠나 새 대통령을 지지하고 이런 것을 잘하도록 도와줘야한다. 새 대통령은 전 박대통령이 소홀했던 점, 국민과 소통하며 상처받은 국민들과 화합하기 위해 탕평정책으로 인사를 고루 등용하길 바란다. 이런 국민의 요구를 무시하고 마치 전쟁에서 이겨 전리품을 나누듯 하면 그들이 외친 진정한 정의롭고 상식적이며 공평한 사회의 건설은 한국에서도 실패하구나라는 것을 세계인은 곧 인식할 것이다.

8-4 해바라기 정치인

가을이 와야 할 사월 말로 접어드는데 아직도 여름이 아쉬운 듯 언저리를 돌며 따가운 햇살이 계속된다. 가을이 오면 찬바람이 소산하게 불고 또 그 바람에 후두둑 떨어질 화려한 낙엽을 보면 왜 그리 했을까 하는 뒤늦은 후회를 할 사람들에게 여름은 가르치고 있을까? 나는 추위를 싫어해선지 더운 여름을 잘 견딘다. 그래서 하루일과 마치고 사우나실에서 눈감고 꼿꼿이 앉아 땀을 뚝뚝 흘리며 명상하면서 하루를 되새겨보는 것이 나의 행복한 시간 중의 하나이다.

많은 사람들이 늘 뜨거운 여름이 계속될 거라 생각한다. 그 여름 햇살 아래 커다란 둥근 모습의 강렬한 노란색으로 꽃의 왕인 양 으스대며 해를 따라 움직이던 해바라기도 가을이 되면 한줌 검은 씨앗으로 떨어진다. 또 붉고 앙증스럽게 피어 지나가던 사람들의 시선을 멈추게 하던 접시꽃도 시들어 뽑혀 버려진다.

대학 다닐 때 독재자들은 자신의 의도대로 국민을 끌고 가기 위해 3S(Screen, Sex, Sport) 정책을 써서 국민들의 눈과 귀를 가린다는 것을 배웠고 그런 우민화 정책에 반대하기 위해 지성인으로 깨어있자고 뛰어다녔던 적이 있다. 네로가 왕이었던 화려했던 로마에서 시작된 그런 우민화 정책이 현재 내 조국에서 지금도 일어나고 있는 것 같아 우습다. 호주 와서 거의 30년 세월을 지나면서 사회공산주의 몰락 후 공산권에서 온 사람들의 한결같이 공산주의에 치를 떨던 이들과 직접 접촉하면서 인생의 가을이 오고 세월의 가을이 오면서 바뀐 나의 눈에는 조국의 이런 뒷걸음이 선선해야할 가을에 땡볕의 여름날만큼 이상하다.

평창올림픽 계기로 최근 일어나고 있는 평화, 자주, 한민족이라는 기치로 열리는 여러 남북교류행사, 커뮤니티 행사들을 보며 또 거기에 해바라기처럼 뜨거운 여름날의 감동으로 동조하는 사람들을 보면서 뒤늦은 후회의 노래를 부를 사람이 너무도 많은데 놀란다. 우선 가장 개념이 있다고 생각하는 사람들로 구성된 매체에서부터 해바라기 당신이 많다. "9일 처음 열린 남북 고위급 회담에서 기대 이상의 긍정적인 결과가 나왔다. …한국 내 수구 세력의 지나친 트집잡기와 문재인 대통령에 대한 미움과 반대 때문에 어렵사리 마련된 남북대화 자체를 부정하고 의미를 폄하하려는 것은 판을 깨는 우를 범할 수 있다는 점에서 한편으로 우려스럽다". 여기 어디에도 평화로 포장된 속임수, 평화통일의 위험, 김정은 공산독재 체제가 해온 거짓 선동과 기만의 역사, 북한 주민에게 가하는 인권 최하국가에 대한 위험을 잘 감안하고 신중히 접근해야할 필요도 있다는 논조는 없다.

해바라기 당신은 평화 콘서트, 평화협정 천만인서명운동, 평화 축제, 평화 통일 기치를 내걸고 화려하고 뜨거운 기치 아래 여름날 소나기 직전의 고요함처럼 평화를 구걸한다. 그 어느 누구도 이 평화스런 평화 타령 이면의 위험과 그림자를 애써 지적하는 사람이 없다. 전쟁 없는 평화를 어떻게 해서 진정 얻을 수 있는지 평화협정 뒤에 일어나야만 할 한미동맹의 파기, 그 파기가 단순히 안보 파기가 아닌 경제 파기 그것이 우리에게 끼칠 영향을 곰곰이 생각해보는 사람은 없다. 탄핵사태 이후 지금 평화분위기가 바로 국제 정치학 큰 상황적 관점에서 중, 소, 북한의 공산체제 유지와 미국 위주의 자유민주 체제의 패권 싸움의 한 상황이라기보다 글로벌 기득권세력과 민초 국민들 간의 주권 싸움으로 볼 줄 아는 사람은 별로 없다.

지금 한국에서 악의 축인 사람들에게 "정의로운 전쟁보다 비겁한 평화가 낫다."며 구걸하다시피 한다. 이 문구는 바로 친일파 이완용이 "아무리 나쁜 평화라도 전쟁보다 낫다. 이게 다 조선의 평화를 위한 거다"라고 하면서 나라를 팔아먹은 것과 비슷한 생각이 자꾸 든다. 이순신 장군의 '필사즉생 필생즉사'의 결사항전이 바로 진정한 평화를 가져준 사례는 역사적으로 국제정치학에서 많이 본다. 물론 우리 국민 모두 '좋은 전쟁도 없었고, 나쁜 평화도 없었다'(There was never a good war, or a bad peace)는 벤자민 프랭클린의 보편적인 말에 전적으로 동의한다. 그러나 평화가 단순히 전쟁이 없는 상태라는 공식은 지극히 특히 세계유일의 부자삼대세습 전제공산국가와 상대할 때 위험할 수 있다는 각도도 필요하다고 본다. 올해도 북한은 38번 이상 미사일을 쏘아댄다. 그 많은 비용이 어디서 났을까? 소위 남한의 평화통일론자들이 보내주었다면 참으로 아이러니하지 않은가?

저녁에 갑자기 뚝 떨어진 쌀쌀한 기온이 바로 가을이 곧 다가올 것임을 예고한다. 계절이 변함을 이해하는 한편 또 계절과 상관없이 늘 미리 준비하고 시류에 흔들림 없이 꿋꿋하게 자리 지키는 사람들이 많아 그나마 다행이다. 3S의 주체자의 의도를 파악하고 주역을 맡든 지켜보는 관중이 되든 해바라기 당신이 되지 말고 뒤돌아 후회하지 않는 노래를 부를 주인공이 많을 때 아이러니하게도 평화는 가을처럼 성큼 다가와 있을 것이다.

8-5 휘파람이 강풍으로

지금 한국은 2018년 12월 말경 청와대에서 터진 6급 김태우 검찰관(43)과 5급 신재민(34) 기재사무관의 내부폭로 사태가 눈덩이처럼 커져 현정부를 강타하고 있다. 김태우 검찰관은 신문기자회견을 통해 청와대 검찰반쪽의 상급자들의 민간사찰 지시와 환경부를 비롯 여러 분야의 블랙리스트 작성, 주요 장관들의 금품수수, 청탁, 증거인멸 지시 등의 비리를 폭로했다. 그 뒤 신재민 사무관은 유튜브를 통해 청와대가 기획재정부에게 7조8천억원의 적자국채가 2017년도에 일어난 것처럼 지시하여 마치 박근혜 전 정부의 적자로 넘기려 한 계획에 양심의 가책을 느껴 진상을 폭로했다. 그러나 집권당 국회의원들로 돈 벌기 위한 수단 등으로 SNS에서 많은 비판과 질책으로 인한 스트레스로 자살미수까지 간 엄청난 사건들이 연속 터지고 있다. 이 두 사람은 내부폭로자로 한쪽에서는 청와대 비리를 까발리는 양심적이고 용기있는 의인으로 또 다른 쪽에서는 공무원이 기밀문서 누설로 조직의 질서를 무너뜨리는 개인의 일탈적 행동에 불과하다라는 공방으로 매체가 뜨겁다. 이 사건을 계기로 먼저 내부폭로에 대한 개념정리와 호주와 미국 등의 발전 역사를 알아보고 내가 당한 호주에서의 내부폭로의 경험 등 여러 시리즈로 나눌까한다.

내부 폭로자를 영어로 'Whistleblower'라 한다. 내부 폭로자는 어떤 사적 공적 기관 내부에 옳지 않거나 비윤리적, 불법적 행위나 정보를 유출하는 사람으로 정의된다(A whistle blower is a person who exposes any kind of information or activity that is deemed illegal, unethical, or not correct within an organization that is either private or public). 'whistleblower'의 유래는 사실 경기할 때 심판관이 선수들이 규칙을 어길 때 부는 호루라기 소리에서 기인한다. 이 영

어는 한국말로 '휘파람 부는 사람'도 된다. 주로 총각들이 예쁜 여자들이 지날 때 구애의 목적으로 휘파람을 분다. 왜 이 단어가 내부 고발자와 휘파람 부는 자로 동시에 쓰이는지 얼핏 이해가 안 갔으나 생각해 보니 다음의 공통점과 차이점이 있었다.

첫째, 휘파람도 내부폭로도 주로 단독으로 하는 편이다. 휘파람은 어쩐지 고독한 개인의 행위이다. 내부폭로도 위의 정의에서 보듯이 한 개인이 관료기관에 대한 부정부패와 권력과 힘의 남용을 참지 못해 공개적으로 터뜨린다는 것이다. 그러다보니 휘파람이든 내부폭로자건 외롭다. 휘파람소리는 어쩐지 맺지 못한 인연처럼 구슬프다. 세계에서 제일 휘파람 잘 부는 챔피언으로 선정된 홀란드 태생의 Greet Chatrou의 휘파람소리를 들어보면 심장을 후비는 듯한 고독함이 묻어있다. 또한 휘파람이건 내부폭로자건 주위를 흔들어놓아 어지럽게 만든다. 수시로 아무 때나 부는 휘파람은 가족이나 주위사람들을 짜증나게 만든다. 내부 고발자는 관료기관이라는 막강한 힘을 가진 상사를 대항하니 윗선을 괴롭히는 것이다. 마지막으로 둘 다 주로 용기 있는 사람들의 전유물이다. 남자들이 주로 휘파람을 분다. 역사적으로도 내부폭로를 한사람들은 대부분 남자들이다.

휘파람과 내부폭로에는 큰 차이가 있다. 휘파람은 단순히 주위사람을 낭만적인 소리로 여흥적인 목적이 있으나 내부 폭로자들은 목숨까지도 거는 용기가 필요하고 그 결과로 세상이 달라지고 발전되어 왔다는 것이다. 내부 고발자는 혹독한 대가를 치르는 경우가 많다. 진실을 퍼뜨렸으나 보복을 당하고 심지어 살해당해 죽는 경우가 대부분이었다. 역사상 첫 내부 폭로자는 예수그리스도가 아닐까 생각한다. 그는 그 당시 유대인의 부패된 종교적 율법과 위선을 대항하여 싸운 대가로 십자가에 못 박혀 죽임을 당했다. 독일의 마르틴 루터도 천당으로 가는 티켓을 판 로마 가톨릭교회에 부패와 잘못된 교황의 권위에 항거하여 종교개혁을 일으켰다. 그는 로마 가톨릭으로부터 이단 선고와 파문을 당하고 화형선고까지 받았다. 링컨 대통령은 인종차별에 반대하는 용기로 남북전쟁을 승리로 이끌어 흑인의 해방을 이루었으나 남부지지자 일당들에게 암살을 당했다.

최근의 경우 2004년 20년간 식품의약관리 과학자로 일하던 David Graham 의사가 미국 의료계에 내부 폭로한 사건은 폭로자가 승리한 경우이다. 그는 미국의 제약회사들이 돈벌기 위해 Vioxx라는 페인킬러를 팔아 엄청난 이득을 챙겼다는 것을 알게 되었다. 이 비싼 약을 먹은 결과 오만오천 명의 환자들이 심장마비나 다른 병으로 죽어간다는 연구결과를 폭로하였다. 그의 폭로가 나가자 윗선에서는 엉터리 과학자니 또는 소문에 불과한 가짜뉴스라고(Junk science and scientific rumour) 연구발표도 못하게 하고 징계를 하는 등 엄청난 위협을 가했으나 결국은 발표되어 많은 사람의 생명을 구한 사건이다.

내부폭로 연구로 유명한 미국의 학자 Tom Devine가 주장하기를 내부폭로자의 공통점은 범죄를 저지르는 것이 아니라 공익제보자(Public interest discloser)로 진실을 저지른다는 것이다(Committing truth, not committing a crime). 가장 부패된 기관과 정부일수록 내부폭로자가 많이 나타난다. 내부폭로는 바로 언론의 자유이며 바로 대항을 통해 경고의 메시지를 가지며 정부기관은 겸허히 내부폭로의 목소리를 들어야한다. 또한 내부폭로자는 시대의 영웅으로 보복당하지 않기 위해 대중들의 지지가 필요하다고 역설한다. 자유민주국가에서 진실을 밝히는 것보다 더 중요한 것은 없다고 주장하는 그의 말을 신재민, 김태우 사건의 주역에 있는 정치인들이 되새겨야할 것이다.

8-6 마스크 침묵문화와 빅텍 캔슬 컬처

작년 2010년 초부터 번진 코로나 사태로 우리는 마스크 끼는 것이 일상화 되었다. 마스크를 보면 나는 늘 침묵을 강요받는 듯한 심리적 압박을 받는다. 누군가 거대한 세력이 그들만의 아젠다를 성취하기 위해 대중들의 입을 틀어막고 언론의 자유와 표현의 자유를 합법적 방법으로 통제하는 느낌이다. 또한 이 질병을 막는 다는 핑계로 뭔가 비밀스런 일들을 대중들이 깨어나 알아차릴까봐 서로간의 소통을 막고 심지어 밀고까지 하게 하는 공산사회 사회로 이미 들어간 것 같다. 즉 자유로운 의견을 내고 비판하는 것보다 조용히 침묵문화에 익숙하게 되었다. 물리적, 정신적, 영적 마스크 씌우기는 바로 빅텍의 캔슬 컬처와 함께 제3차 전쟁을 방불하며 자칫 인류가 전체 파시즘적 사회로 회귀하는 듯한 염려가 있다.

최근 미국 대선과정에서 본 빅테크의 소위 디지털 독재에 대해서 정파를 떠나 충격을 받은 사람들이 많을 것이다. 음모론이라 치부했던 글로벌 기득권 엘리트 세력들이 그 본체를 드러내었다. 주류방송과 빅텍을 이용하여 미국 민주당을 노골적으로 선전하고 자금으로 지원하면서 트럼프를 폄훼함을 목격하였다. 또한 부정선거의혹이 넘친 미국의 대선과정이었다. 그 의혹을 검증하는 대신 무조건 '부정선거' 'Stop the steal' 등의 용어를 쓰면 계정을 폭파했다. 거의 9천만 명이나 넘는 지지자를 거느린 미국대통령을 무참히 구글 페이스북, 트위트 등의 빅텍들이 추방시키는 걸 보며 빅텍의 파시즘적 독재에 전율을 느꼈다. 트럼프의 CPAC 연설을 방송한 한국 유튜버들에게 몇 주간 개정을 중지시켰다. 정치적 성향이 다르다는 이유 하나로 트럼프와 그의 측근 계정 폭파는 그 사람의 개인 역사를 지우는 것이고 생매장시키는 것이나 똑같은 사태라 생각된다. 이런 사태는 현대 소위 민주사회에서 빅텍의 쿠데타적 사태요 중국공산당이 사주했다는 점에서 거의 제3차 대전에 가까운 사태이다.

이런 한 집단을 상대로 완전히 배제시키고 왕따 시켜 그 그룹에서 내치는 것을 캔슬 컬처 (Cancel Culture)라 한다. 캔슬 컬처의 정의는 주로 온라인에서 어떤 사람을 사회적, 전문적 그룹에서 완전 왕따 시켜 말살시키는 현대판 추방이다(Cancel culture or call out culture is a modern form of ostracism in which someone is thrust out of social or professional circles- whether it be online on social media or in person). 즉 문화적 보이콧이다. 애초 성차별 인종차별 또는 다른 사람을 괴롭히고 가해하는 행위를 줄이는데 효과적인 현상이다. 주로 최근 유명 연예인을 상대로 미디어에서 이 현상이 번지게 되었다. 그러나 영국작가 JK Rowling 그리고 언어학자 Noam Chomsky도 주장하기를 이 캔슬 컬처의 성행은 상대방에 대해 참지 못하고 자유롭게 공개 토론하는 분위기를 막는 해악도 있다고 한다(Cancel culture had created an intolerant climate and had weakened norm of open debate).

문제는 현대 민주사회에서 적나라하게 전체 파시스트적 횡포가 빅텍에 의해 일어나고 있는데도 일반인 또는 한국의 소위 지식인이 모여 있는 그룹이나 교회 어느 집단이던 정치이야기하지 말라고 한다. 보다시피 정치는 생활이요 현실이고 우리생활에 이렇게 밀접하게 영향을 끼치고 있다. 코로나시대에 이런 이슈는 좌우 정파싸움이 아니라 선과 악 그리고 기득권 글로벌 사회공산전체주의냐 자유주권가치주의 선택의 싸움이다. 그러나 현대는 정체 정치(Identity politics) 또는 정치적으로 옳음(Political correctness) 등으로 교묘하게 국민과 지식인들의 입을 재갈을 물린다. 즉 물리적 마스크와 함께 바로 인지적 정신적 마스크를 씌우고 마스크 뒤의 숨은 빅브라더들의 선동과 조작에 반항하는 자들을 캔슬 컬처로 무자비하게 매장시킨다. 그래서 침묵하고 적당하게 정치이야기 피하고 문제를 회피해야 합리적 포용적 균형 있는 지식인으로 기대되어진다.

　소위 '민주'라는 허울로 '자유'를 없애려 하는 사람들이 교묘하게 쓰는 수작이 정치이야기 말자는 것이고 이것도 '마스크 침묵 문화'의 확장이다. 거기다 평등과 정의 이름으로 역사를 왜곡하고 '죄의식 문화'를 심어놓았다. 즉 "반공 팔이", "좌우 진영 논리 색깔논쟁 이제 그만"이라는 죄의식을 심어놓고 마스크로 재갈을 물려놓았다. 극단적으로 우리는 늘 이런 전체사회공산주의 지지자들의 선동과 조작의 틀 속에서 세뇌되어 왔다. 이들 세력은 지난 30년간 뒤에서 치밀하게 조직적으로 자유주권 국가가치를 말살해 왔음이 이번 한국 미국 대선과정에서 명백히 일어났다. 현대자유사회에서 침묵 문화 속에 무자비한 캔슬의 칼날을 휘둘러 지난 200년간 피 흘려 일군 자유가치는 말살되고 어느새 준 전체 독재 공산사회주의가 성큼 디지털 식민지로 우리 곁을 지배하게 되었는지 경악할 따름이다.

　더욱 개탄할 일은 이런 마스크 침묵문화와 캔슬 컬처로 한국은 이에 대한 경고음조차 한국지식인 포함하고 여야를 떠나 없다. 더욱이 대중들은 이런 캔슬 컬처와 마스크 침묵 문화에 서서히 동물농장의 가축처럼 마스크를 벗어라해도 끼며 정부가 주는 선심 복지기금에 서서히 길들여지고 있다. 미디어 빅텍의 디지털독재 이것은 좌우를 떠나 경고하고 막아야할 가장 시급한 이슈이다. 마스크문화 캔슬 컬처를 마구 저지르는 주류언론 빅텍의 횡포에서 벗어나지 않는 한 우리는 절대 자유주권자라 할 수 없다. 자유 민주를 지향하는 국민은 이를 단호히 거부하고 대항해야 한다. 좌우 어느 편가르기에서 벗어나 조국을 위해 옳고 그름의 관점에서 지식인들이 이제 깨어나 용감하게(Great awakening) 그만(Stop it) 목소리를 글로벌 기득권 세력(Global reset)에게 내는 환경을 기대해 본다.

8-7 선거부정은 좌우의 문제가 아니다

　필자는 해외한인 애국동포로서 열흘 남짓 남은 3.9대선에서도 여당과 선거관리위원회의 부정선거 가능성의 정황이 뚜렷이 나타남에도 불구하고 국힘이 공화시민들의 선거참관, 감시 등 부정선거방지 대책요구 연대를 거부하는 결정에 국힘 야당에게 마지막으로 호소하고자 한다.

　국힘 내 부정선거 거부세력들의 이런 태도에 대한 원인은 탄핵과 코로나사태 그리고 부정선거의 연관된 국제정치적 배경을 잘 모르거나(Uninformed) 또는 어떤 이유로든 의도적으로 부인하는 (Underinformed) 것으로 사료된다. 따라서 해외에 살면서 보고 겪은 탄핵, 코로나 사태, 부정선거 연관의 국제외교적 주요 사건을 돌아보며 다시 한 번 부정선거의혹 부인 세력에게 숙고하도록 촉구한다.

　1. 호주 2019년 12월과 중공 스파이 왕리치앙(Wang Liqiang)과 미국 2021년 6월에 동징웨이(Dong Jingwei)가 (사실은 2019년 9월) 각각 호주 미국 공안당국에 중공이 바로 타이완, 한국과 미국대선에 개입하려는 시도를 했다고 폭로했다. 특히 왕리치앙은 '조경미'라는 한국여권으로 위장. 이들 스파이는 중국공산당 인민 해방군에서 해외 국가들의 독립과 민주주의를 간섭하기 위한 베이징의 선거개입 요인 암살 등의 무서운 계략을 폭로함.

　2. 중공이 호주 국회 사이버공격 등으로 호주정치인 매수와 협박, 살해 컴퓨터 해킹 시도 등이 있었고 똑같은 일들이 미국정치인 주로 민주당 특히 공화당 의원에게서도 수없이 일어남.

　3. 2019년 10월 중국 우한에서 10월 군사월드게임(Military World Game) 대회에 참석한 한 Jacqueline Brock이라는 독일 선수가 코비드에 걸린 후 급속도로 한국 거쳐 전 세계 걸쳐 퍼진 후 한국 4.15 총선선

거와 미국 11.3 대선선거에서 양국 똑같이 사전투표율이 올라가며 본 투표에서 이겼으나 사전투표에서 큰 차이로 선거에서 지게 됨.

4. 타이완은 2020년 1월 대선에서 유엔 국제조사단(United Nations Electoral Needs Assessments)을 불러 차이잉원 총통이 이끄는 자민당이 선거에서 승리를 하게 됨.

5. 이런 국제적 사건들로 해외교민들은 반드시 4.15 때도 중공의 한국 선거개입이 있을 것을 예측했고 경고했으나 역시 부정선거로 졌다는 사실이 청주간첩단사건과 6.28 재검 이후 더욱 법적 증거가 드러났다.

6. 그 뒤 미국 트럼프 행정부에게 한국선거에서 똑같은 선거부정이 일어날 것을 우려하는 편지를 썼으나 미국의 트럼프 대통령도 속절없이 당함. 트럼프는 누구보다도 중공의 이런 전술을 이미 알고 2018년 9월 외세침입방지행정명령(Executive order 13848 "Imposing Certain Sanctions in the Event of Foreign Interference in a United States Election")을 내리고 철저히 방비했음에도 불구하고 미국 대선에서도 주로 7개 경합 주에서 한국과 아주 유사한 부실, 불법, 부정선거가 일어났다. 트럼프 유세에 구름 같은 인파가 모여들고 선거에 지면 그 결과를 받아들일 수 없다는 천명에도 버젓이 글로벌 극좌 민주당이 부정선거를 저질렀고 오히려 메인 방송과 빅텍을 동원해 트럼프를 2021년 1.6 의사당 사태로 덮어씌워 3번이나 탄핵시도한 것을 목격했음.

7. 이런 부정선거와 관련된 국제적 정황과 사건들을 보면서 해외 애국동포들은 3.9대선에서도 이런 국제 코민테른과 글로벌리스트의 지원으로 여당과 선관위와 합작하여 모든 수단을 다하여 여론조작과 부정선거를 할 것에 대해 심각하게 우려하는 편지 영문 초안까지 해서

국힘이 다음의 조처를 해줄 것을 호소해 왔다.

① 2021년 10월27일 윤석열 후보가 주장한 선거중립내각 관철
② 야당후보 다 모여 부정선거방지 대국민 성명서 발표
③ 타이완처럼 국제조사단이라도 불러오기
④ 트럼프와 연대하여 외세선거개입 방지 행정명령 제안

8. 그럼에도 국힘에서는 응당의 조처를 취하지 않고 더욱이 일부 야당대표들이 부정선거의혹을 음모론으로 치부해 왔다. 물론 최근 국힘 내에서 공명선거 안심투표를 위한 다각도의 노력이 있었으나 여전히 미흡하다고 본다. 2022년 2월 22일 공화시민대표들의 부정선거방지대책의 연대를 거부했다. 미국에서도 RINO라는 무늬만 공화당인 좌파 기생 세력과 극좌파 민주당 글로벌 기득권 세력인 메인 미디어와 페이스북, 구글 등의 빅텍들의 켄슬 컬처(Cancel culture)에 의해 트럼프 측의 부정선거 의혹 제기가 무시되는 것을 보는 필자 포함 우리 해외동포는 다시 큰 우려를 하게 되었다.

결론적으로 필자를 비롯하여 해외 애국동포 대다수는 국힘 내 정치자영업자와 좌익 기생세력인 부정선거의혹 부정자들은 모두 정계사퇴를 촉구한다. 이들은 이미 주류 방송 신문에서 보도된 수많은 부정선거 사태와 관련된 주요 국제외교 사태에 무지하거나 의도적인 부인으로 야당인으로 정치할 자격이 없다고 본다. 하여 다시 한 번 윤석열 후보가 이들에게 밀리지 말고 소신대로 선거중립내각 구성을 관철하길 촉구한다. 또한 대국민 담화문을 통해 이번 선거에서 지면 결과에 승복할 수 없다고 천명하길 바란다. 끝으로 선거에 이기든 지든 상관없이 지금까지 있어온 부정선거 의혹을 낱낱이 조사하여 책임자를 색출하고 국힘 내 동조한 자들도 단죄할 것을 엄중히 촉구한다.

9장
이민자로서 내 조국에 대한 열정과 사랑으로

도스토예프스키가 정치는 국가에 대한 사랑이라고 했다. 그리고 로마 시대 법률가 키케로는 모든 인간애 중에서도 가장 큰 기쁨을 가져다주는 것은 조국에 대한 사랑이라 했다. 부모에 대한 사랑, 친구 친척 가족에 대한 이 모든 사랑이 모두 조국에 대한 사랑에 포함된다고 했다. 조국이 필요하면 그리고 조국의 필요를 위해 그대에게 떨쳐 일어나기를 요구한다면 유관순 누나처럼 조국을 위해 목숨을 바치는 것은 당연하다 생각한다.

탄핵 이후 우연히 발 디딘 정치였다. 현재 모국은 조국 사태 이후 이재명 사건으로 들끓고 있다. 이 사태가 어떻게 결말이 날지 모르나 하늘의 뜻대로 진리의 빛이 결국 어둠을 이기는 쪽으로 갈 것이라는 것이다. 라이나 마리아 릴케가 '그대 어두움이여' 시에서 어둠은 짐승과 나, 형상과 불빛, 인간과 권력까지 모든 것을 움켜쥐고 있다 했다. 불빛이 강하면 저절로 어둠은 물러난다.

이 장은 내가 정치에 관여하면서 해외동포 지도자들과 그리고 국내 및 국제 자유주권 총 연대를 비롯, 해외 모든 애국동지를 대표하여 활동하면서 얼마나 애국의 불빛을 밝히려 노력해왔는지 돌아보고자 한다.

9-1 차라리 눈물 흘리기를 선택한다

대학졸업 후 나도 직장생활을 하면서 윗사람이 볼 때 두 번이나 전문성이 부족하다는 이유로 사표를 써야할 위기가 있었다. 한번은 한국에서 대학원을 마치고 상담연구소에 조교로 근무할 때였다. 선배 일을 물려받는 와중에 신입생 실태 조사를 하고 보고서까지 썼기 때문에 그 자료를 버린 것이 화근이었다. 그때 나의 석사 지도교수가 소장이었고 그 소장과 갈등 관계에 있던 사람이 소장으로 새로 부임하면서 교수들의 태도가 돌변하여 나를 더 이상 지지하지 않았다. 그 중에 한 교수는 이 쪽 저 쪽 눈치를 보면서 나에게 없는 혐의까지 씌우며 개인 사생활 침범과 인신공격으로 나를 괴롭혔다. 정치판 같은 대학 교편 생활에 환멸을 느꼈기에 결혼은 그때 내게 좋은 도피처였다. 호주대학에서 뒤늦게 직장을 다니면서 또 한 번 윗사람들의 정치적 게임에 희생되어 사표를 써야 할 압박까지 받았다.

TESOL(영어를 제2외국어로 가르치는 전공) 전문가로 전문성의 부족이었다. 신입생 영작 워크숍 시간에 두 시간 중 나머지 20분을 교실에 들어가지 않고 튜터(강사) 혼자 가르치게 내버려 둔 죄목이었다. 그러나 호주에서는 오히려 학장이 사표를 내고 내 밑에서 고자질하던 튜터가 사임하면서 일이 마무리되었다. 나의 지도교수와 갈등관계에 있던 학장, 경영 쪽 코디네이터와 그 튜터가 합작하여 나를 몰아내려고 하였고 지도교수는 이리저리 눈치를 보다가 학장이 사표내자 언제 그랬냐는 듯 화해의 손길을 내밀었다. 지금은 원어민 영어선생보다 학생들에게 더 필요한 영작교수로 대우받고 있다. 호주가 한국과 다른 것은 그래도 불의함을 호소할 기관이 있고 그곳에서 객관적으로 조사를 해준다는 것이다.

어떤 사건이든 정치적 게임이 있다. 소위 '최순실 게이트'를 보면서도 그런 느낌이 든다. 박대통령은 대통령으로서 명백히 전문성이 부족했다고 볼 수 있고 여러 이유들 예를 들어 특혜법을 대통령 자신이 위반했다(Nepotism)고 볼 수 있다. 소통력도 부족했다고 한다. 지도자의 자리가 얼마나 외로운 자리이고 공사를 엄격히 분별하고 설사 아래 사람이 부족해 잘못해도 책임을 져야한다는 엄중한 요구를 제대로 몰랐던 것이다. 그리고 박정희 대통령 시절부터 기득권을 누려온 보수파들이 먼저 책임을 지고 뼈를 깎는 반성과 새로 태어날 신보수파로 개혁해야 한다고 주장할 수 있다. 허세만 부리고 권위적이고 정치자질이 없는 사람들이 참모가 되어 이런 상황을 더 악화시켰을 수도 있다.

그러나 되돌아보면 박근혜 대통령 탄핵은 큰 틀에서 단순히 박통과 측근의 잘못에서 일어난 것이 주원인이 아니었다. 그것은 빌미이고 실제 체제 전쟁이었다고 본다. 다시 말해 이승만과 김일성 싸움의 연장이라고 보여진다. 자유민주체제를 수호하려는 대통령 세력과 이 체제를 무너뜨려 민중민주주의 전체국가로 가려는 내각제 좌우 주사파 세력과의 싸움이라고 보여진다.

국제환경은 글로벌 기득권 세력들이 중공과 합작하여 압박하고 북한 통정부의 지령 하에 국내 주사파들의 치밀한 음모로 같은 좌익기생우파들과의 야합으로 대통령을 탄핵시킨 것이었다. 즉 내부의 적이 있었고 그 주위에 들러리선 미디어 방송들의 가짜뉴스로의 선동조작이 있었다. 이런 방송과 미디어의 선동에 집단지성의 마비를 일으킨 96%의 국민들이 손가락질하면서 자신의 주군을 죽여라고 동조한 가장 비극적 사건이었다. 그것은 명백히 헌법 84조를 어기는 불법이었고 3개월 만에 끝낸 졸속 반역이었다.

필자는 호주에 온 이민자로 한국정치에 별관심이 없었고 특정 정당을 지지한 적도 없다. 그러나 이 탄핵사태를 체제 전쟁으로 본다. 아직도 모국의 정치는 이 탄핵의 패턴에서 벗어나지 못하고 있다. 탄핵의 대상만 달리하고 있다. 박통의 탄핵을 보면 예수님의 십자가 매달림 과정과 비슷하다. 완벽한 추종자였던 예수님이 간음한 여자에게 돌 던질 자격이 있는 사람이 있으면 나오라고 한 장면이 계속 떠오른다. 누구든 한 역할을 맡는다. 탄핵에 관한한 우리 모두의 책임이다. 책임을 덜 지고 더 지고의 차이이다. 나는 이 현장에서 차라리 그 여자를 위해 뒤에서 우는 역할을 택하겠다.

이 칼럼으로 나에게 분노하며 돌 던지는 독자가 있다면 나는 기꺼이 그 돌을 맞을 것이다. 탄핵은 명백히 불법이었고 졸속이었다. 그들은 자신이 뭘 하는지 몰랐다. 불법탄핵을 감추려고 부정선거를 획책했고 부정선거를 일으켜 코로나 사태를 일으켰다는 나의 확신을 거두지 않을 것이다. 이 어둠의 세력은 반드시 멸절될 것이다.

9-2 가짜뉴스와 악의 평범

2019년 3월 트럼프가 미국 대통령후보 때부터 힐러리 오바마 민주당 캠프 쪽에서 주장한 러시아와 내통하여 대선 개입한 소위 X파일 스캔들과 관련되어 시작된 뮬러 특검이 종식되어 그 결과를 발표했다. 거의 2년간 트럼프를 괴롭혔던 이 사건은 결국 트럼프가 러시아 스캔들과 관련된 증거도 없고 오히려 민주당 세력이 악랄한 수법으로 1,300만 달러를 들여서 황당무계하게 조작하여 트럼프를 끌어내리는 모함이었다. 트럼프 대통령은 민주당 힐러리 오바마 측근이 CIA, FBI, 법무성과의 더러운 조작, 도청, 거짓말 등의 헛소문으로 자신을 탄핵하려 했던 부도덕은 곧 반역죄로 법의 엄중한 심판을 받을 것이라 천명했다.

더욱이 트럼프는 미국의 주류언론 CNN, MSNBC, WAPO, NYT 방송관계자들이 바로 가짜뉴스를 퍼뜨린 장본인으로 현재 가장 "썩어 있고 교만한 자들이며 이들의 흉악함은 가히 기절할 정도이고 이 상식이하의 흉악범들은 하루가 멀다 하고 거짓과 사기와 기만을 소위 뉴스라는 제목으로 양산하고 있습니다."라고 매스컴 방송관계자들을 질타하였다.

나는 러시아 X파일 스캔들이 가짜뉴스라는 것을 이미 오래전부터 알고 있었고 트럼프가 언젠가는 이 X파일 거짓을 폭로할 거라는 것을 알고 있었다. 어떻게 알았을까? 정확하고 객관적 보도를 선택했고 나의 직관을 믿었기 때문이다. 그런데 대부분 호주인들도 이런 방송에 세뇌되어 트럼프에 대한 인상이 부정적이라 아무도 나의 말을 믿는 사람이 없었다. 오히려 트럼프가 곧 탄핵 당할 거라고 했다. 그런 분위기에서 내가 믿는 바를 말해봐야 아무런 설득력이 없다고 생각하고 이 사건의 진상을 신문에 투고하는 것도 지금까지 미루었다.

가짜뉴스는 이런 국가적 정치적 차원에서뿐만 아니라 조직, 지역사회 그리고 좁게는 개인적 차원의 인관 관계에서도 늘 일어난다. 가짜뉴스에 당해 보지 않은 사람이 어디 있을까? 나도 열심히 봉사한 한인 지역사회에서 오랫동안 같이 일한 사람들에게서 근거도 없는 일로 가짜뉴스를 생산해 무고하게 당한 적도 있다. 황당한 것은 사실로 해명된 뒤에도 여전히 세뇌되어 가짜뉴스를 퍼뜨린다는 것이다.

왜 사람들은 가짜뉴스를 생산할까? 가짜뉴스의 본질은 무엇일까? 심리적으로 탐욕, 시기심, 권력욕, 질투, 원한, 비겁함 등으로 인간실존의 내면적 조건이라고 생각한다. 나를 포함해 인간은 누구나 본질적으로 활동 자체가 근본적 악을 잉태하고 있다. 또 한편 개인선에서 인간은 선하고 이성적이고 무고하다. 그러나 내가 생각할 때 가짜뉴스는 사회학적으로 항상 두 사람 이상이 모여 집단을 형성하여 자신들의 경계 즉 '집단적 경계' (Collective territory)를 만들 때 일어난다. 가짜뉴스는 바로 이군집단이 형성될 때 집단의 영역을 보호하기 위해 누군가의 주도로 저절로 정치화가 된다. 이런 사회학적 정치적 존재로서 인간은 자신도 모르게 전체주의적 과정에서 바로 인간성을 상실하고 괴물로 변한다. 개인의 사유는 사멸되며 집단적 전체주의 속에서 아무 생각 없이 자신들의 직무를 수행하게 된다. 이것이 소위 독일의 유태인 여자학자 한나 아렌트(Hannah Arendt)가 말한 악의 평범성(The banality of evil)의 개념이다.

매스미디어가 바로 가짜뉴스의 온상이라는 것이 바로 이런 악의 평범성의 인간성 분열과 상실에서 온다. 현대 기계문명이 낳은 지나친 자유의 범람에서 온 비극 중의 하나라고 유태인 사회학자 에릭 프롬이 '자유로 부터의 도피'에서 오래 전에 설파한 것과 일맥상통한다. 기자들의 노동의 본질은 바로 죽어가는 사람들의 처절한 장면을 자신의 직업상 사건을 취재하여 독자들의 눈을 끌기 위해 포장해야 할 직업이다. 그러나 집으로 돌아오면 여전히 한 가족의 따뜻한 가장인 이중성이다.

최근 개봉된 영화 '호텔 뭄바이'에서도 이런 인간성 분열을 본다. 20대 이슬람 테러리스트들이 인디아의 뭄바이 호텔을 점령하여 무자비하게 투숙객을 사살하면서도 파키스탄 고향에 통화하며 아버지와 가족을 걱정하는 장면에서 바로 이 근본악은 본인이 원하지 않아도 집단 속에 인간 본성 자체가 변형되는 것을 여실히 보여준다.

그래서 가짜뉴스의 진상지는 파보려고 하면 실체가 거의 없다. 인간들의 '무사고' 즉 '사고력의 결핍'으로 본인 스스로 자신의 본성자체가 그 당시 분위기로 변형되었다는 것을 모르기 때문이다. 그래서 아무도 책임지는 사람이 없다. 있다 해도 책임지고 사과하는 사람은 없다. 사과할 정도의 사람은 애초 가짜뉴스를 퍼뜨리지도 않기 때문이다. 실제 가짜뉴스의 진원지는 유토피아적 조직, 사회, 국가를 건설한다는 거창한 이념을 갖고 그걸 이루기 위해 뒤에서 조정하는 소위 독재적 전체주의자이다. 호텔 뭄바이에서도 젊은 테러리스트들은 끊임없이 전화로 한 주동자에 의해 지시를 받고 있었다. 그러나 이것을 생산하고 또 확대하는 사람은 방송매체 포함 모든 인간이다. 그래서 가짜뉴스에서 면제될 사람은 엄밀히 없다.

인간이 사는 한 가짜뉴스에서 벗어날 수 없지만 어떻게 줄일 수 있을까? 어떻게 나도 모르게 원치 않았는데 세뇌되어 가짜뉴스를 퍼뜨리는 용서받기 힘든 일을 저질렀는가? 바로 이 악의 평범성의 갭을 인식하는 것이다. 바로 사유하지 않는 자신을 성찰하고 집단이 모였을 때 휩쓸리지 않게 경각심을 가져야한다. 더욱이 불량성품의 카리스마적 리더가 제시하는 어떤 활동을 거부할 정치적 행위능력을 키우는 것일 것이다. 그리고 무엇보다 중요한 것은 객관적, 합리적, 이성적인 정보를 찾아 지식을 흡수하려고 끊임없이 노력하는 것이다.

9-3 **쑥대밭과 폭력문화**

   십여 년 정들었던 직장을 접고 여행을 떠났다.
   가을 끝자락에 시드니를 훌쩍 떠나 꿈에 그리던 모국과 낭만의 동구유럽 등 긴 시간 여행을 마치고 집에 도착할 쯤엔 이미 겨울이 깊어지고 있었다. 여행을 끝내고 도착하자마자 달려간 첫발걸음이 텃밭이었다. 반가움도 잠시 양지바른 쪽에 심어 놓았던 꽃나무들이 무더운 가뭄에 모두 말라 죽어 있었다. 그 충격에 나는 무의식적으로 남편에게 고함을 버럭 질렀다. 물을 수시로 주어야하는 꽃나무를 자신을 괴롭히려고 심는다고 투덜거릴 때마다 과거 남편의 나에 대한 무관심에 숨겼던 원망을 일깨웠기 때문이었다.

    내 열정을 다 받쳐 억척같이 쏟아부은 학생들에 대한 내 사랑과는 상관없이 그토록 소중하게 천직으로 했던 직장을 정치적인 이유로 쑥대밭으로 만든 내 직장 수퍼바이즈들에 대한 분노의 폭발도 있었으리라. 또한 최근에 내가 주관하여 운영하는 카톡방에서 일어난 정치적 쑥대밭에 대한 분노도 용암이 분출하듯 남편에게 투사된 것이다.
    그런데 아이러니하게도 뉴카슬에 있는 지인에게서 한 뿌리 얻어와 뒷마당에 심은 쑥은 오히려 한겨울 심한 가뭄에도 잘 자라 있었다. 쑥국을 끓여 먹어도 될 만큼 부드럽게 잘 자라있는 것을 보면서 생각이 복잡해졌다. 뿐만 아니라 다른 옆자리까지 침범하여 텃밭은 완전 쑥대밭이 되어있었다.

    쑥대밭이란 말은 옛날 사람이 주거하던 곳이나 가꾸던 밭을 그대로 방치하여 오래도록 세월에 지나면 그곳은 폐허가 되면서 쑥과 대나무가 얽혀 자라서 쑥밭이 되거나 대나무 밭이 된 것에서 생긴 어원이 생기게 되었다고 한다.
    나는 잠시 희비가 교차하였다.
    그리곤 쑥을 머리카락 뜯어내듯 뽑기 시작했다. 그런데 쑥의 뿌리가 그토록 깊고 넓게 번져있는 줄 처음으로 알게 되었다. 쑥의 번식력, 지속력, 질긴 생명력에 놀라웠다. 사람 몸에 명약이라는 쑥이 오히려 쑥대밭이 된다는 것은 부정적인 함축으로 폭력과 연결되어 파괴적이 된다는 의미를 내포하면서 쓰는 이유를 비로소 실감하게 되었다.

사람 사는 어느 사회든 폭력(Bully)은 존재하고 가족 사회 직장 국가 어디서든 강자의 약자에 대한 폭력은 말로써든(Verbal bully), 행동으로든(Physical bully), 정서적으로든(Emotional/Social bully) 어떤 형태로든 존재한다는 것을 최근에야 깨닫게 되었다. 더욱이 요즘같이 인터넷이 발달하면서 남들 눈에 띠지 않는다는 약점을 이용하여 다른 사람을 반복적으로, 고의로, 괴롭히고 모욕적 언사로 인격살인을 하는 폭력(Cyber bully)이 만연해있다. 그래서 호주에서는 이런 폭력문화에 대한 근절과 대책이 항상 신문방송의 주요기사로 장식된다.

한 사람이면서 여자로 이민자로 살면서 살벌한 호주직장에 그것도 영어를 가르치는 입장에 있었던 직장에서 폭력을 당하지 않는다는 것이 오히려 이상사회만 꿈꾸며 불평하는 것만큼 이상한 것이다. 호주가 다른 것은 다만 제도적 장치를 해놓아 쉽게 폭력문화가 파괴적으로 번지는 것을 막아 놓았다는 차이뿐인 것이다.

폭력은 파괴적이다. 더욱이 정치적 폭력은 그 파괴력이 크고 국가 존립자체를 흔든다는 것이다. 최근 내가 주도하여 운영하는 카톡방에 슬그머니 들어온 미국에 사는 한인 극좌파들에 의해 저질러진 사이버폭력에 경악을 금치 못했다. 전직 여대통령에 대한 신체비밀부위를 칭하는 저질스런 욕과 함께 반복적으로 게시되는 이미지와 언어폭력은 상상을 초월한 악마의 집념과 투쟁의 화신을 보는듯했다. 좌우를 떠나 호주에 오래 살아서인지 감옥에 있는 여대통령에 대한 인권침해에 민감해져있는 나로서는 강퇴 기능이 없는 방에서욕보임을 당하듯 해도 속수무책일 수밖에 없었다. 두 번이나 옮겨도 어느새 슬그머니 들어와 폭력을 휘둘렀다. '목적을 위한 수단은 그 어떤 것도 정당하다' '아름답지 않고 인간중심이 아닌 것은 공산주의일 필요가 없다'는 두 명제에 사로잡혀 인간본성을 무시하고 개인주의가 가진 이기주의 그 '초월성'을 보지 못한 마르크스 망령에 그들은 아직도 사로잡혀있었다. 공산주의는 필연적으로 폭력과 피의 제단 위에서 있는 파괴적 이데올로기라는 말을 몸서리 칠 만큼 직접 체험하게 되었다.

일간의 이러한 경험은 이전에 이미 대학 때 신영복 사상을 흠모하며 글에도 자주 인용했던 나의 얼치기 좌파적 지식과 희망은 이미 썩어 버린 낙엽이 되었다.

동구권 유고내전에서 탈출해온 유고이민자들, 베트남 패망 후 보트로 타고 온 친구들, 중국천안문 사태 때 호주에 와서 함께 공부한 중국인들과 나눈 대화의 세월이 나를 책갈피 속의 색 바랜 단풍잎처럼 스탈린과 레닌에서 나는 자연스레 벗어날 수 있었다.
아름답지 않은 것은 공산주의가 아니라는 말이 허공의 메아리가 된 지 오래였다. 그러나 아직도 그들의 망령이 되살아나 역사의 뒷길로 뒷걸음치는 듯하는 모국이 이상해 보였다.
특히 이번에 방문하여 본 서울거리는 더욱 싱그럽고 아름다웠다.
그러나 공산주의에서 자유민주체제로 바꾼 30년이 지나도 공산주의 공포의 그림자를 벗어나지 못해 완전히 내팽개치듯 부다페스트에 늘어선 낡고 다 넘어져가는 유령 같은 아파트 건물을 보아서일까. 야경은 탄성이 절로 나올 만큼 멋있던 것이 정말 낮에 본 내쳐진 도시의 음산함과 너무나 대조를 이루어서일까?

나는 결국 호미로 쑥뿌리를 모두 파내었다.
쑥국을 끓여 먹으려면 뿌리는 살려 놓아야 하겠지만 나는 다 뽑아 버리기로 결정했다. 뿌리를 뽑아도 쑥은 싹이 또 날 거라는 것을 알기 때문이다. 쑥밭의 속성을 알기에 내 손에서 다스리겠다는 생각이다. 조용하고 차분했던 스탈린이 사회공산주의 건설이라는 그 환상을 쫓아 죽였던 트로츠키, 부하린, 키로프, 소련 비밀경찰 NKVD의 야고다 등 수

많은 정적들. 그들의 사살로 시작된 스탈린은 위대한 러시아를 파괴하기 시작하며 결국 삼천만의 동지들을 죽이며 망하고 말았다. 혁명과 내전으로 소련을 쑥대밭으로 만들었던 레닌과 스탈린의 망령이 혹시라도 모국에 되살아 쑥대밭을 만들진 않을 거라 애써 위로해본다.

9-4 좌우파와 비평의 원칙

1. 요즘 신문에서 종북 좌파 우파라는 말을 흔히 접하게 된다. 특히 이석기 국회의원 사건으로 좌파니 우파니 하며 격렬한 비판과 논쟁이 오고 간다. 시드니 한인사회에서도 한국에서 일어나는 사건들을 보면서 정치에 관여하거나 언론에 있는 사람들이 좌파·우파로 나뉘어 노골적으로 서로 비난하거나 대치하는 것을 본다. 이럴 때마다 나는 논쟁의 원리를 조금 알면 훨씬 더 효과적으로 상대방을 설득해 서로의 갈등을 줄일 수 있을 것이라는 안타까운 마음이 든다.

호주의 대학 숙제에서 가장 흔하게 쓰이는 질문은 어떤 이슈에 대해 또는 어떤 이슈를 실제 적용하는 과정에서 비평 또는 비판(Critically evaluate)하라는 것으로 전공에 상관없이 가장 자주 나온다.

이 주제로 박사학위를 받은 호주의 대학교수 존 무어(John Moore) 씨에 의하면 이 단어만큼 많이 쓰이면서도 실제 학생들이나 교수들 가운데 그 뜻을 제대로 이해하는 사람이 드물다고 했다. 본인도 학생들에게 쓰기를 가르칠 때 항상 이 질문의 뜻을 이해시키는 데 많은 시간을 할애한다.

에세이는 항상 어떤 이슈를 다룬다. 그것이 정치적, 경제적, 사회적, 문화적, 인종적, 대인관계 이슈든지 상관없다. 먼저 대부분 사람은 비평·비판이 어떤 이슈에 대해 부정적 견해만을 견지하는 것으로 오해하고 있다. 언어는 크게 구조(Structure)와 체계(System)로 이뤄져 있는데 구조상의 문제로만 생각하는 경향이 있다. 하지만 평가

전적 긍정 (Positive affirmation)	반반 (Middle positions)	전적 부정 (Negation)
Sydney is beautiful	While Sydney is beautiful, it is dirty to some degree. This is because… / according to…	Sydney is not (Dirty)
임수경 말은 다 맞다	이런저런 관점에서는	임수경 말은 다 틀리다
Agree with 극적인 평가 (Positive evaluations)	More agree than disagree/ half/more disagree than agree 증거(Evidence) 정당성(causes and effects) 양보(concessions) 조건(conditions) 가능(probability)	Disagree with 부정적 평가 (Negative evaluations)
Argumentative Create Authority 화자 자신의 의견	Persuasive Humility 듣는 사람의 입장	Argumentative Authority 화자 자신의 의견
Subjective views (Close option) Positive aspects (Strengths benefits, advantages,etc)	Engaging resources/ Intersubjective views (Open option)	Subjective views (Close) Negative aspects (Weaknesses, problems, disadvantages, issues, conflicts, limitations, challenges, dilemmas, drawbacks, etc)

〈도표1 : 에세이 평가의 큰 3가지 관점〉

(Evaluation)의 입장에서는 위의 도표에서 보듯이 대화자가 항상 긍정적 확신과 부정이라는 이 두 극단의 선상에서 입장을 선택하게 된다.

먼저 비평의 정의는 한 이슈를 다양한 관점(Multiple perspectives)에서 보는 능력을 갖추고 있다는 뜻이다. 다시 말해 찬성과 반대, 즉 강점과 약점 그리고 무엇보다 중요한 것은 찬성할 때와 반대할 때 왜 그런가에 대한 정당성을 제공해야만 설득력이 있다. 즉 중간 입장을 포함해 다각도의 입장을 취하는 능력이다.

중간 입장에도 반반, 더욱 찬성, 더욱 반대 등 세 가지 입장을 취할 수 있다. 물론 질문의 방향에 따라 다르지만 나는 학생들에게 평가하라고 할 때 부정과 긍정같이 극 양쪽을 취하는 것보다 중간 입장을 취하는 것이 가장 바람직하고 안전하다고 가르친다.

그리고 언어학적으로는 긍정과 부정적 평가를 할 때 반드시 그 평가를 정당화할 여러 가지 방법, 즉 인용, 양보, 이유와 결과, 조건, 가능성 등을 쓰는 것이다. 즉 화자의 주관과 듣는 이를 배려하는 관점이 균형을 이뤄야만 효과적 평가에 의한 성공적 소통이 된다. 대부분 사람이 소통에서 실패하는 이유는 언어학적으로 바로 자기주장(Subjective opinions/positions/argumentation)만 했지 남의 입장도 고려하는 설득과 관계된 언어(Intersubjective positions/persuasion)를 쓰지 않기 때문이다. 논쟁 와중에 생긴 갈등을 보면 사람들의 생각이 양극화(Dichotomisation) 되어 극단적인 용어의 언어를 쓰다 보니 일어나는 현상이다.

얼마 전 카카오톡으로 지인이 보낸 유튜브 비디오에서 오래전 임수경 씨가 북한을 방문한 사건을 보도한 것을 접하게 됐다. 이 비디오는 분명히 극우파가 제작한 것이라서 임수경 씨가 극좌파라는 것을 사람들에게 알리는 목적으로 제작된 것 같다. 또 임수경 씨의 생각이 그 당시와 지금은 많이 변했을 것이다. 그리고 요즘은 비디오를 조작할 수도 있기 때문에 사실인지도 알 수가 없다. 이런 점을 참작하고 임수경 씨의 언어를 분석해보자.

2. 언어를 분석할 때 먼저 목적과 배경적 상황부터 설명하는 것으로 시작한다(Contextual analysis). 먼저 임수경 씨의 전반적 의도는 미국에 의존하지 말고 남한이 주체성을 갖고 자주국방을 이뤄 한반도를 통일하고, 여기에 남북한 젊은 대학생들이 함께 힘 모아 기여하자는 것이다. 이런 큰 목표는 좌파, 우파 모두 찬성하는 바일 것이다. 임수

경 씨가 단지 북한을 방문해 전국 대학 평양축전에 참가한 것으로 또 김일성 생가 또는 김정숙 묘지에 방문한 사실만으로 좌경이라고 할 수 없을 것이다. 왜냐하면 일단 용기를 내어 북한에 방문했으면 그런 의례적인 행사에는 참여할 것으로 기대되기 때문이다.

그 다음 언어분석(Textual analysis)에서 임수경 씨가 평양에서 기자회견을 하면서 말한 부분을 예로 들어보자. 임수경 씨가 좌파가 아니더라도 오해를 일으킨 부분은 아마 그의 강한 관점의 이데올로기가 반영된 언어 선택이었을 것이다. 그의 언어선택은 상대방인 남한의 입장을 전혀 고려하지 않는 듯한 협상의 여지가 없는 닫힌 문장들(Close options)로 일관하고 있다. 그래서 상대방의 감정을 촉발하고 소통에 끼어들 여지를 주지 않는다. 대부분 언어에서 임수경 씨가 선택한 단어는 남한에 대해 부정적인 그것도 극단의 부정

4가지 원리	설명	비폭력 소통의 예	폭력적 소통의 예
1. 관찰 (Observation)	영향을 주는 구체적인 행동을 비평하지 말고 관찰한다 (Observing the fact not judging morally).	방에 옷가지며 책이 아무렇게나 널려있네.	네 방이 돼지 마구간같이 뭐냐? 완전 난장판이다.
2. 느낌 (Feeling)	우리가 관찰한 것에 어떻게 느끼는가(I feel, not you should).	정말 이 방 냄새 견디기가 힘들 정도로 역겹구나.	아이고, 냄새야. 너는 냄새도 못 맡니?
3. 필요 (Needs)	우리의 감정과 느낌을 초래하는 요구들(I feel because…)	방을 치우면 좋겠구나. 왜냐하면 이 냄새를 없애는 유일한 방법이니. 그리고 위생상….	제발 방 좀 치워라.
4. 구체적 요청 (Request)	우리의 인생을 풍요롭게 하는 구체적인 지침들 (Requesting not demanding)	지금 치우는 게 어때? 치우는 데 어려움이 있으면 내가 뭐 도와줄 수 있지.	지금 당장 치워. 안 그러면 오늘 밥 못 먹는 줄 알아.

〈도표 2 : 비폭력 대화의 4가지 원리와 예〉

적인 쪽으로 치우치고 있다. 단 한 번의 증거나 중간적 입장의 언어 표현을 쓰지 않았다. 비폭력적 대화(Non-violent communication)의 저자 로젠버그(Rosenberg)에 의하면 이 폭력적인 단어선택(Violent communication)이 바로 국가, 지역, 개인 간의 갈등과 분열의 원천이라고 했다. 그는 이 갈등을 해결하기 위해 바로 비폭력적(Non-violent communication) 소통, 즉 자비적인 소통(Compassionate communication)의 4가지 방법을 제시했다(Non-violent communication: Marshall B Rosenberg).

이 4가지 방법과 중간적 위치의 설득 언어요소를 합해 비폭력적인 언어의 보기를 써봤다. 대체로 임수경 씨의 발언은 폭력적이다. 이 폭력적인 언어들이 상대방에게 고통과 상처를 주게 된다. 사실과 관찰(Observation)보다는 도덕적 평가(Moral Evaluation)를 하고 주관

폭력적 언어 (닫힌 소통)	비폭력적 언어 (열린 소통)
미국과 노태우 일당(부정)은 이상하게(부정) 통일이라는 말만 들어도 미친 듯이 발광(폭력적 극단부정)을 한다(닫힘).	미국과 노태우 대통령은 통일이란 말에 민감하게 반응하는 것 같아요(사실+가능). 그럴 때 저는 안타까움을 느낍니다(느낌). 남한 당국이 좀 더 통일이란 말을 긍정적으로 해석하길 바랍니다(필요). 왜냐하면 그래야…(구체적 요청).
지금 남한에서는 통일은 좌경이고 용공이다(닫힘).	지금 남한에서는 통일을 논하면 일부 정치가들이 좌경으로 몰아붙이는 경향이 있어요(사실+가능). 좀 더 통일에 열린 마음을 갖길 바랍니다. 왜냐하면…(구체적 요청).
미국은 생존을 위협하고 있고(증거 부족) 민족의 통일을 가로막는 가장 큰 장애물(극단 부정)로 이 땅에서 45년간 우리 민족에게 범행(부정 극단)을 저질러온 것을(증거부족) 확실하게(극단) 알고 있다(닫힘). 미국놈들(폭력적 부정) 몰아내자.	미국이 우리나라에 대해 많은 좋은 역할과 도움을 주었지만 한편으로는 소련과 함께 조국의 통일을 저지하는 역할을 한 셈이죠(사실+ 양보). 미국이 국제경찰의 역할을 하는 와중에 많은 선의의 피해를 준 증거가 있어요(사실+ 증거). 분단 상황으로 인한 피해를 볼 때 저의 마음이 무척 아픕니다(느낌). 미국으로부터 우리가 간섭받지 않도록 남한도 스스로 자주국방을 지키기를 바랍니다(요구).

〈도표 3 : 폭력적 그리고 비폭력적 소통의 / 예 : 임수경의 북한 방문〉

적 의견 일관이다. (도표 3 참고)

이석기 국회의원이 결국 징역 20년을 선고 받았다. 나는 그 사람들이 남파 간첩이라고는 생각하지 않는다. 그러나 극좌파에 속한 것은 사실일 것이고 그분들이 쓴 언어나 방법이 북한 쪽 사람들처럼 과격하고 폭력적일 수 있을 것이다. 그리고 북한의 잘못된 점도 같이 지적하면서 남한의 통일에 대한 견지에 고쳐야 할 것을 제시했다면 그런 오해를 받지 않았을 것이다. 비폭력적, 자비로운 말을 쓰도록 노력한다면 우리 교민사회의 갈등이 훨씬 줄어들 것이고 부부, 자녀 간의 관계도 개선될 것이다.

9-5 두 바보 정상의 광대놀음

위의 제목을 정해놓고 보니 혹시 폭탄을 떨어뜨린 듯한 충격을 주는 너무 심한 것이 아닌가라는 생각이 들었으나 그대로 고수하기로 했다. 현재 문대통령이 미국의 바이든 정상회담을 하고 한국 신문과 SNS에서 여기에 대한 여러 기사들을 보내고 있다. 그러나 미국 주류방송과 한국 어느 신문도 이 두 정상의 대담이 얼마나 연극판 두광대의 놀음인가 왜 그런 것이가에 대해 정확하게 보도하는 신문이 없다. 당연히 미국 주류 신문 방송이 1.7 백만 자금을 중국에서 받아 운영하고 195백만 중국공산당에 충성 맹세한 요원들이 미국뿐만 아니라 세계주요 자유국가 요직을 이미 차지하고 있으니 당연히 가짜뉴스 난 아님은 보도해야 할 것을 보도하지 않는다는 것을 아는 사람은 알고 있다. 불행히도 극소수의 이런 주류방송이 아닌 작으나 그나마 균형적인 시각에서 겨우 구석에서 보도하는 내용을 듣고 깨어난 몇 사람들뿐이다. 그래서 나는 이 칼럼을 2차례 걸쳐 폭탄을 떠뜨리기로 작정했다.

나는 정치정문가도 평론가도 아니다. 그러나 박근혜 전 대통령 이후 하루에 적어도 3~5 시간씩 정치에 관심을 갖고 뉴스를 보고 있다. 다행히도 내가 듣는 뉴스는 한국, 미국, 호주, 영국의 주류 방송이 아니다. 내가 미국 주류 방송이 적어도 트럼프에 관한한 완전히 가짜뉴스를 생산하고 있는 것을 이번 미국대선을 보면서 목격했다. 호주 주류 방송조차 앵무새같이 바이든이 당선되기 전부터 바이든 당선을 기정사실화 하는 것을 직접 들었다. 미국 주류 방송 CNN, NewYork Times, Washington Post 들이 하나같이 빅텍 구글 페이스북 등과 함께 무자비하게 트럼프 당을 캔슬시켰다. 캔슬은 우리말로 번역하면 미디어에서 자신과 다른 견해의 사람을 왕따하다 못해 현대판 축출 제거 문화를 말하는 것이다(Cancel culture is a modern form of ostracisation in which…) 빅텍 페이스북과 트위터는 1억명의 팔로워를 지닌 트럼프와 그를 지지하는 유명인사들을 하루아침에 부정선거 운운한다며 쫓아내는 디지털 전체주의 칼을 무자비하게 휘둘렀다. CNN이라는 방송 회의에서 트럼프를 죽이라는 녹취록이 나오고 빅텍이 어마한 선거자금을 대었고 이 선거자금이 중국공산당이 내주었다는 증거가 이미 밝혀졌다.

    미국민주당은 한국더불당과 똑같이 사기기만 내로남불 거짓말을 밥 먹듯이 하는 정당이다. 트럼프 재임 기간 내내 러시아 스캔들과 우크라이나 사태로 트럼프를 탄핵하려했고 임기를 앞두고 의사당 사태를 빌미 제2의 탄핵을 시도했다. 이미 이년 전 러시아스캔들 우크라이나 사태로 트럼프를 억지 탄핵시키려 4,800만 달러를 들여 밀러 특검을 하면서 까지 거짓을 만들어 힐러리와 오바마가 뒤에서 FBI와 법무부가 짜고 탄핵시키려 하는 것을 보고서였다. 우크라이나 사태는 오히려 바이든이 그의 아들의 뇌물수수를 막기 위해 공모한 정황으로 기소되어 있는 상태이다. 최근까지도 뉴욕시 검찰청장이 된 레티아 제임스는 선거유세에서 트럼프의 사업거래를 재조사해서 그를 반드시 형사범으로 기소하고 죽이겠다고 선언해서 민주당 텃밭에서 당선되었다.

현재 미국은 트럼프가 사임 이틀 전에 내린 행정명령 즉 지난 10년간 선거를 다시 조사 해서 120일 안에 보고하라는 경합 주에서 2020년 대 선결과를 다시 포렌식으로 조사하고 있다. 마리코파 카운티에서 시작하였는데 민주당은 여러 가지 방법으로 재검표를 방해하고 있다. 아리조사 체육관 옆에 큰 박람회를 열거나 비행기로 감사하거나 아님 변호사 수십 명을 보내 재검 중지하는 기소 등을 하고 있다. 이들이 2020년 8월 15일자 USA Today이라는 전형적 좌파 신문 헤드라인에서 "트럼프는 부정선거를 자행하고 투표자를 기만하며 민의를 조작할 것"이라고 발표하였다. 그들은 이번 선거에서 불공정한 방법으로 승리를 조작해 내어 미국의 민주주의를 파괴하려 할 것이다 그래서 이를 보존하기 원하는 사람들이 궐기할 때가 되었다. 미국선거역사상 이번경우처럼 선거결과가 변조되거나 왜곡될 위험성이 크다라고 발표했다.

그래서 트럼프가 부정선거해서 지게 되었는가? 트럼프가 부정서거를 자행할 것이라고 선포한 민주당에서 왜 부정선거를 밝히려고 하는 노력을 방해하는가? 트럼프가 부정했는지 서로 검토해보면 되지 않는가? 이미 재검표가 완료되었지 않지만 방해에도 불구하고 만 표 차이로 이긴 아리조나는 이 결과를 뒤집을 결과를 찾아내고 발표만 기다린다고 한다. 다른 주 펜실베니아 미시간 조지아 들에서도 이미 재검표 운동이 시작된다고 한다. 세 주가 뒤집어지면 대통령 당선은 무효가 된다. 그 뒤 어떤 일이 일어날지 모른다.

이런 보고를 하는 한국이나 미국 주류 신문은 없다. 일본 스가에 이어 두 번째로 호구인 문재인 대통령을 불러 이런 것에서 눈을 돌리려 하고 여기에 모든 한국 주류 신문 그리고 여야 할 것 없이 기사를 쏟아

내는 것을 보면 나는 아직도 우리국민들이 이들의 선정과 조작에 벗어나지 못한다는 생각이 든다.

9-6 흔들지도 말고 흔들리지도 말자

필자는 박통 탄핵 이후 '흔들지도 말고 흔들리지도 말자'는 칼럼을 오래전에 쓴 기억이 난다. 박통 탄핵 후 황교안 당대표를 흔드는 패턴이 정확히 똑같았기 때문이다. 뒤돌아보니 청주 간첩단 사건이 말하듯 황 대표를 생매장시켜 보수를 말살시킬려 4.15 부정선거를 대담히 저지른 것이다(증거없다고 하는 사람들은 시간 들여 연구해 보길 바란다). 여기엔 좌우 합작 부정선거 의혹제기조차 거부하는 세력들이다.

최근에 이런 현상이 두 달도 안 된 대통령에게 탄핵 촛불 운운하며 여론 선동을 하는 현상이 나타나고 있다. 민노총 경찰 특정지역 극좌파 586 세력과 소위 보수우파 내 이준석 지지세력 등 좌우합작 대통령 흔들기이다. 더욱이 여기에 여론조사기관과 주류 신문이 한몫을 하고 있다. 여당 대표 이준석 징계 이후, 특정 지역 출신 극좌파 민노총과 이들이 장악한 여론조작기관은 그렇다 치고 조중동이 연일 이 징계가 부당하고 윤석열 계와 관련이 있다는 의혹을 흘리며 이제 막 시작한 윤 정부를 흔들고 있다.

미디어와 정권유착은 어느 정권이든 나라든 항상 있지만 탄핵 전후 미디어의 여론과 대중선동 조작은 도를 넘고 소위 보수 신문이라 하는 조중동에서조차 건전한 비평이 아닌 최고의 지식인이라 자랑하는 주필들이 지난 박통 탄핵 패턴 형태의 대통령 흔들기가 있다는 것에 심각성이 있다고 생각한다.

필자는 5년 전 박대통령 탄핵 때 여성인권, 인격살인, 언어폭력에 경악하여 한국정치에 관심을 갖기 시작했다. 그 과정에서 조중동이 특정지역의 586 주사파 체제전복 세력의 선동과 조작에 함께 앞서 동조했다는 소리도 들었다.

그런데 불법탄핵 이후 조중동조차 4.15 부정선거 비롯 최근 3.9대선 심지어 6.1 지선의 명백한 여러 통계적, 사실적 법적 증거가 많음에도 아직도 침묵한 채 한 줄도 이 선거부정사태의 심각성을 보도하지 않고 있다.

다른 편향적 신문방송은 더 말할 것도 없지만 여론주도하는 조중동에 부탁하고 싶다. 다시는 모국의 역사에 국제코민테른 중공북한 공산주의 체제 전복자들이 조작 선동한 불법 졸속 탄핵에 동조하여 반복되지 않도록 하길 바란다. 박대통령 탄핵이 불법이었기에 이를 무마하려 더불어 민주당은 지난 6년간 다섯 번의 선거를 부정 불법으로 민주주의의 꽃인 선거공정성과 투명성을 완전히 망가뜨렸다.

지금 대한민국은 이런 체제전복 세력에 의해 주권이 탈취된 엔진 없는 차처럼 되었고, 이준석은 이들의 반역죄를 앞서 보호막을 쳐준 자이다. 그런데도 아직도 반성의 기미는 하나도 없는 자이다. 이런 자를 쉴드 쳐주는 보수지도자들은 또 무엇인가? 지도자가 당의 권위를 이렇게 함께 실추하게 해서야 되겠는가?

조중동은 자신들이 저지른 죄를 이제라도 씻는 마음으로 미디어의 정도의 역할을 하기를 바란다. 이제 두 달의 윤 정부 김건희 여사의 사소한 일들에 목잡아 흔들지 말길 바란다. 진작 비난받을 자들은 바로 윤통을 흔드는 586 주사파, 그들을 비호하는 우파 내 좌파기생세력과 점잖은 지식인들이다.

다시 한 번 윤석열 정부의 정치개혁 의지를 자신들의 세력확장과 유지를 위해 방해하여 소요를 일으킬 경우 이번에는 깨어난 국민들이 절대 용서하지 않을 것임을 모국의 번영을 바라는 해외 동포가 엄중히 촉구한다. 국민들도 이제는 이런 여론조작을 통한 선동 조작에 더 이상 흔들리지 말길 바란다.

윤석열 정부는 왜 국민들이 탄핵의 주역임에도 뽑아주었는가를 심각히 생각해야한다. 보수가치는 법치 자유 진실 보편적 천부인권을 포함하고 있다. 어떤 외압에도 좌우 떠나 법대로 공정하게 상식적으로 해외동포 포함 국민을 믿고 흔들림 없이 사회 전반적 정치개혁을 과감히 하길 바란다.

특히 이번 7월 28일 있을 부정선거 대법원 공판이 증거대로 법대로 이루어지길 바란다. 신속한 여론조사기관과 선거부정조사가 바로 이들 자유민주 체제전복세력을 제압하고 자유공화국으로 주권회복의 지름길임을 명심해 주길 바란다.

9-7 한미 부정선거의 국제정치외교학적 배경과 3.9대선

뜻있는 미국, 한국 국민뿐만 아니라 세계 자유 시민들과 한인 교민들도 한국에서의 2020년 4.15총선과, 그해 11월 3일 미국대선에서 있었던 부정선거, 특히 사전투표에서 일어났던 부실, 불법, 부정 선거와 그 과정 들을 보면서 경악하였다. 이는 심각한 자유민주주의의 침해요 국민 주권의 탈취라고 우려하기 때문이다.

필자는 해외에 살면서 이 역사적 사건들을 경험하며 이는 단순한 부정, 부패가 아니라 그동안 지난 200년간 세계 자유민주 세력들이 피 흘려 얻은 공정선거라는 자유민주주의 체제의 꽃을, 세계 역사적 변곡점에 사회 공산 가치 해체 카르텔이 침탈하여 무참히 꺾어버린 심각한 디지털 제3차 전쟁으로 간주한다. 이 글의 목적은 코로나 사태 하에 이 두 나라에서 일어난 사전투표 부정선거가 우연한 것이 아니고 탄핵과 연장된 교묘하게 기획된 전쟁임을 필자가 경험한 역사적 사실과 국제정치외교학적 배경으로 간단히 설명해 보고자 한다.

필자는 호주에서 30년 동안 살고 있는 교민으로 평범하게 대학에서 영작 강의를 하며 다른 이민자들처럼 치열하게 호주 주류사회에 적응하려 노력하며 살고 있었다. 그러다 박근혜 전 대통령의 불법탄핵을 보면서 국제정치학적인 콘텍스트에 많은 관심을 가지게 되었다. 왜냐하면 어떤 사건의 결과에는 반드시 직간접 외부적, 내부적 원인이 있을 것이며, 또 그 원인을 분석해야 해결방안을 도출하고 미래에 이런 사태가 재발하지 않도록 방지할 수 있기 때문이다. 이런 원인 분석은 불행히도 국내 신문에는 잘 알려지지 않은 것으로 아마 충격적일 수 있으나 모두 외신에 발표된 것만 정리해서 보고하고자 한다.

먼저 필자는 이미 한국, 중국, 호주, 타이완, 미국에서 일어나는 여러 사건을 보고 2020년에 모국에서도 부정선거가 일어날 가능성을 염려했다. 우선 한국에서 이미 불법탄핵 후 2017년 5월 문재인정권이 들어서는 전후로 드루킹 여론조작이 있었고, 울산지방선거 등에서 선거 쿠데타를 일으켰기 때문이다. 2019년 7월 더불어민주당의 민주연구원장이 중국 공산당 중앙당과의 협력방안을 논의하기 위해 중국을 방문했다. 양정철은 대통령의 최측근이자 여권의 책사로 꼽히고 있었던 자이고, 현재도 이재명 캠프 선거대책 위원으로 있다고 한다.

그해 2019년 10월 중국 우한에서 10월 군사월드게임(Military World Game) 대회가 있었고 세계 109개 국가에서 9,308 명의 운동선수가 참여했다. 이 올림픽에 참여했던 선수 중에서 처음으로 우한 폐렴에 걸린 환자가 나오게 되면서 급속도로 세계로 번지게 된 것으로 외신들은 보도했다. 예를 들어 한 영국 신문이 주장하기를 Jacqueline Brock이라는 독일 선수는 그 게임에 참여 후 코비드에 걸렸다고 한다. 그 뒤 한국에서 2020년 1월 중국 춘절에 참여했던 신천지 교도를 중심으로 보수의 성지라 할 수 있는 대구에서 코로나 확진자가 나게 된다. 필자가 2019년 11월 초 한국을 방문하고 호주로 돌아온 2020년 2월 초쯤에 호주에서도 코로나 상황이 심각해지기 시작했다.

그해 2019년 12월 호주에서는 왕리치앙(Wang Liqiang)이라는 중공 스파이가 호주 공안당국 ASIO(Australian Security Intelligence Organization)에 정치적 망명을 요구하며 엄청난 폭로로 호주인들을 놀라게 했다. 그의 폭로는 호주 여러 주요 매체 와 방송 (예: The age, The Sydney Morning Herald, Channel 9 TV 60 minutes Program) 등에 보도되었다. 한국에서는 2021년 후반 일부 언론에서 발표되었다. 그는 중국공산당 인민 해방군에서 해외 국가들의 독립과 민주주의를 간섭하기 위한 베이징의 무서운 계략을 폭로했다. 특히 중공이 홍콩뿐만 아니라 2020년 1월에 있을 타이완 대선 등에도 간섭하고, 또 해외 주요 요인을 암살하라는 지령을 받아 수행해 왔다고 폭로했다.

2015년 말 중국에 반기를 든 홍콩 서점 주인 람(Lam Wing-Kee) 이하 5명을 중국에 납치한 사건도 본인이 주도했다고 폭로했다. 2019년 5월 중공의 협박에 두려움을 느낀 그는 이미 부인과 자녀를 호주에 도피시켜 놓은 상태였고 그도 자수하였다. 그의 여권은 놀랍게도 한국 이름인 '조경미'로 되어 있었다. 이 사건은 호주를 떠들썩하게 했고 모리슨 호주 수상은 미국 트럼피즘에 맞춰 반 중국 정책으로 외교 정책을 하게 된 결정적 계기가 된 것으로 보인다.

2020년 1월 타이완은 호주에서 폭로한 이 중국 스파이의 정보를 믿고 유엔 국제조사단(Election United Nations Electoral Needs Assessments)을 불러 차이잉원 총통이 이끄는 자민당이 선거에서 승리를 하게 된다. 한국은 황교안 당대표의 선거중립내각 구성 주장에도 불구하고 탄핵파들의 반대로 무산되어 결국 4.15 총선에서 부정선거에 대패한 것으로 추정된다. 이런 사실은 2021년 8월 잡힌 청주간첩단 사건에서 4명의 간첩들이 자유한국당을 해체하고 황교안을 정치적으로 생매장하라는 북한의 교시가 있었다는 자백으로 그 증거가 드러났다.

필자는 이런 여러 경악스러운 해외 사건들을 보고 또 중국이 (Chinese Espionage Operation and Tactics) 거의 2백만 명의 중국 공산당원을 세계 요직에 박아놓고 미인계, 선거자금 지원, 정치인 매수 등을 하면서 외세 확장을 하려고 했다는 여러 외신 매체에 보도된 정보를 접하기에 이미 친중 정책을 펴는 한국에서 부정선거가 반드시 일어날 것을 예측했었다.

'사람나라'라는 유튜브를 운영하는 좌파 출신 '최상천' 교수가(그는 이재명 열렬 지지자였다가 노해찬 의문의 죽음을 보고 2019년 말에는 미래통합당을 지지했음) 2019년 말 총선 여론조사 자료를 근거로 정확히 분석하여 미래통합당에서 180석을 받을 것이라 예상하였다. 공천파동 막말 사건이 터져 20석이 날아가도 160석 정도는 미래통합당이 반드시 석권하기로 되어 있었는데 버젓이 부정선거가 일어나 민주당에서 개헌 저지선인 180석을 획득하는 것을 목격했다. 통계적 정황과 6.28재검에서 그 증거가 명백히 드러난 것이다.

모국에서 일어나는 이런 부정선거 증거로 필자는 미국에서도 반드시 부정선거가 일어날 것을 예상하여 미국 트럼프에게 여러 번 편지를 써서 경고의 메시지를 날리기도 했다.

2020년 11월 미국 대선 전부터 호주 방송에서는 미국 주류 방송을 따라 바이든이 대통령이 되는 것을 기정사실로 발표하고 대선 후에도 바이든 당선을 크게 당연히 보도하는 걸 보고 필자는 충격을 받았다. 트럼프 대통령은 중공의 이런 전술을 이미 알고 2018년 9월 외세 침입방지 행정명령(Executive order 13848 "Imposing Certain Sanctions in the Event of Foreign Interference in a United States Election)"을 내리고 철저히 방비했음에도 불구하고 미국 대선에서도 주로 7개 경합 주에서 한국과 아주 유사한 부실, 불법, 부정선거가 일어났다. 그러나 미국에서도 무늬만 공화당인 좌파 기생 세력과 극좌파 민주당 글로벌 기득권 세력인 메인 미디어와 페이스북, 구글 등의 빅텍들의 켄슬컬처에 의해 부정선거 의혹 제기마저 철저히 무시되는 것을 보는 필자는 너무나 충격을 받게 되었다.

　결국 이런 민주주의의 꽃인 선거를 외세가 개입한다는 증거는 결국 2021년 8월 미국에서 동징웨이(Dong Jingwei)라는 중국 스파이가 7000여 장의 비빌 문서를 들고 2021년 6월 미국에 망명해서 폭로함으로써 그 증거로 밝혀지게 된다.(사실은 2019년 9월에 이미 망명하였다는 설이 지배적이다). 동징웨이는 중국 공안부의 주안전부장관이라는 높은 직책에 있었다(The Vice Ministry of State Security in China's Ministry of State Security). 그의 주된 폭로는 바로 코로나는 중국 우한폐렴에서 의도적으로 유출시킨 것이라고 했고, 그의 문서를 근거로 트럼프 대통령은 당당히 '우한폐렴'이라 주장하며 중국에 코로나 발발 책임을 물으려 했다. 그의 주장은 사실 2021년 2월에 이미 중국의 유명 바이러스학자(Virologist Li-Meng Yan)의 주장인 중국이 바로 우한에서 코로나바이러스를 인위적으로 만들었다는 사실을 뒷받침한 것이다. 그 뒤 글로벌리스트이자 미국 질병청장인 파우치(Anthony Fauci, the director of the US National Institute of Allergy and Infectious Diseases) 박사 등이 중국 우한에 연구 자금 수백만 달러를 지원했다는 사실을 인정함으로써(Deadline 2021년 7월 25일자) 코로나는 명백히 인위적으로 유포되어 한국과 미국의 두 선거를 겨냥한 것임을 유추할 수 있다.

미국과 한국 두 나라 공히 사전투표에서 똑같은 통계적 비율로 디지털로 조작하고 새벽에 표를 넣는 방식 등으로 외부에서 컴퓨터로 선거 서버시스템에 연결하여 부정선거를 일으킨 것으로 사료된다. 이제 우리는 이 전쟁을 일으킨 주적을 알게 되었다. 그들은 지금까지 일어난 사실적 보도만 보아도 중국공산당 인민해방군과 북한 통전부 그리고 그들과 합작한 글로벌 기득권 세력, 이들과 연합한 미국 민주당 극좌파 세력들과, 한국에서는 문재인의 586 주사파 세력들이 합작하여 민주주의의 꽃인 선거를 탈취하였다고 사료된다. 놀랍게도 탄핵을 이끌었던 우익 기생 좌파세력들이 부정선거 의혹 제기조차 금지하며 침묵을 강요하고 있어 이들도 내부의 적으로 동조자인 셈이다.

인류는 세계 제1, 2차 세계대전을 겪어오며 수많은 목숨을 잃게 되었고 소련, 중국, 북한, 캄보디아 등의 공산 세계들이 그들의 목적을 달성하기 위해 거의 1억에 가까운 사람들을 죽였다. 한국에서는 소련, 중공 공산당의 침공으로 국토가 아직도 전쟁상태로 휴전 중이다. 세계의 역사는 막스·레닌 공산주의 체제가 1990년 소련의 붕괴 이후 힘을 잃는 듯했으나 미국이 닉슨독트린으로 중국과 융화 정책을 지난 30년간 해옴으로써 중공이 경제적 발전을 눈부시게 하도록 도와 다시 공산주의가 부활하게 되었다. 중국은 여전히 체제는 공산 사회주의와 중국몽으로 세계를 문화적, 정신적, 정치적으로 정복하려는 야욕을 보여준 셈이다. 미국의 트럼프 대통령, 호주의 모리슨, 영국의 보리스 대통령 등은 늦게라도 중공의 이런 침입 의도를 알아차리고 영국에서는 브래시트로, 호주에서는 대 강경 중국 정책, 트럼프는 트럼피즘으로 대항하고 있다.

　희망적인 뉴스는 최근에 일어난 이런 놀라운 코로나 상황 하의 부정선거를 계기로 전 세계 국민이 주적이 누구인가를 명백히 알게 되는 계기가 되었다. 미국은 이들 악의 세력과 결탁한 민주당이 멸망하고 공화당이 올해 말 상하원 선거에서 압승할 것으로 보인다. 유럽에서도 반중 정서가 거세게 일어 공자학원의 폐쇄가 잇따르고 있다. 한국에서도 주사파 카르텔이 반드시 무너질 것으로 전망한다.

　궁지에 몰린 주사파 586 세력은 이번 3.9대선에서도 반드시 코로나 사태 하에 백신을 통해 모바일 선거를 강행해서 부정선거를 시도하려는 여러 정황이 보인다. 북한은 올해 들어 중공의 도움으로 7번의 미사일을 쏘면서 한국 대선에 개입 증거를 이미 보여주고 있다. 부정선거 의혹을 덮고 침묵하는 더불어민주당과 소위 우익 좌파 기생 세력은 반드시 멸절할 것이다. 그 이유는 숫자적 증거는 절대 사라지지 않고 진실을 말해주기 때문이다. 탄핵을 덮기 위해 부정선거를 저질렀고 이미 저지른 선거 부정을 덮기 위해 코로나 사태를 일으켜 사전선거를 부정선거로 이용하여 자신들의 반자유전체체제를 유지하려 할 것으로 유추된다.

　이번 대선은 자유민주 민초 주권 세력과 이를 없애려는 공산주의 전체주의 세력과의 싸움임을 명심하길 바란다. 선거부정 척결과 공정선거 세우기는 좌우 색깔 문제가 아니고 천부 인권의 독립선언문이자 모든 자유민주시민의 권리이다. 민주주의의 탈을 쓰고 부정선거를 한 더불어민주당과 우익 좌파 기생 세력을 이번에 선거로서 심판하여 꼭 성공적 정치교체가 일어나길 해외동포들도 간절히 소망하고 있다.

9-8 부정선거문제 유엔에 제소할 때

필자는 해외동포로 요즘 모국에서 돌아가는 정치적 상황을 보면 한없는 수치심과 경악을 느낀다. 단군 역사 이래 가장 문명가치가 후퇴를 하는 듯한 느낌이다. 상식, 공정, 정의, 법치가 완전히 사라져 윤석열 정부가 들어서 정상화 노력을 해도 체제전복 세력들의 발악이 미꾸라지 소금 뿌리듯 더욱 가관이다. 그 주역에 필자는 이재명 민주당과 이준석 전 여당 대표 그리고 문재인 전 대통령 하 사법부의 김명수 군단들이 표면에 있다고 본다. 이들의 공통점은 한국의 최고 권력자이면서 거짓말, 위선, 법 위반 을 태연히 저지른 후안무치한 범죄자이다. 그럼에도 자신들의 패거리를 모아 선동과 조작으로 팬덤 정치를 하며 아직도 사법적 처리를 교묘하게 피하고 있다. 여기에 경찰, 검찰, 선관위 대법원이 법치를 무시하고 마음대로 국민을 우롱하고 방송, 신문조차 한패거리가 되어 국민의 여론을 호도하고 있다.

그 무엇보다 필자는 위 세 집단의 공통점이 부정선거 의혹조차 부인하는 세력들 즉 부정선거 카르텔이다. 이들 배후에는 북한, 중공 그리고 좌우 합작 국제 글로벌리스트, 국내 조폭들이 얽혀 있다고 본다. 지난 문재인 정권하에 치러진 개 공직선거에서 사전투표가 모두 조작되었다는 통계적, 실질적 증거들이 쏟아져 나왔다. 그리고 드루킹, 울산 선거, 연동형 비례제 등 세 개의 선거 쿠데타로 선거부정을 획책했다. 그들의 부정선거 시도와 예상과 달리 윤석열이 대통령이 되니 검수완박으로 부정선거 수사를 피하기 위해 검찰의 역할을 축소해 버렸다.

최근 이재명 민주당 대표는 법을 마음대로 바꿔가며 방탄복을 여려 겹 입고 있고 이준석은 여당 전 대표이면서도 여당에 대해 여러 번 가처분 무효소송을 내면서 자당 자해 행위를 하고 있다. 문재인은 무슨 지은 죄가 그리 많은지 세계 기네스북에 오를 60명 이상의 경호원을 두고 여러 원전 태양광등 지나친 친북 친중 정책이 나온 국가파괴, 여적죄, 간첩죄, 인권 말살죄 등을 방어하고 있다. 이 무지막지한 이들의 준동을 뒤에서 돌봐주는 자가 바로 김명수 재판관과 선관위들이라 생각한다.

사실 이들 사태의 본질은 겉으로의 이들의 범죄보다 사실 선거부정이라 본다. 선거불법, 부실, 부정은 여태껏 수많은 이들이 피 흘려 얻은 자유민주주의 꽃인 국민주권에 대한 도전으로 명백히 사형에 준하는 역모죄이고 반역죄이다. 이재명은 문재인 전 대통령 측근 중의 한명인 정봉주가 4.15 선거 하루 전 2022년 4월 13일에 말한 대로 이씨, 양씨, 윤씨 등이 '짐승만도 못한 죄'를 지었음을 알고 있고 가담했을 것이다. 그래서 이재명이 말도 안 되는 짓을 해도 아무도 문재인 쪽에서 입 한번 뻥긋 못하고 침묵하고 있다. 이준석은 하태경 등 소위 우익주사파와 함께 민주당 부정선거세력이 내부의 적으로 심어 놓은 자라본다. 그동안 이자들의 입에서 나온 부정선거 의혹에 대해 한 망언이 그 증거이고 당대표도 사실 역선택과 부정선거로 된 통계적 정황이 있다. 그래서 필자는 애초부터 이준석을 반대해왔다. 김명수 대법관은 선관위와 대법관 들을 비호해 주고 범인을 지목하지 못해서 4.15 부정선거 재판을 기각하는 기막힌 판정과 126건 서거소송을 2년 이상 끄는 불법과 직무 유기를 하고 있다.

최근 이준석이가 국힘 윤리위가 추가 징계를 결정하자 유엔에 재소한다는 망언을 다시 했다. 미국 수정 헌법 1조 대한민국헌법 21조 그리고 인권법 19조를 들어가며 온 국민과 여당 특히 유엔에서 연설하고 있는 대통령을 지지는커녕 조롱하고 겁박하고 있다. 이 발언 하나만으로도 필자는 이준석은 해당죄, 내로남불 거짓에 공갈 협박죄에 걸린다고 보며 당장 제명하여 영구히 정치판에서 제거해야 할 대죄를 지었다고 본다. 이런 이준석을 재징계 하는 국힘 윤리위의 결정을 자유발언에 대한 모독이라고 유엔에 재소한다는 것은 거의 미친 사람이 아니고서야 어찌할 수 있을까? 일개 한 당의 일을 유엔이 받아줄 리도 없지만 이준석이 한 망언과 해당행위가 자유발언에 들어갈까? 참으로 막장까지 자신의 무덤을 파는 이런 어리석고 망나니 같은 자를 비호하는 세력은 바로 부정선거 세력들이다.

필자는 늘 한국부정선거에 대해 이런 엄청난 카르텔이 버티고 있기에 2020년 1월 타이완 선거 때처럼 유엔에 재소하여 국제조사단을 불러야 한다고 늘 주장했고 이제 실행에 옮길 때가 되었다고 본다. 유엔 선거 조사(United Nations Electoral Needs Assessments) 가이드라인에 보면 한국의 사태는 충분히 제소할 근거가 충분하다 본다. 이 20페이지 보고서를 내면 위의 기관에서 국제조사단을 보낼 가치가 있느냐부터 위원회에서 결정한다. 대통령이나 법무장관 또는 그에 버금가는 지위의 사람이 사인만 하면 된다. 문재인 정권하에서는 사인을 받기가 안 되니 현 윤 정부하에서는 뜻만 있다면 가능하다 본다.

제출할 보고서는 '부정선거 특별위원회'를 만들어 쓰게 하면 된다. 이 결정이 우호적으로 나면 국제조사단을 해당국에 보내어 선거 감사를 하게 된다. 2년 뒤 곧 총선이 있을 것이다. 그 전까지 이 부정 선거를 밝혀 선거 사전투표 제도 등의 단점을 보완하여 무결성을 보장할 법적 제도적 장치를 만들기가 쉽지 않을 것이다. 따라서 이번 총선에서는 국제조사단을 부르도록 보고서를 내어 감독을 요청하는 길이 가장 현실적이라 본다.

이재명 이준석 김명수 세 축의 부정선거 카르텔 뒤에는 바로 친북, 친중, 체제전복 세력과 조폭 세력, 미국 민주당 측과 연결된 극좌 글로벌리스트가 있다. 이 뿌리는 광범위하게 펴져 있어 제거하기가 쉬운 것은 아니나 이들의 가장 약한 고리가 바로 부정선거를 파헤치는 것이다. 필자는 해외거주 동포로 좌우가 다 건강하게 'Check and Balance'로 자유공화국 유지에 필요한 양 날개로 본다. 그러나 현재는 중국공산당세력이 이 민주당 세력과 결탁해서 코로나 사태를 이용해서 부정선거를 저질렀다고 본다. 그래서 국제적 현상과 함께 국내에서도 이 검은 세력들과 국민주권 세력과의 치열한 싸움이 있다.

현재 미국에선 트럼프가 미국 대통령 역사상 처음으로 성추문 의혹으로 기소되어 재판을 받고있다. 한국에서도 박근혜 전 대통령 탄핵 과정에서 계엄령 선포 시도와 관련되어 한 정치인이 구속되는 기이하고 아연실색한 정치적 현상이 일어나고 있다. 탄핵과 부정선거는 좌우 색깔 싸움이라기보다 선과 악의 검은 세력 또는 진실과 거짓의 싸움이다. 어느 편에 설 것이고 누가 이길 것인가는 역사와 세월이 증명해 줄 것이다.

집필 후기

나는 가끔 소위 애국이라는걸 하면서 내가 박사학위 할 때와 같은 힘든 심정을 느꼈다. 즉 박사학위 한 분들은 알겠지만 휴가를 즐길 수 없다는 것이다. 휴가를 가도 늘상 아이디어를 생각하고 늘 머리속에 연구를 떨쳐버릴 수 없었다.

애국도 마찬가지였다. 끊임없이 사건에 사건이 터지고 학교에서 일하면서도 줄곧 그 일에 신경 쓸 일이 생겼다. 가족휴가 갈 때마다 큰 일이 생겨 늘 가족들 눈치를 봐야했고 가족들과의 시간을 희생해야했다.

한편 나는 애국을 통해 나 자신 속에 숨어있던 잔다르크의 한 면을 발견했고 이것이 하늘이 나에게 준 소명임을 경험했다. 또한 나를 끊임없이 수양해야하는 구도의 길이였음을 고백한다.

나 자신 포함 주위에서 대충하라는 목소리가 많다. 왜 금전 시간 낭비하며 아무 이득도 안되는 일에 인생을 허비하느냐고 반문한다. 한산도 대첩에서 잡혀온 한 일본 첩자가 이 전쟁을 하는 목적이 무엇이냐고 이순신 장군에게 묻는다. 이순신 장군의 대답은 이 싸움은 나라를 구하는 것이 그 본질이 아니고 불의에 맞선 정의의 싸움이라고 한다. 그 말에 이 첩자는 이순신을 도우기로 한다.

마찬가지로 나는 모국에서 일어난 5.18, 탄핵, 부정선거가 바로 좌우싸움이 아니고 체제전복세력들이 저지른 불의이고 단군이래 가장 큰 정치적 반역이라 본다.

모국의 여성들은 행주대첩으로 또 남성들은 나름 열심히 나라를 정상화시키기 위해 눈물겹게 아스팔트에서 싸워온 애국자들이 많아도 여전히 나라가 걱정이다. 이태원 사건이 또 터지고 법도 없고 정의도 사라지고 이상한 조폭과 조작이 횡행하는 극좌파들이 휘둘리는 무소권위의 권력에 풍전등화가 된 조국이 참 안타깝다.

부정선거 의혹으로 그렇게 떠들어도 아랑곳없이 중앙선관위에 위탁하는 국민의힘당 지도부를 보면서 지난 6년간 눈물 한숨 시간과 금전의 투자가 얼마나 모국의 자유민주주의 회복에 기여했는지 이 글을 쓰는 순간에도 회의가 든다.

이제 먼 길 떠나야하는 나그네처럼 미련 없이 자리를 떠야한다는 느낌이 든다. 그 길이 정치와 전혀 다른 상담가로서 영어교육자로서 길이든 정치 사회운동가의 길이 아닌 다른 길을 가야할 것 같은 느낌도 불쑥 든다.

한편 한국과 똑같은 정치적 환란을 겪는 미국에서 지도자 트럼프가 처절하게 미국 주권세력을 보호하기 위해 중공과 극좌파와 결탁한 글로벌 기득권 세력과 싸우는 것에 용기를 얻는다. 그는 오늘도 외친다. 'I will obliterate the deep state. Never Surrender and Never Backdown'(이들 딥스세력과 결탁한 극좌파들의 불의 위협에 절대로 무릎 꿇거나 물러서지 않는다).

이제 환갑도 지나고 60후반을 바라보는 내 인생, 뒤늦게 발견한 사회운동가로서의 역량을 발휘하며 치열하게 선거정의가 이루어질 때까지 내 인생을 불의와 싸우며 살고 싶다. 기회가 허락하면 좀 더 진짜로 정의롭고 공정하며 상식적인 정부에서 나의 영작 이론을 모국에 전파하고 싶은 작은 소망이 있다. 반드시 그런 좋은 날들이 올 것이라 확신한다.

지난 6년간 함께 잔다르크로 각자 영역에서 치열하게 희생하며 구국해온 국내외 동지들을 정말 사랑하고 존경한다. 이들 덕분에 내 모국이 새 봄 언 땅 깨고 개나리와 벚꽃이 만개하는 봄이 돌아오듯이 자유민주 법치주의가 다시 회복될 거라 확신해 본다.

작가 연보

1. 저자 : 한지 신숙희 (Sook Hee/Susan LEE) 부산 대저 출생

2. 학력
- 시드니대 영어교육학(TESOL) 박사 (2006)
- 호주 울릉공대 영어교육학 석사 (2000)
- 부산대 교육심리학 석사 (1982)
- 부산대 화학교육학 졸업 (1980)

3. 호주 일경험
- 시드니 Lloyds College IELTS 강사 (49세)
- 시드니 Embassy Language Centre EAP 강사 (50세)
- 시드니 소재 차알스 스튜트 대학교(Charles Sturt University Study Center)에서 세계 60개국에서 온 학사, 석사 학생들과 호주 본토학생들의 영작을 가르치는 어드바이즈(Study Support Coordinator) 그리고 전임 교수(Adjunct Senior Lecturer) (50-61세)
- 시드니 소재 Federation University 와 University of Western Sydney 에서 석사학생들 상대로 소통과 연구 관련과목을 가르침 (63세)

4. 영어교육학자
한국인 최초로 '체계 기능 영어'(Systemic Functional Linguistics: SFL) 분야에서 '평가이론'(Appraisal theory)으로 시드니대학 에서 박사학위를 받았다. 그 뒤 박사학위 논문을 바탕으로 영국, 미국, 호주, 홍콩 등 세계유명 저널에 단독으로 12편 세계 최다로 페이퍼를 발표하였다. 이 최신 평가이론

을 세계 최초로 아카데믹 영작(Academic Literacy and Integrity) 분야에 적용하여 이 분야에서 세계최고 학자 중의 한사람으로 인정받았다.

4-1. TESOL 관련 다음 다섯 저널에 심사위원으로 위촉되어 있다.
- Journal of US-China Foreign Language
- Sino-US English Teaching TESOL Journal
- A Sister Journal to Asian EFL Journal
- Journal of English for Academic Purposes

4-2. TESOL 관련 국제저널과 호주대학 박사학위 심사위원
- 여러 유명 미국 홍콩 영국 국제저널지에 제출된 학자들의 논문(SFL 프레임 내에 평가이론 appraisal theory)을 심사하였다.
- SFL 프레임 내에 평가이론(appraisal theory) 관련된 여러 편 호주대학 박사학위논문 심사를 하였다(Sook Hee Lee 이력서 참고)

4-3. 영어 교재 발간. 최근 다음 세권의 영어 책을 발간하였다
- The Use of Interpersonal Resources in Argumentative/Persuasive essays (2016)
- Principles and Practices of Oral Communication (2016)
- Evaluating Words Ending with 'Y' (2015)
- Y 로 끝나는 200 단어 생생 현지 영어, 마이 북랩 출판사 (2019)

4-4. TESOL & SFL 관련 Memberships
- Association for Academic Language and Learning (AALL) member
- Systemic Functional Linguistics Association member
- Australia Systemic Functional Linguistics member

5. 상담가 및 코칭 자격
· 2022년 상담사 자격 취득 Sydney Bankstown TAFE. Diploma in Counselling
· 2022년 KCA 한국코칭협회 자격취득

6. 칼럼니스트
2010년부터 2018년까지 시드니에서 발간되는 '탑'지 신문 교육담당 고정 칼럼니스트였다. 정치 칼럼을 여러 한국과 호주신문에 발표

7. 수필가 및 작가
2018년 월간문학바탕 수필부문에 수필가로 등단. 두 편의 책을 발간

7-1. 2016년 '오지에 핀 들꽃이 되어'라는 첫 자전 수필집 발간(명지 출판사), 세 아이를 키우고 나서 늦은 나이에 영어를 배워 박사학위를 마치고 호주대학에서 영작 교수로 그리고 영어교육학 영작분야 세계유명학자가 되기까지 그녀의 영어교육에 대한 열정, 이민 1세대로서 백인 위주의 직장생활에서 살아남아 인정받기까지의 강렬하면서도 잔잔한 그녀의 삶의 열정이 봄날에 소박하게 피어난 앙증스런 들꽃으로 피어나 우리에게 밝은 미소로 다가온다. 대학생, 부모, 여성, 영어교육에 종사하는 사람들, 이민과 유학에 관심 있는 사람들이 읽어야 할 필독서이다.

7-2. 2019년 두 번째 책 '자유와 개성이 넘치는 호주에서 선진문화 한국을 꿈꾸며' (휘즈북스) 발간. 호주를 소개하는 책으로 이민하려는 분, 유학생, 그리고 호주에 여행하려는 분들 그리고 정책을 하는 정치지도자들에게 필수 책이다.

8. 2017년 2월 부산 아침마당에 출연

Memo

신 다르크의 해외대첩

초판 1쇄 발행일 2023년 4월 17일

지은이 신숙희
펴낸이 곽혜란
편집장 김명희
디자인 김지희

도서출판 문학바탕
주소 (07333) 서울시 영등포구 여의대방로 379 제일빌딩 704호
전화 02)545-6792
팩스 02)420-6795
출판등록 2004년 6월 1일 제 2-3991호

ISBN 979-11-86418-93-2 (03340)
정가 17,000원

* 이 책의 저작권은 저자에게 있으며 이 책의 전부 또는 일부를 이용하시려면 저작권자의 서면동의를 받아야 합니다.
* 이 책은 국립중앙도서관, 국회도서관 홈페이지에서 검색 가능합니다.
* 문학바탕, 필미디어는 (주)미디어바탕의 출판브랜드입니다.